FISCHLAND DARSS ZINGST

Mit Hansestadt Stralsund

Grażyna und Wolfgang Kling

TRESCHER VERLAG

2., aktualisierte Auflage 2023

Trescher Verlag
Reinhardtstr. 9
10117 Berlin
www.trescher-verlag.de

ISBN 978-3-89794-619-4

Herausgegeben von Bernd Schwenkros und
Detlev von Oppeln

Reihenentwurf und Gesamtgestaltung:
Bernd Chill
Lektorat: Hinnerk Dreppenstedt
Stadtpläne und Karten: Dorit Hahnewald,
Martin Kapp, Bernd Chill
sowie ©OpenStreetMap-Mitwirkende
www.openstreetmap.org
(→ Kartenregister S. 180)

Gedruckt auf chlorfrei gebleichtem Papier

Printed in Germany

Alle Angaben in diesem Reiseführer wurden sorgfältig recherchiert und überprüft. Dennoch können Entwicklungen vor Ort dazu führen, dass einzelne Informationen nicht mehr aktuell sind. Gerne nehmen wir dazu Ihre Hinweise und Anregungen entgegen. Bitte schreiben Sie an **post@trescher-verlag.de**.

Titelbild: Am Hafen in Wieck
Vordere Umschlagklappe:
Reetgedecktes Haus bei Wustrow
Hintere Umschlagklappe:
Der Strand bei Ahrenshoop

LAND UND LEUTE

FISCHLAND-DARSS-ZINGST

HANSESTADT STRALSUND

REISETIPPS VON A BIS Z

ANHANG

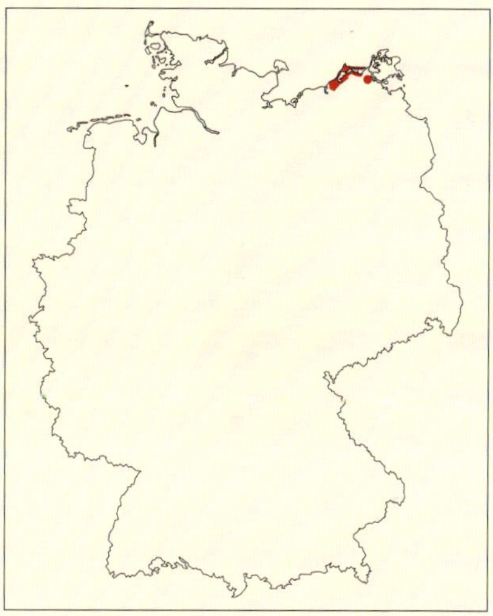

FZ 16

Unter anderem in Althagen starten die Törns mit Zeesenbooten

Vorwort

Als ›Deutschlands schönste Halbinsel‹ bezeichnet sich die beliebte Urlaubsregion Fischland-Darß-Zingst ganz selbstbewusst – gewiss zu Recht. 60 Kilometer herrliche und abwechslungsreiche Küstenlandschaft, eine idyllische Landzunge zwischen Meer und Bodden, die aus dem Vollen schöpft – als Naturparadies und auch kulturell: Es gibt traumhafte Strände mit feinstem Puderzuckersand, eine schroffe spektakuläre Steilküste, 5800 Hektar Urwald mit knorrigen Buchen, Kiefern und Fichten, Salz- und Sumpfwiesen mit einer eigenwilligen Flora.

Kulturell lockt die Halbinsel mit dem neuen, aufsehenerregenden Kunstmuseum in Ahrenshoop, zahlreichen Galerien, vielen kreativen Keramikwerkstätten, Künsterateliers, Top Events das ganze Jahr über und – nicht zuletzt – mit dem Erbe der berühmten Künstlerkolonie Ahrenshoop. Neben der schicken Künstlerhochburg trifft man auf familienfreundliche See- und Heilbäder wie Prerow, Wustrow oder Zingst, auf der Boddenseite auf romantische Dörfer wie Born und Wieck. Die Ortsbilder sind oft von rohrgedeckten Fischer- und Bauernkaten geprägt, auch von stattlichen, liebevoll restaurierten Kapitänshäusern mit farbenfroh verzierten Türen. Der kilometerlange urwüchsige Weststrand bei Prerow wird zu den attraktivsten und schönsten Stränden gezählt – weltweit. Exakt 1357 Kilometer sollen auf die Boddenküste entfallen, die sich überaus windungsreich mit einem breiten Schilfgürtel dahinschlängelt. Im Herbst rasten in den Boddengewässern mehr als 60 000 Kraniche – ein großartiges Naturspektakel! Ganz oben steht hier auf der Halbinsel eindeutig das Naturerlebnis. Seit 1990 sind große Teile dieser faszinierenden Küstenregion unter den Schutz des Nationalparks Vorpommersche Boddenlandschaft gestellt.

Bis weit in die zweite Hälfte des 19. Jahrhunderts gehörte die Halbinsel zu den abgelegensten Ecken Deutschlands. Erst um 1880 entdeckten Künstler, vornehmlich Landschaftsmaler, die abgeschiedene Naturidylle. Seit weit mehr als 100 Jahren ist der Fremdenverkehr nunmehr die wichtigste Einnahmequelle für viele Einheimische. Die vorpommersche Halbinselkette ist nicht nur ein Paradies für Naturliebhaber und Kulturinteressierte, sondern – selbstredend bei so viel Wasser ringsum – auch für Wassersportler aller Art und für Familien mit Kindern. Die Boddengewässer und die See bieten beste Voraussetzungen für Segler, Kiter und Surfer. Auf der gesamten Halbinsel gibt es ein hervorragend ausgebautes Rad- und Wanderwegenetz. Bestens radeln lässt es sich etwa auf den Deichen, die die Ortschaften verbinden.

Fischland-Darß-Zingst, oft kurz ›der Darß‹ genannt, ist gewiss eine Urlaubsregion, die nachhaltige Erholung und Ruhe verspricht, wenngleich heute nicht mehr ganz so, wie es Albert Einstein 1918 in seinem Ahrenshoop-Urlaub beschrieb: »Hier ist es wundervoll, kein Telephon, keine Verpflichtung, absolute Ruhe. Ich liege am Gestade wie ein Krokodil, lasse mich in der Sonne braten, sehe nie eine Zeitung und pfeife auf die so genannte Welt.«

Grażyna und Wolfgang Kling, im Februar 2023

Das Wichtigste in Kürze

Info-Adressen

Tourismusverband Mecklenburg-Vorpommern, Konrad-Zuse-Str. 2, 18057 Rostock, Tel. 0381/4030680. www.auf-nach-mv.de

Tourismusverband Fischland-Darß-Zingst, Im Kloster 15, 18311 Ribnitz-Damgarten, Tel. 03821/889260. Herausgeber des jährlichen Ferienmagazins mit allen verfügbaren Unterkünften der Urlaubsregion. www.fischland-darss-zingst.de

Tourismuszentrale Hansestadt Stralsund, Alter Markt 9, 18439 Hansestadt Stralsund, Tel. 03831/252-340. www.stralsundtourismus.de

Campingplätze

Das Bundesland Mecklenburg-Vorpommern ist nach Bayern die bedeutendste Campingregion in Deutschland. Die meisten Anlagen an der Küste und auf der Halbinsel wurden in den letzten Jahren modernisiert. Sie liegen vorwiegend in landschaftlich reizvollen Gegenden. Auf der Halbinsel Fischland-Darß-Zingst und der angrenzenden Umgebung gibt es elf Camping- und Caravanplätze, mehrere Plätze bieten zudem kleine Ferienhäuser und Bungalows. Infos: www.vcwmv.de

Einkaufen

Die Ladenöffnungszeiten in den Ostseebädern sind von Montag bis Freitag freigegeben, samstags darf bis 22 Uhr geöffnet werden. Gemäß der Bäderregelung öffnen viele Geschäfte in den Ferienorten vom letzten Sonntag im März bis Ende Oktober auch sonntags zwischen 12 und 18 Uhr. Ausgenommen sind Feiertage, Baumärkte und Möbelhäuser. In allen Seebädern gibt es Promenaden und Einkaufsstraßen mit originellen Läden zum Stöbern, vor allem in Ahrenshoop und in der Hansestadt Stralsund auch edle Boutiquen und Lifestyle-Geschäfte.

Klima

Auf der Halbinsel herrscht ein Übergangsklima, ein gemäßigtes Meeresklima mit kontinentalen Einflüssen. Das bedeutet: milde Winter und relativ kühle Sommer, 30 Grad oder darüber kommen eher selten vor. Mehr als 10 Grad minus sind im Winter allerdings auch fast schon eine kleine Wettersensation. Der typische Badetourismus konzentriert sich fast ausschließlich auf die Sommermonate. Vor allem die Sommer können in diesem Klimabereich

Ein ungewöhnliches Hotel in Wustrow

hin und wieder recht unbeständig sein, in den Hochsaisonmonaten Juli und August ändert sich die Wetterlage öfter mehrmals an einem Tag, mehrere Tage Regenwetter hintereinander sind nicht zu erwarten. Die Sonne lacht, lächelt oder blinzelt zumindest dann nahezu täglich vom Himmel. Zusammen mit Usedom, Rügen und Hiddensee gehört der Darß zu den sonnenreichsten Gegenden Deutschlands.

Kurtaxe/Gästekarte

Alle Seebäder, Seeheilbäder und Erholungsorte auf der Halbinsel sind staatlich anerkannte Kurorte. Hier wird traditionell Kurtaxe erhoben, die man im Normalfall beim Quartiergeber bezahlt. Kinder bis 6 Jahre sind in einigen Kurorten davon befreit, in anderen wie in Ahrenshoop auch Jugendliche bis 18 Jahre. Schwerbehinderte mit Ausweis, Arbeitslose und Sozialhilfeempfänger zahlen weniger. Die Höhe der Kurabgabe schwankt in der Hauptsaison je nach Größe und Bekanntheitsgrad des Badeortes, zwischen Oktober und April bezahlt man etwa die Hälfte. Beispiel Seebad Prerow: 1.5.–30.9. 2,50 Euro, Kinder (6–16 Jahre) 1,25 Euro, 1.10.–30.4. 1,50 Euro, Kinder (6–16 Jahre) 0,75 Euro. Die Abgabe dient vor allem Investitionen in die touristische Infrastruktur der Kurorte: Säuberung der Strände, Gewährleistung der Sicherheit beim Baden, Pflege der Grünanlagen, Bau und Unterhalt der Rad- und Wanderwege, Betreibung der Gästeinformation. Für eine Vielzahl touristischer Erlebnis- und Freizeitangebote an Land und zu Wasser werden seit 2023 mit der neuen Gästekarte Ermäßigungen gewährt. Sie ersetzt die traditionelle Kurkarte, man erhält sie von den jeweiligen Gastgebern.
www.gaestekarte-fdz.de

Unterkünfte und Preisniveau

Sowohl auf der Halbinsel als auch in der Hansestadt Stralsund ist das touristische Übernachtungsangebot sehr breit gefächert. Es reicht von Jugendherbergen und familienfreundlichen Campingplätzen über einfache Privatunterkünfte bis hin zu komfortablen Ferienwohnungen, Appartements und luxuriösen Design- oder Biohotels mit anspruchsvollen Wellness- und Spa-Bereichen oder einem Rundum-Verwöhnprogramm. Letzteres findet sich in erster Linie in den Badeorten Ahrenshoop, Prerow und Zingst. Die meisten Unterkünfte, auch die meisten First-Class-Tempel, befinden sich in diesen Ostseebädern. Umfassende Gastgeberverzeichnisse für das Fischland, den Darß und den Zingst bekommt man in den jeweiligen Tourismusbüros und Kurverwaltungen sowie beim Tourismusverband in Ribnitz-Damgarten (s.o.). Längst nicht alle Unterkünfte besitzen barrierefreie Zimmer und barrierefreie Gegebenheiten (→ S. 165). Haustiere sind nicht in jedem Quartier erwünscht. Man sollte also unbedingt vor der Anreise beim Vermieter nachfragen. Einige Pensionen und Hotels sind in den Wintermonaten geschlossen, andere gewähren in dieser Zeit (außer zwischen Weihnachten und Silvester) sowie in der Vor- und Nachsaison, zum Beispiel bei der vom MV-Tourismusverband groß angelegten Werbekampagne ›Das Schönste am Herbst‹ – ›Verwöhnpreise‹ mit teilweise erheblichen Preisnachlässen. In diesem Buch werden die Preise für ein Doppelzimmer mit Frühstück zur Hauptsaison in drei Kategorien eingeteilt: €=bis 70 Euro, €€=bis 140 Euro, €€€=über 140 Euro.

Wichtige Telefonnummern

Feuerwehr, Rettungsdienst: Tel. 112.
Polizei: Tel. 110.
Pannenhilfe ADAC: Tel. 0180/22 22 222, mobil 222222.
AvD: Tel. 0800/9909909.
Karten-Sperr-Notruf: Tel. 116116.
Ärztlicher Bereitschaftsdienst: Tel. 116117, www.116117.de (Patientenservice).

Ausführliche Hinweise bieten die Reisetipps von A bis Z (→ S. 164).

Unterwegs mit Kindern

Baden, buddeln, Muscheln sammeln – eigentlich bedarf es nicht viel mehr, um mit der Familie eine tolle Zeit an der Ostseeküste zu erleben. Sicherlich sind die Strände die schönsten Sandkästen der Welt, zumal wenn es sich um solch feinsandige und kilometerweite Traumstrände wie auf der Halbinsel Fischland-Darß-Zingst handelt. Doch auch bei Schmuddelwetter hat die Urlaubsregion für Familien viel zu bieten. Unterkünfte sind teils zertifiziert: Wann immer Sie das Qualitätssiegel ›Familienurlaub MV – Geprüfte Qualität‹ mit dem gekrönten Fisch Gustav sehen, können Sie sich sicher sein, dass es sich um einen besonders familienfreundlichen Anbieter handelt.

Museen und Technisches

Ganz in der Nähe des Zingster Strandes liegt das **Experimentarium**. Hier können kleine und große Tüftler eigene Kunstwerke schaffen, ihre Kreativität ausprobieren und so manch rätselhafter Naturerscheinung auf den Grund gehen. Die Devise des Hauses: Schwieriges spielerisch lernen – beim Experimentieren, Basteln und Knobeln (→ S. 141). Im **Freilichtmuseum Klockenhagen** sieht und erfährt man, wie die Leute früher auf dem Land lebten. Hier ist neben den Schauvorführungen vor allem auch Mitmachen angesagt: beim Brotbacken und Tierefüttern, beim Korbflechten, Schmieden und Spinnen (→ S. 63). Interessant für die ganze Familie ist das **Deutsche Bernsteinmuseum in Ribnitz**. Es bietet eine eindrucksvolle Ausstellung zum ›Gold der Ostsee‹ (→ S. 63). Im **Vineta-Museum in Barth** steht die sagenumwobene Stadt Vineta im Mittelpunkt. Sie soll vor rund 900 Jahren in den Ostsee-Fluten versunken sein (→ S. 79). Das **Darß-Museum** in Prerow zeigt neben Heimatkundlichem bemerkenswerte Schiffsmodelle und nautische Geräte (→ S. 127).

Tiere, Pflanzen und Steine gucken

Die fünf Ausstellungen und 40 Aquarien des **Ozeaneum** in Stralsund bieten eine faszinierende Reise durch die Unterwasserwelt der nördlichen Meere, hier sind unter anderem Giganten des Meeres zu bestaunen. Lehrreich ist der Bereich ›Meer für Kinder‹ (→ S. 159). Der **Stralsunder Zoo** lädt ein zu einer Reise durch die fantastische Welt der Tiere vom Bauernhof bis in den Dschungel. Zu den Highlights zäh-

Experimentarium in Zingst: Erlebnisspielplatz für kreative Tüftler

len die Löwen- und Polarwolfrudel (→ S. 162). Im **Vogelpark Marlow** gibt es rund 150 Arten. Ganz nah kommt man den Tieren in den begehbaren Gehegen. Beliebt bei den Besuchern sind die Flugshows mit Greifvögeln und die Schaufütterungen der Keas, Pinguine und Pelikane. Zum Bestand des Parks gehören aber auch verschiedene Affenarten und Kängurus (→ S. 65). Im **Gut Darß** in Born werden Schafe, Ziegen, Kühe, Pferde und etwa 240 Wasserbüffel gehalten und gezüchtet. Bei Führungen nähert man sich den Tieren hautnah. Zum Erlebnis-Hof des Gutes gehören auch ein Streichelgehege mit großem Spielplatz und eine 18-Loch-Naturminigolf-Anlage in ländlicher Atmosphäre (→ S. 118). In der **Natur-Schatzkammer in Neuheide** werden in elf Ausstellungen unter anderem Fossilien, präparierte Schmetterlinge, Vögel und Säugetiere, 250 Pilzarten und 13 000 Muschelarten gezeigt (→ S. 86).

Vielfältiges

Nicht nur bei Schmuddelwetter ist die **Bodden-Therme** in Ribnitz-Damgarten ein heißer Tipp. Das Sport- und Erlebnisbad besitzt ein Kinder- und Babybecken sowie eine 60 Meter lange Rutsche (→ S. 67). Wohltemperierte Meerwasserbecken mit Dach überm Kopf bietet das **Aquadrom** in Graal-Müritz (→ S. 73).

Zu den besonderen Erlebnissen des Urlaubs auf der Halbinsel Fischland-Darß-Zingst zählen die **Boddenfahrten** von mehreren Häfen aus. Zum Beispiel – ähnlich wie Huckleberry Finn auf dem Mississippi – mit dem Schaufelrad-Dampfer ›Baltic Star‹ vom Hafen in Prerow aus (→ S. 133). Oder man steigt in eins der regionaltypischen **Zeesenboote** mit ihren charakteristischen rotbraunen Segeln und startet mit einem Skipper zu einem Törn über die Boddengewässer. Dazu bieten sich in den Sommermonaten mehrere kleine Häfen der Halbinsel an, etwa die Häfen in Wustrow, Althagen, Born und Wieck. Auf dem Wiecker Zeesenboot ›Marie-Luise‹ erfahren die kleineren Gäste auch noch nebenbei, ob es einen Klabautermann gibt und was das Boddenmonster so treibt (→ S. 83).

Im Freilichtmuseum Klockenhagen

Kein Ostseeurlaub ohne Wassersport: Das Wassersportcenter **Kitesurf und Kanu Born** hat in seinem Programm Kurse für die ganze Familie, kinderfreundlich ist das stehtiefe Wasser im Surfrevier. Im Seebad Wustrow veranstaltet die prämierte **Fischländer Segelschule** auch Kindersegelkurse. Hier lernen Kinder ab acht Jahren den Umgang mit Wind, Segel und Takelage sowie die Grundmanöver (→ S. 95).

Kutsch- oder Kremserfahrten führen von Prerow aus durch den Darßwald zum Leuchtturm am Darßer Ort (→ S. 133). Ab einer Körpergröße von 1,10 Meter dürfen Kinder im **Darßer Kletterwald** in Born mitklettern, für ältere Kinder gibt es acht spannende Parcours mit zum Teil rasanten Seilfahrten (→ S. 118). Die **Freizeitanlage Bomigo** in Zingst sorgt mit Kletterwand, Tennis, Bowling sowie der Adventure-Minigolf-Anlage mit zwölf Bahnen und verschiedenen Hindernissen sicher für einen kurzweiligen und spaßigen Familientag (→ S. 144). Auf dem **Eselhof I-AHH in Klockenhagen** können Kinder auf den geduldigen Tieren reiten, sich auf einer Eseltour als Kutscher betätigen und überhaupt viel Wissenswertes über die Hofbewohner erfahren (→ S. 65). Jährlich im Frühsommer finden in Barth und Born die traditionellen **Kinderfeste** (→ S. 118 und 82) statt – schon seit annähernd 200 Jahren.

Herausragende Sehenswürdigkeiten

Ahrenshoop

Das einst weltabgeschiedene Dorf entwickelte sich Ende des 19. Jahrhunderts zu einem Treff- und Lebensmittelpunkt für viele Maler und andere Künstler. Sie waren fasziniert von der ursprünglichen Schönheit der Natur zwischen Meer und Bodden, von den rohrgedeckten Katen, vom einzigartigen Licht fernab vom modernen Leben. Zu dieser Zeit entstand die berühmte Künstlerkolonie. Die Tradition lebt in den zahlreichen renommierten Galerien, Ateliers und Werkstätten des Seebads fort (→ S. 100).

Wahrzeichen ▲

Zu den Wahrzeichen der Halbinsel gehören die vielen rohrgedeckten Schifferkaten und Kapitänshäuser (→ S. 43). Sie sind in allen Ortschaften der Region zu bewundern. Etliche von ihnen sind mit farbenfrohen Darßer Türen geschmückt. Die Türen sind ein bedeutender Bestandteil der maritimen Kultur des Darß: kunstvoll geschnitzt, mit tiefsinnigen Ornamenten verziert und mittlerweile patentrechtlich geschützt (→ Extra S. 112).

Aussichtstürme ▸

Aussichtsreich sind zwei rote Backsteintürme: Der 35 Meter hohe Leuchtturm ›Darßer Ort‹ ist eine der Hauptattraktionen auf dem Darß. Von seiner Plattform aus bietet sich ein Küstenpanorama, das sicherlich seinesgleichen sucht. Bei guter Sicht kann man bis nach Hiddensee und Rügen blicken (→ S. 130). Von der Aussichtsgalerie des 18 Meter hohen Turms der neugotischen Dorfkirche von Wustrow schweift der herrliche Rundumblick westlich zur Ostsee und den weiten Stränden, landeinwärts überblickt man aus der Vogelperspektive das gesamte Fischland (→ S. 89).

Architektur ▲

Während die repräsentativen Bauwerke in der Altstadt Stralsunds von der norddeutschen Backsteingotik geprägt sind, dominieren auf der Ostseehalbinsel heimelige, rohrgedeckte Fischer- und Bauernhäuser, die oft mit Fachwerk errichtet wurden. Die Rohr- oder Reetdächer sind meist mit Giebelzeichen verziert: mit Pferdeköpfen, Schmuckornamenten und maritimen Symbolen. Der natürliche Rohstoff für die Dächer, das Schilf, wächst schließlich sozusagen vor der Haustür, an den Ufern der Bodden. Die ersten Kapitänshäuser entstan-

den schon in der Mitte des 17. Jahrhunderts. Die jüngsten maritimen Bauwerke der Halbinsel sind die Seebrücken in mehreren Seebädern. Sie sind die modernen Wahrzeichen der vorpommerschen Urlaubsregion. Prerow besitzt die längste Seebrücke der Halbinsel, sie ragt 395 Meter ins Meer hinaus (→ S. 128).

Naturerlebnisse ▲

Zu den schönsten Orten der Halbinsel ist man ausschließlich zu Fuß, per Rad oder mit der Pferdekutsche unterwegs: Zur imposanten Steilküste des Fischlands zwischen Wustrow und Ahrenshoop (→ Tour S. 107); zum spektakulären, völlig naturbelassenen Darßer Weststrand (→ Tour S. 129) mit seinen vom Westwind kurios zersausten ›Windflüchtern‹, deren Wipfel wie streng nach Osten geföhnte Sturmfrisuren erscheinen; durch den märchenhaften Darßer Urwald zum Darßer Ort, wo die Natur eifrig Sand anlandet und neues Land schafft (→ Tour S. 129); zum Pramort mit seinen Beobachtungsplattformen für Kraniche (→ Tour S. 141). Der Kranich ist der Charaktervogel der Region, ein scheuer Zugvogel, der in der vorpommerschen Boddenlandschaft zu Zehntausenden im Frühjahr und im Herbst Zwischenstation macht.

Zeesenboote ▲

Die robusten Zeesenboote mit ihren typischen rotbraunen Segeln waren ab dem 18. Jahrhundert als Fischerboote auf den vorpommerschen Boddengewässern unterwegs. Heute kann man mit ihnen zu rund zweistündigen Törns auf die Bodden starten (→ S. 83).

Hansestadt Stralsund ▲

Die einzigartige Altstadt Stralsunds mit ihren Backsteinkathedralen, dem prunkvollen Rathaus, den Klöstern und prächtigen Patrizierhäusern gehört seit 2002 zum Weltkulturerbe der UNESCO. Wie ›Wolkenkratzer des Mittelalters‹ ragen die drei mächtigen Kirchtürme in die Höhe und prägen die Stadtsilhouette (→ S. 147).

Und was hier ganz besonders einzigartig ist, ist das Licht. Unser schmaler Landstrich liegt ja zwischen zwei Wasserflächen, zwischen Ostsee und Bodden. Und diese Wasserflächen reflektieren das Licht diffus, und das erzeugt ein besonderes Licht. Das war einer der Gründe, warum sich Maler hier angesiedelt haben.

Hans Götze, 1994–2019,
ehrenamtlicher Maler-Bürgermeister von Ahrenshoop

LAND UND LEUTE

Am Hafen in Bodstedt

Landschaften

Die einstigen Ostseeinseln Fischland, Darß und Zingst sind im Laufe der Jahrhunderte zu einer fast 60 Kilometer langen Halbinselkette zusammengewachsen. Das war nicht nur das Werk der Natur, die unaufhörlich die vorpommersche Küste neu formt, da war auch kalkulierende Menschenhand im Spiel. Genau genommen sind es heute drei Halbinseln mit drei fast gänzlich verschiedenen Landschaften, jede für sich hat ihre besonderen Reize. Die Halbinselkette im Ganzen gesehen zählt gewiss zu den spannendsten und ungewöhnlichsten Landschaften in Deutschland und weist eine beeindruckende landschaftliche Vielfalt auf kleinstem Raum auf: Es gibt schier endlose, feinkörnige Sandstrände, Kliffküsten und Flachküsten, bemerkenswerte Dünen und Deiche, schilfgesäumte Bodden mit verträumten Buchten und kleinen Häfen, auch Hügelland, aber vor allem tischplatte Salz- und Sumpfwiesen sowie Weiden, Moorland, sich ständig wandelnde Nehrungen, Windwatten und Sandhaken, einen ausgedehnten Kiefern- und Buchenwald, der allmählich wächst und vergeht, wie allein die Natur es vorgibt.

Vorne das Meer, hinten der Bodden – Wasser, wohin man auch schaut. Aufregender, vielseitiger und poetischer ist vielleicht die Boddenseite, mehr Pathos herrscht dagegen am Meer, da hat man Strand und Weitblick bis zum Horizont.

Die Halbinsel **Fischland** ist eine schmale Landzunge, etwa fünf Kilometer lang und zwischen 400 Metern und zwei Kilometern breit. Eingegrenzt ist das ehemalige Eiland von den bis ins 14. Jahrhundert schiffbaren Mündungsarme der Recknitz: Permin und Loop. Letzterer markierte die historische Grenze zwischen Mecklenburg und Vorpommern. Das steile, zerklüftete Seeufer zwischen den Seebädern Wustrow und Ahrenshoop bietet atemberaubende Aussichten. Hier ist das Fischland großteils reine ›Abtragungsküste‹: Von dort abgetragene Sande werden mit der Strömung in Ostrichtung transportiert und andernorts

Die Halbinselkette punktet nicht zuletzt mit ihrem endlosen feinsandigen Strand

Auch Steilufer finden sich an der Westküste

wieder angelandet. Auf der gegenüberliegenden Seite des Fischlandes winden sich die schilfbewachsenen Ufer der Boddenküste. Im Gegensatz zur weitgehend glatt geschliffenen Meeresküste sind die Boddenufer von einer bizarren Unregelmäßigkeit, in den dichten und oft weiten Schilfzonen lässt sich die Größe der Buchten und Stromrinnen kaum ausmachen. Die Grenzen zwischen Wasser und Land werden außerdem stets neu gezogen. Der Bakelberg ist mit seinen stolzen 18 Metern die höchste Erhebung nicht nur auf dem Fischland, sondern auf der gesamten Halbinsel. Auch von dort oben genießt man einen faszinierenden Ausblick, auf die Ostsee und den Saaler Bodden.

Der **Darß** schließt sich nordöstlich an das Fischland an. Der größte Teil des Darßes ist vom 5800 Hektar umfassenden Darßwald bedeckt. Er ist Bestandteil des Nationalparks Vorpommersche Boddenlandschaft. Der Nordwestteil des Waldes und der Bereich um Darßer Ort gehören zur Schutzzone 1. Hier wird eine natürliche Entwicklung der Flächen ohne jegliche menschliche Nutzung angestrebt. Am Darßer Ort liegt heute der Scheitelpunkt der natürlichen Küstenbildung. Die verläuft hier so dynamisch wie an keinem anderen Ort an der gesamten Ostsee: Sowohl vom Fischland als auch vom Darßer Weststrand holt sich die See beständig den Baustoff für das Neuland im Norden des Darßes und für die Nehrung am Großen Werder. So entstanden auch die ausgedehnten herrlichen Sandstrände an der Nordküste der Halbinsel. Und sie wachsen beständig weiter.

Der **Zingst** ist der östliche Teil der Halbinselkette, seine Ost-West-Ausdehnung beträgt rund 20 Kilometer. Die Nahtstelle zum Darß an der Hohen Düne von Prerow misst gerade mal 100 Meter, sie ist die schmalste Stelle der gesamten Halbinsel. Die dem Zingst vorgelagerten Inseln Kirr, Barther Oie, Bock sowie die Halbinsel Großer Werder sind bedeutende Vogelschutzgebiete, einer der größten Kranichschlafplätze befindet sich im Bereich Zingst-Bock.

Die Ostsee – ein Erbe der letzten Eiszeit

Die Ostsee ist ein Binnenmeer, nicht sehr tief, nicht sehr salzig und meist recht kühl. Sie ist erdgeschichtlich ein sehr junges Meer, gewissermaßen der Teenager unter den Meeren. Und sehr klein ist sie obendrein, gerade mal 413000 Quadratkilometer groß (Deutschland: 356957 Quadratkilometer) und maximal 459 Meter tief. Stets mit den Stimmungen des Himmels ändert das Meer seine Farben: von graphitgrau oder silbrig glänzend über dunkelschwarz bis hellblau und gar smaragdgrün. Das Volumen der ›kühlen Blauen‹ ist nur halb so groß wie das der Nordsee. Sie erstreckt sich über 1300 Kilometer von Süden nach Norden sowie über 1000 Kilometer von Westen nach Osten. Die Ostsee entstand in mehreren Etappen erst vor rund 12 000 Jahren, aus dem Schmelzwasser der letzten Eiszeit, als sich die Eismassen der sogenannten Weichseleiszeit aufgrund steigender Temperaturen allmählich nach Norden zurückzogen.

In der Baltischen Senke bildete sich daraufhin ein riesiger Eisstausee mit Süßwasser. Er besaß noch keine Verbindung zur Nordsee. Dafür hatte gut 100 000 Jahre zuvor die Saale-Eiszeit gesorgt: Sie hatte mit ihren von Skandinavien vordringenden Gletschern Gesteinsschutt, Sande und Tone aufgeschüttet, die nach ihrem Abschmelzen ein über 100 Meter hohes Wallsystem formten – die Moränen von Jütland und Schleswig-Holstein. Sie bilden bis heute die Hauptbarriere zwischen der Nordsee und der Ostsee. Erst vor rund 8000 bis 5000 Jahren kam es durch den globalen Anstieg des Meeresspiegels sowie durch Landhebungen zu schmalen Verbindungen zwischen den beiden Meeren. Das salzige Nordseewasser drang nun nach Osten in den sogenannten Ancylussee ein, und es entstand ein salzig-brackiges Meer. Das Aussehen des neuen Binnenmeeres verändert sich seit Jahrtausenden stetig. Die gegenwärtige Entwicklungsphase der Ostsee wird von den Wissenschaftlern als Myameer bezeichnet – in Anlehnung an die heute allerorten anzutreffenden Sandklaffmuschel Mya arenaria, die sich vor etwa 1500 Jahren in der Ostsee ausbreitete.

Aktuelle Entwicklungen

Das Baltische Meer, wie die Ostsee in den meisten Sprachen genannt wird, ist das größte Brackwassermeer der Erde. Als Brackwasser wird ein Gemisch aus Fluss- und Meereswasser, also Süß- und Salzwasser, bezeichnet. Mehr als 200 Flüsse münden in die Ostsee. Von ihnen erhält sie Süßwasser, atlantisches Salzwasser strömt von der Nordsee ein. Der Salzgehalt des Baltischen Meeres ist mit maximal 2,5 Prozent äußerst gering, nach Osten hin nimmt er noch weiter ab. Im Küstenbereich zwischen der Insel Rügen und der vorpommerschen Boddenküste liegt der Salzgehalt nur bei einem Drittel dessen, was für die meisten Ozeane typisch ist – durchschnittlich 3,5 Prozent. Andererseits fließt mit den größeren Mündungsflüssen jährlich auch über eine Million Tonnen Stickstoff aus dem wachsenden Einsatz von Kunstdünger in der Landwirtschaft in die Ostsee, außerdem unzureichend geklärte Abwässer, Arzneimittelrückstände, Abfälle sowie Unmengen an Phosphaten und Nitraten. Das maritime Leben wird so buchstäblich erstickt: Die chemischen Substanzen verwandeln das Meer in eine blühende Landschaft, in der vor allem Blaualgen bestens gedeihen. Wenn sie absterben, sinken sie auf den Meeresboden, werden dort zersetzt und entziehen dem Wasser so den letzten Sauerstoff. Es bildet sich am Boden ein übelriechender Faulschlamm, in dem kein Fisch und auch keine Muschel überleben kann. Die Laichgründe werden dadurch immer kleiner, Fische wie vor allem der Dorsch können ihren Nachwuchs nicht mehr durchbringen.

Die Belüftung des Ostseegrunds ist nur durch Frischwasserzufuhr aus der Nordsee möglich. Die Zufuhr von Salzwasser, von belebenden Sauerstoffduschen, ist für die Ostsee also absolut lebensnotwendig. Doch die bleibt oft jahrelang aus. Nur bei anhaltend stürmischen Westwinden strömt salzreiches Nordseewasser durch die Meerengen des Großen und des Kleinen Belt ein. In der Regel erfolgt nur alle 30 bis 35 Jahre ein vollständiger Wasseraustausch in der Ostsee. Es droht latent die Gefahr, dass das Baltische Meer von seinem Grund her stirbt. Eine weitere Belastung für das ökologische Gleichgewicht des Binnenmeeres ist der seit der politischen Wende 1989 stark angestiegene Schiffsverkehr auf der Ostsee mit seinen stark erhöhten Hafen- und Ölumschlagkapazitäten. Mittlerweile befahren fast 100 000 Schiffe jährlich die Ostsee.

Doch es gibt auch positive Nachrichten: Galt die Ostsee in den 1970er Jahren noch als das schmutzigste Meer der Welt, so hat sich die Wasserqualität in den letzten 20 Jahren erfreulich verbessert. Fast überall an den Küsten der südlichen Ostsee wird sie bei strengen staatlichen Kontrollen als gut oder sehr gut bewertet. An den Stränden mehrerer Ostseebäder – auch auf der Halbinsel Fischland, Darß, Zingst – weht seit Jahren als Zeichen sauberen Wassers die ›Blaue Flagge‹, das weltweit gültige Umweltsymbol. Auch die Rückkehr der Kegelrobben, die seit den 1920er Jahren aus der Ostsee gänzlich verschwunden waren, ist sicherlich ein natürliches Indiz dafür. Biologisch ist das relativ flache Meer – Durchschnittstiefe: 55 Meter – sehr artenarm. Heimisch sind hier nur wenige Dutzend Fischarten. Gefangen wird vor allem Hering, Dorsch (Kabeljau), Flunder und Barsch, daneben auch Aal, Zander und Schnäpel, der Stint und der Ostseelachs pendeln von einigen Flüssen in die Baltische See. Allerdings sorgen weiterhin die permanente Überfischung, ganz besonders von Dorsch und Hering, sowie die höchst umstrittene Fangmethode mit Grundschleppnetzen für ein labiles Ökosystem der Ostsee. Die riesigen Schleppnetze der kommerziellen Fischfangflotten, mit denen vorwiegend Steinbutt, Flunder, Seezungen und Schollen gefangen werden, schleifen über den Meeresgrund und zerstören dabei große Teile der dort lebenden Organismen. Auch der Beifang ist enorm, viele Jungfische sowie nicht kommerziell verwertbare Arten werden dabei vernichtet. Nicht zuletzt wird sich auch der Klimawandel mehr und mehr negativ bemerkbar machen, sollten die Treibhausgasemissionen nicht konsequent reduziert werden. Kein anderes Meer hat sich in den letzten Jahren so stark aufgewärmt wie die Ostsee. Darunter leidet unter anderem die Heringspopulation: Durch die steigenden Wassertemperaturen schlüpfen die Larven immer früher – zu einem Zeitpunkt, zu dem es noch keine Nahrung für sie gibt. Und der Anstieg des Meeresspiegels wird zwangsläufig, so die Prognosen, zu gefährlichen Sturmfluten an den Küsten des Baltischen Meeres führen.

EXTRA

Sintflut an der Ostsee: Das Sturmhochwasser von 1872

Das schwerste Ostseesturmhochwasser seit Menschengedenken an der gesamten südlichen Ostseeküste zwischen Dänemark und Pommern sorgte 1872 in der Region Fischland-Darß-Zingst dafür, dass die Küstenorte binnen kürzester Zeit überflutet wurden und nach und nach Verbindungen zur offenen See versandeten. Meterhohe Wellenberge schütteten damals am 12. und 13. November den Prerowstrom, der den Darß vom Zingst trennte, weitgehend zu. Zwei Jahre später wurde der Strom seeseitig von Menschenhand schließlich vollkommen geschlossen und mit einem Deich gesichert. Fortan hingen die Inseln aneinander fest.

Das Sturmhochwasser von 1872 gilt als Jahrtausendereignis. Der Scheitelwasserstand betrug etwa 3,3 Meter über Normalnull – der höchste jemals in der deutschen Ostsee gemessene Pegel. In einigen Seebädern der Halbinsel sind die damaligen Höchststände des Wassers an Gebäuden markiert. Mindestens 271 Menschen kostete das Ostseesturmhochwasser das Leben, 2850 Häuser wurden zerstört. Vorzeichen zu dieser Naturgewalt gab es schon Ende Oktober 1872, als das Wasser der Nordsee durch heftige Stürme aus West und Südwest zwischen Dänemark und Norwegen getrieben wurde. Dort staute es sich zu einer außergewöhnlichen Höhe. Plötzlich drehte der inzwischen zum Orkan verstärkte Sturm auf Nordost und drückte die gewaltigen Wassermassen springflutähnlich an die Südküste der Ostsee.

Die Sturmflut von 1872 führte zu einem Wendepunkt im Küstenschutz. Es erfolgte ein systematischer Ausbau von Küstenschutzmaßnahmen, die bis heute gelten: Buhnen brechen die Wellen in der Brandungszone, bepflanzte Dünen geben dem Sandboden Struktur, Wälder schützen vor Erosion, Deiche schützen vor Hochwasser und Fluten.

Literaturtipp: Die Schriftstellerin Käthe Miethe (1893–1961), eng mit dem Fischland und dem Darß verbunden, erzählt in ihrem Roman ›Die Flut‹ (1953) von den Folgen der verheerenden Sturmflut von 1872 im damals noch gottverlassenen Dorf Ahrenshoop, aber auch eindrucksvoll von den sozialen Spannungen im Fischerort in den Jahren nach der Jahrhundertkatastrophe sowie von seiner stetigen Entwicklung zum schicken Künstlerort und schließlich zum mondänen Seebad (→ S. 100).

Die Sturmflut, Darstellung von 1873 in ›Die Gartenlaube‹

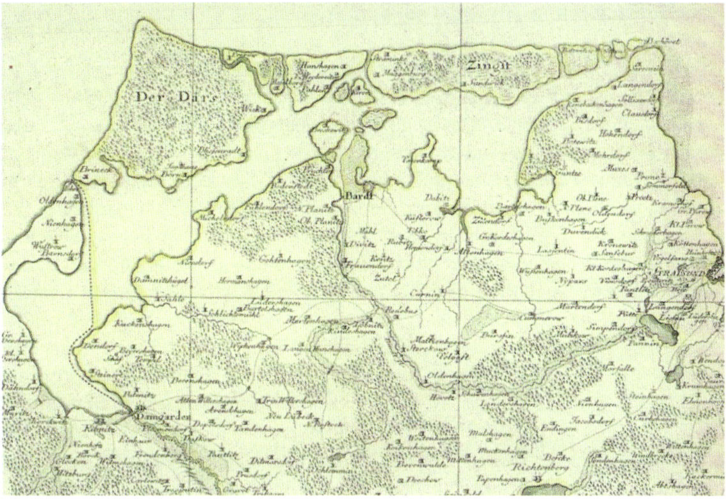

Die Boddenkette auf einer Karte von 1761

Die Entstehung der Halbinselkette Fischland–Darß-Zingst

Als die mächtigen Gletscher der letzten Eiszeit vor rund 12 000 Jahren allmählich abschmolzen, hinterließen sie ein Relief mit Gesteinsblöcken, Geröll, Sanden und Abflussrinnen, eine vielseitige Landschaft von Grund- und Endmoränen. Die ›Schöpfung‹ von Fischland-Darß-Zingst setzte vor rund 7500 Jahren ein. Durch den Anstieg des Meeresspiegels drang die gerade erst entstandene Ostsee auf das südliche Festland vor und machte hier höher gelegene Teile zu Inseln. Nur die Endmoränenhügel schauten nunmehr als Inselkerne aus dem Wasser. Dazu zählte das Hohe Fischland, das damals noch annähernd doppelt so hoch war wie heute und sich wesentlich weiter nach Westen ausdehnte, dazu zählte der Altdarß sowie die flachen und noch voneinander getrennten Inselflächen des West- und Ostzingst. Durch die stetige Einwirkung von Ostsee und Wind wurde Material aus Sand, Kies und Ton von den Inselkernen abgetragen und an deren Flanken als Sandhaken und Strandbänke wieder angelandet. Auf diese Weise – durch den ständigen Wandel von Abtragung und Anlandung – war vor etwa 3000 Jahren eine Ausgleichsküste entstanden, die bis heute unablässig ihre Form verändert. Vor etwa 1500 Jahren kam es durch die immer länger werdenden Nehrungen zur Abschnürung der dahinter liegenden Buchten. So entstand die Darß-Zingster Boddenkette. Noch vor wenigen Jahrhunderten bestand die heutige Halbinsel aus drei selbständigen Inseln. Die Stürme, die Meeresströmung und auch der Mensch verbanden diese zu der heutigen annähernd 60 Kilometer langen Halbinselkette.

Heute unterliegen weite Teile der Außenküste von Fischland, Darß und Zingst der Abtragung, nur zwischen Darßer Ort und Prerow wächst der Darß. Besonders am Darß lässt sich gut beobachten, wie die Natur arbeitet. Vor rund 800 Jahren begann der Neudarß zu wachsen. Strömungen spülten damals von den Ufern des

Fischlandes abgetragenes Sediment nach Norden, wo Sandhaken in die Ostsee wuchsen. Als Strandwälle haben sich die Haken einer nach dem anderen vor den Altdarß gelegt und dabei immer wieder Strandseen eingeschlossen. Die erscheinen heute als sumpfige Bruchwälder zwischen den Dünenstreifen. Im Darßwald nordöstlich des Großen Sterns ist über eine weite Strecke die Grenze zwischen dem Altdarß und dem Neudarß sehr gut zu erkennen. Bis hierher reichte noch vor 2000 Jahren die Meeresbrandung. Über 100 Mal wechseln zwischen dem heutigen und dem einstigen Meeresufer in west-östlicher Richtung langgestreckte Erhebungen – die ehemaligen Strandwälle – und dazwischen liegende Senken – die versandeten ehemaligen Strandseen. Sie werden als Reffe und Riegen bezeichnet und weisen auch einen charakteristischen Wechsel der Vegetation auf. Auf den trockenen Reffen wachsen Wacholder, Zwergsträucher und Kiefern, Eichen, Birken und Buchen. Hier verlaufen die Wanderwege des Darßwaldes. In den feuchten, moorigen Riegen entstanden vor allem Erlenbrüche. Kennzeichnend für die heutige Halbinsel ist der Kontrast zwischen der recht glatten Kontur der Außenküste und den zahlreichen Buchten, Inseln und Landvorsprüngen auf der Boddenseite. Der Gegensatz ist typisch für die Boddenausgleichsküste, das aktuelle Ergebnis der relativ jungen erdgeschichtlichen Entwicklung.

Die vorpommersche Boddenküste

Die sehr unterschiedlichen und ausgesprochen vielfältigen Küstenformen der Ostsee lassen sich am besten aus der Vogelperspektive deutlich voneinander unterscheiden. Sie sind in erster Linie Resultate der eiszeitlichen Gletscherbewegungen. Während der letzten Eiszeit überrollte der gewaltige, teilweise bis zu 1000 Meter dicke Eispanzer das Land. Er formte die Mondlandschaft mit seinem Schotterbett. Die abfließenden Schmelzwasser hinterließen Hügelket-

Schilf prägt die Boddenlandschaft des Darß

ten, die Grund- und Endmoränen. Eiszungen bildeten Buchten, aus abgelagerten Geschiebemergeln wurden fruchtbare Ackerböden, aus Schwemmland sandige Heideflächen. Ohne die mächtige eiszeitliche ›Schuttablage‹ aus Steinen und Sanden an den Küsten der südlichen Ostsee reichte das Wasser des Baltischen Meeres südwärts bis in den Berliner Raum. Neben den weitflächigen Überflutungen führte das allmähliche Abschmelzen des Eises vor rund 12000 Jahren außerdem zu beträchtlichen Landhebungen. Die nacheiszeitlichen Geländehebungen vor allem im nördlichen Bereich und umgekehrt Geländeabsenkungen im südlichen Bereich der Ostsee beeinflussen bis heute die Formbildung der Küsten. Wind, Wellen und die Meeresströmungen sorgen ständig für Veränderungen des Aussehens der jeweiligen Küstenabschnitte: Die sturmgepeitschte See bewirkt einen permanenten Küstenrückgang an der einen und Landzuwächse an der anderen Stelle. Steilküsten brechen herunter, beharrlich tragen dann die Strömungen Meter für Meter des Sandes ab und transportieren ihn davon, wo er sich andernorts etwa in Form von Nehrungen und Sandhaken wieder aufbaut. Der Küstensaum der Ostsee ist ständig in Bewegung.

Die Küste des Baltischen Meeres hat viele Gesichter. Fjorde finden sich an den Küsten des Kattegatts und im südwestlichen Schweden, Schären an der schwedisch-finnischen Ostseeküste. Der Küstenabschnitt etwa von Flensburg bis Lübeck ist durch Förden gekennzeichnet. Das sind einstige Gletschertäler, dic nach dem Abschmelzen vollgelaufen sind. Eine Ausgleichsküste bestimmt die Küste Polens von Swinemünde (Świnoujście) bis kurz vor Danzig (Gdańsk) und die lettische Küste. Ursprüngliche Buchten, Halbinseln, Inseln und Vorsprünge wurden unter dem Einfluss von Wind und Wasser zu einer geradlinig verlaufenden Küstenlinie mit seichten Ufern, breiten Sandstränden und dahinter liegenden bewaldeten Dünen. Eine Haff- oder Nehrungsküste prägt den Küstenabschnitt zwischen Danzig und dem litauischen Klaipeda; auch das Stettiner Haff zählt dazu. Haffs entstehen vor Flussmündungen, es sind größtenteils von der Ostsee abgetrennte Brackwasserflächen – und insofern Boddengewässer.

Die vorpommersche Küste ist vor allem durch Boddenlandschaften geprägt. Die Boddenküste zeigt sich am eindrucksvollsten ausgeprägt zwischen der Halbinselkette Fischland-Darß-Zingst und den Inseln Rügen und Hiddensee. Dieser großartige Küstenabschnitt mit der stärksten Gliederung aller deutschen Küsten ist durch den Nationalpark Vorpommersche Boddenlandschaft (→ S. 27) geschützt. Die Bodden, seenähnliche und sehr flache Küstengewässer, sind die Lagunen der Ostsee. Sie entstanden durch nacheiszeitliche Flutungen von Grundmoränenlandschaften und sind durch Inseln, Halbinseln oder Landzungen vom offenen Meer weitgehend abgeriegelt. Bei den Grundmoränen handelt es sich um unter den Gletschern abgelagerten Schutt, der durch das Eis vom Untergrund losgelöst und mitgeführt wurde. In diesen Zonen ist die Landschaft in der Regel leicht gewellt. In den Mulden zwischen den Minihügeln liegen die eiszeitlichen Wasser, die nicht abfließen konnten. Meistens sind Boddengewässer außerordentlich buchtenreich. Solche kleinen, flachen Buchten werden niederdeutsch Wiek genannt. An vielen Küstenabschnitten trägt die küstenparallele Strömung Sande und anderes Feinmaterial ab und lagert es in sogenannten Sandhaken. Die Haken wachsen durch stetige, weitere Sandanlandungen von Lockermaterial in das flache Wasser hinaus. Erreicht ein solcher Sandhaken eine gegenüberliegende Landspitze, entsteht eine Nehrung, eine sandige Verbindung von Land zu Land. Sie begrenzen meist sehr flache Meeresbuchten vom Meer. Oft stehen sie nur durch schmale Meeresarme mit der offenen See in Verbindung. Viele Nehrungen werden für den Schiffsverkehr durch künstliche Durchstiche offen gehalten. Rechtwinklig zum Strand sind vielerorts lange Reihen von Pfählen aus Holz in den ufernahen Meeresboden gerammt. Diese Buhnen, meist von grünem Moos bewachsen, dienen dem Küstenschutz. Sie sollen uferparallele Strömungen vermindern, sodass keine Sanderosionen stattfinden.

Vögel an der Küste

Die Region ist das bedeutendste Vogelschutzgebiet Deutschlands. Die Boddengewässer der vorpommerschen Küste sind außerdem das wichtigste Überwinterungsgebiet für Wasservögel im gesamten Ostseeraum. Insgesamt gibt es hier 163 Brutvogelarten, von denen 67 in der Roten Liste der gefährdeten Brutvögel Deutschlands eingeordnet sind. Anzutreffen sind verschiedene Möwenarten, Schwäne und Watvögel, auch Pracht- und Sternentaucher, Schell-, Trauer-, Samt-, Berg-, Eider- und Eisenten sowie Kanadagänse. Unterwegs sieht man Graureiher, Kormorane, Bachstelzen, einige Greifvogelarten und zahlreiche Höckerschwäne auf den Bodden und Windwatten. Die weißen Riesen gehören mit bis zu zwölf Kilogramm Gewicht zu den schwersten flugfähigen Vögeln. Ihr Name bezieht sich auf den schwarzen Höcker auf dem grell orangefarbenen Schnabel. Auf eine große Kolonie von Uferschwalben trifft man am Steilufer des Fischlandes (→ Tour S. 107). Die riesige Zahl an Vögeln, die sich an der Küste und an den Bodden tummeln, ist – außer vielleicht für Ornithologen – kaum zu überschauen. Eine Sonderrolle nehmen die Grauen Kraniche ein. Sie sind die Superstars an der

Am Strand von Wustrow: Möwe im Anflug

vorpommerschen Boddenküste, rasten in großen Scharen auf den umliegenden, abgeernteten Mais- und Getreidefeldern. Bei einbrechender Dunkelheit suchen sie ihre Schlafplätze in den seichten Boddengewässern auf, um sich vor ihren Hauptfeinden, den wasserscheuen Füchsen, zu schützen. Dann sind vor allem jährlich im Herbst über mehrere Wochen Zehntausende dieser faszinierenden Großvögel auf der Halbinsel zu beobachten, individuell und auf geführten Exkursionen und bevorzugt von der östlichen Spitze des Zingst aus (→ Extra S. 134).

Bei vielen anderen Vogelarten, die in der Region heimisch sind, braucht man etwas Glück, um sie zu sehen oder auch zu hören. Als besonders charakteristische Art für die Riegen-Reffe-Bereiche des Darßwaldes – dem typischen Wechsel zwischen Erhöhungen und Senken – gilt der Zwergschnäpper. Der in Mitteleuropa seltene Singvogel hat eine Körperlänge von nur elf Zentimetern. Gut zu erkennen sind die älteren Männchen aufgrund ihrer orangfarbenen Brust und des mausgrauen Kopfes. Der Charaktervogel des Darßwaldes ist der Waldlaubsänger. Auch er ist nur bis zu 13 Zentimeter lang. Der kleine Vogel hat einen weißen Bauch, eine gelbe Kehle, sein Rücken ist grün, die Brust gelblich-weiß gefärbt. Sein Gesang besteht aus zwei Strophen. Die erste klingt wie eine anlaufende Nähmaschine, bei der zweiten ertönt ein abfallendes ›düh-düh-düh‹. Sein Winterquartier liegt im tropischen Afrika. In den Erlenbrüchen und feuchten Laubwäldern ist der Pirol anzutreffen. Die Männchen und die älteren Weibchen haben einen grellgelben Rumpf und schwarze Flügeldecken, junge Weibchen sind mattgrün gefärbt. Die Pirole verfügen über einen klangvoll flötenden Zwitschergesang. Oft hört man den schönen Vogel, bekommt ihn aber nicht zu Gesicht. Ein häufiger Brutvogel der küstennahen Gebüsche ist der Karmingimpel, ein Singvogel aus der Familie der Finken. Deutsche Karmingimpel fliegen im Winter bis nach Indien und Südchina.

Auch die ›Könige der Lüfte‹, die Seeadler, sind mit rund zehn Brutpaaren in den Wäldern des Nationalparks vertreten, die meisten von ihnen im Darßwald. Das Umfeld ihrer Horste ist generell nicht zugänglich, die Gelege werden als Geheimnisse gehütet. Weitere gefährdete Greifvogelarten an der vorpommerschen Küste sind der Rotmilan, der Habicht, der Wespenbussard, der Sperber, der Baumfalke und die Rohrweihe. In den niedrigen Schilf- und Hochstaudenfluren der Boddenlandschaft brütet in sporadischen Einzelbruten auch die Sumpfohreule. Der Zugvogel mit auffallend rundem Kopf, schwarz umrandeten Augen und schwefelgelber Iris bildet im Gegensatz zur Waldohreule nur selten größere Schlafgemeinschaften. Auch für Schwalben und Stare haben Schilfröhrichte eine große Bedeutung als Nachtquartiere. Mittelsäger besiedeln bevorzugt die offenen Buchten und Boddengewässer. Diese Entenart mit Punker-Frisur – auffällig nach hinten abstehenden Hauben – verzeichnet einen gravierenden Bestandsrückgang. Zu den auffälligsten Vögeln an der Boddenküste zählen die Brandgänse. Sie sind kon-trastreich weiß-schwarz-rostbraun gefärbt, ihr Schnabel ist leuchtend rot. Besonders in den Mainächten ertönen aus den Röhrichtzonen der Bodden laute Frühlingskonzerte. Am Chor beteiligt sind oft der braun-grau gemusterte und an der Unterseite gelblich gefärbte Schilfrohrsänger, auch Schwirlen aus der Familie der Grassänger und die Nachtigall Vorpommerns, der Sprosser. Gänse und Enten schnattern dazu.

EXTRA

Möwen am Strand

Das schrille Kreischen der Möwen gehört wie das Pfeifen des Windes und das Rauschen der Wellen zur gewohnten Strandmelodie an der Ostseeküste. Möwen sind wahre Flugakrobaten, mal hängen sie förmlich knapp über dem Wasser, schweben elegant im Aufwind, mal schlagen sie wild mit den Flügeln, werfen sich wie berauscht auf das Wasser nieder und schwimmen dann dort seelenruhig wie weiße Enten auf den wogenden Wellen. Die grandiose Technik des Fliegens verdanken sie ihren langen, schmalen und spitz zulaufenden Flügeln. In Polen nennt man die schönen Tiere ›Schmuck des Meeres‹. Der nordamerikanische Schriftsteller Richard Bach schrieb 1970 einen rührend-romantisches Bestseller über die nach Freiheit und Selbstverwirklichung strebende ›Möwe Jonathan‹, der 1973 mit einem Soundtrack von Neil Diamond verfilmt wurde. Und der renommierte hintergründig-neuromantische Lyriker Christian Morgenstern (1871–1914), Autor der berühmten ›Galgenlieder‹, verblüfft in seinem ›Möwenlied‹ mit der humorvoll-wunderlichen Ansicht, dass »alle Möwen aussehen, als ob sie Emma hießen«.

Zu den Möwenarten, die die Lüfte an der Ostseeküste in ihrer Vielzahl und kreischend dominieren, gehören die Lachmöwe, die Silbermöwe, die Sturm- und die Mantelmöwe. Die kleinste und zahlenmäßig am häufigsten vertretene unter ihnen ist die Lachmöwe. Sie erreicht eine maximale Größe von 37 Zentimetern und hat einen weißen Körper mit grauen Flügeln und schwarzer Endbinde. Schnabel und Füße sind bei den geschlechtsreifen Tieren karminrot. Zur Brutzeit zwischen März und Juli tragen die Lachmöwen ihr Prachtkleid mit einer auffallenden schwarzen Gesichtsmaske. Die Mantelmöwe gehört mit einer Flügelspannweite von 1,70 Meter zu den größten heimischen Möwenarten. Sie sind damit bedeutend größer als etwa der Schreiadler. Ihre Oberseite ist dunkel, ihr Schnabel hellgelb, ansonsten ist sie weiß. Ein ähnliches Aussehen besitzt die Silbermöwe, die aber einen charakteristischen roten Flecken am gelben Schnabel und einen hellgrauen Rücken, graue Flügel und schwarze Flügelendspitzen mit weißen Flecken besitzt. Silbermöwen können bis zu 65 Zentimeter groß werden, bei einer Flügelspannweite von bis zu 1,55 Meter.

Möwen sind sehr gesellige Tiere. Am liebsten halten sie sich in Gesellschaft mit ihresgleichen auf – am Spülsaum des Meeresufers, auf den Buhnen, auf den Seebrückengeländern und den Dachfirsten in Seenähe. Sie brüten am Boden und stets in Kolonien. Sie legen in der Regel zwei bis vier Eier, die von beiden Eltern drei bis fünf Wochen bebrütet werden. Die Partner finden sich oft schon als Jungtiere zu einer lebenslangen Ehe zusammen. Die Tiere können bis zu 30 Jahre alt werden. Sie sind genau genommen Allesfresser, am Strand und im Meer finden sie vorwiegend Muscheln, Aas, allerlei Kleingetier, Larven, Würmer und natürlich auch Fisch, den sie in der Regel nicht selbst fangen, sondern vom Beifang der Fischtrawler abbekommen. Gekaperte Fischbrötchen, die sie an der Küste urlaubenden Zweibeinern aus den Händen reißen, gelten hin und wieder auch als Leckerbissen. Viele Möwen, vor allem Lach- und Silbermöwen, leben als sogenannte Kulturfolger in der Nähe des Menschen, wo sie in Seebädern und meernahen Städten nach essbaren Resten suchen. Christian Morgensterns Möwenlied endet so: »O Mensch, du wirst nie nebenbei/ der Möwe Flug erreichen/Sofern du Emma heißest/sei zufrieden, ihr zu gleichen.«

Schutzgebiete

Die landschaftliche Vielfalt der Halbinsel bietet beste Bedingungen für einen großen Artenreichtum sowohl der Pflanzen- als auch der Tierwelt. Für deren Erhalt, aber auch für einen nachhaltigen Tourismus müssen die großartigen Naturparadiese notwendigerweise geschützt werden.

Nationalpark Vorpommersche Boddenlandschaft

Gründung: 1. Oktober 1990.
Fläche: 786 qkm.
Landschaftstypen: Küstengewässer und Windwatt 83 %, Wald 8 %, Grünland 5 %, Moor und Heide 3 %, Siedlungen 1 %.
Gebiet: Vom Darß über große Teile des Zingst und Hiddensees bis zur Halbinsel Bug und Ummanz auf Rügen.
Schutzzonen: Die Kernzonen (Zone 1) umfassen die wertvollsten Wildnisgebiete, in denen die natürliche Dynamik Vorrang hat. Hier gilt strenges Wegegebot, etwa am Darßer Ort. Die Entwicklungs- und Pflegezonen (Zone 2) sorgen durch gezielte Renaturierung für mehr Wildnis und für die Erhaltung der typischen Tier- und Pflanzenwelt, beispielsweise Salzgraswiesen und Heiden.

Die vorpommersche Boddenlandschaft wurde 1990 zum streng geschützten Nationalpark erklärt – zwei Tage vor dem offiziellen Datum der deutschen Wiedervereinigung (→ Extra S. 41). ›Natur Natur sein lassen‹ ist das wohl wichtigste Leitmotiv des Parks. Das sorgte jahrelang für viel Zündstoff, denn die Einrichtung des 786 Quadratkilometer großen Schutzgebietes musste gegen die Ansprüche von Land- und Forstwirtschaft, Fischerei und Jagd sowie gegen die Begehrlichkeiten von touristischen Investoren durchgesetzt werden – eine turbulente Übergangszeit. Zu den Kritikern des Nationalparks gehörten auch Motorbootfahrer, Angler und Segler. Die Wogen haben sich mittlerweile geglättet.

Große Teile der Region stehen unter Naturschutz

Der drittgrößte Nationalpark Deutschlands erstreckt sich zwischen Darß-Zingst, Hiddensee, der zu Rügen gehörenden Insel Ummanz, dem Südbug sowie den angrenzenden Boddengewässern. Dazu gehören auch die Inseln Kirr, Oie, Bock sowie die Werder-Inseln. Kirr (→ S. 29) und Oie sind von Prielen und Moorlöchern durchzogen, Nistreviere für zahlreiche Seevogelarten, darunter Bekassine, Graureiher, Alpenstrandläufer, hochbeinigen Säbelschnäbler. Kühe beweiden das Salzgras. Die Insel Bock wurde vor etwa 100 Jahren beim Ausbaggern des Strelasunds angehäuft. Die Werder-Inseln werden unablässig von der Boddenströmung verändert, die Insel Großer Werder wurde 2006 durch Versandung zur Halbinsel. Von der Vogelperspektive aus gesehen erscheint die kleine Inselwelt um Bock mit ihren zahlreichen Sandbänken, Lagunen und dem mitunter türkisfarbenen Wasser wie aus der Karibik nach Vorpommern umgesetzt, wie ein Idyll. Es ist für Menschen weitgehend tabu.

Den Nationalpark darf man ausschließlich zu Fuß, per Fahrrad oder mit dem Pferdewagen erkunden und kennenlernen. Nur 118 Quadratkilometer des Parks sind Landfläche. Bedeutendste Bestandteile der Landflächen dieses vielgestaltigen Parks sind Buchenwälder, Erlenbrüche, Salzgraswiesen, Heiden und Moore. Auch seltene Pflanzen wie Sonnentau, Sumpfporst, Gagelstrauch, Königsfarn und Weißes Schnabelried werden geschützt. Das Schutzgebiet des Nationalparks gehört sicherlich zu den eigentümlichsten Landschaften Mitteleuropas. Es gilt als eine der wenigen noch erhaltenen europäischen Naturlandschaften, eine amphibische Wunderwelt mit Steil- und Flachküsten, Haffs und Bodden sowie Strandseen, Sandhaken, Nehrungen, Dünen und Stränden. Für den Besucher wird die Dynamik der Naturkräfte unmittelbar anschaulich, zum Beispiel am Darßer Ort und im Darßwald. Hier trifft man auf verlandende Strandseen, heranwachsende Sandbänke, auf die Abfolge von feuchten und trockenen Waldflächen, den sogenannten Riegen und Reffen. Der Park bildet außerdem Lebensraum für zahl-

Verwunschen scheint der Osterwald

reiche selten gewordene Tierarten wie Seeadler, Fischotter, Sandregenpfeifer, Spechte, Austernfischer, Kampfläufer mit ihrem exzentrisch bunten Balzkleid, Eistaucher und Zwergseeschwalben. Insgesamt brüten 163 Arten im Parkgelände.

Ein herbstliches Highlight ist die Ankunft und wochenlange Rast der Kraniche in den Flachwasserbereichen zwischen Zingst, Hiddensee und der Insel Ummanz. Dann schreiben die ›Vögel des Glücks‹ ihre charakteristischen Keile in den pommerschen Himmel (→ Extra S. 41). Ab Juli sammeln sich hier außerdem bis zu 40 000 Graugänse zum Weiterflug nach West- und Südeuropa. Auch Tausende Saat- und Blässgänse rasten an den seichten Gewässern der Boddenküste. Dabei bieten die sogenannten Windwatten sowohl wichtige Schlaf- und Ruheplätze für die Zugvögel als auch ein großes Nahrungsangebot. Windwatt entsteht in der vorpommerschen Boddenlandschaft bei starken Winden, die das Wasser aus den Bodden in die Ostsee hinaus drücken. Dabei werden besonders seichte Bereiche oft wochenlang trockengelegt. Das Wasser fließt zurück, sobald der Wind wieder dreht.

Osterwald auf Zingst

Begibt man sich vom Seeheilbad Zingst in Richtung Osten, zum Schlösschen Sundische Wiese oder zum Pramort, passiert man unweigerlich den Osterwald. Man kann ihn zu Fuß oder auch mit dem Fahrrad durchqueren. Vom Deichradweg am Strandaufgang 1 muss man in Richtung Dreiländereck (→ Tour S. 141) abbiegen.

Das 800 Hektar große Waldgebiet ist eines der größten Regenmoore Mecklenburg-Vorpommerns. Der etwas seltsame Name hat nichts mit ›Ostern‹ zu tun, er bedeutet einfach ›Ostwald‹. Der einstige schöne Eichen-Buchenwald wurde jahrzehntelang als Hutewald genutzt, also als Waldweide. Dabei wird das Vieh – Schweine, Kühe, Schafe und Pferde – in den Wald getrieben, damit es dort sein Futter sucht. Besonders nahrhaft für die Tiere sind Eicheln und Bucheckern sowie die Blätter und Zweige junger Bäume. Durch den Verbiss der Weidetiere wird der Jungwuchs stark reduziert und die Flächen verheiden. Aus dieser Zeit stammen die sogenannten Hutebäume, vor allem mächtige Buchen mit auffallend kurzem Stamm. Sie mussten nicht hoch zum Licht wachsen, da alles rings um sie herum weggefressen war. Zur Tierwelt des Osterwaldes gehören Waldkäuze, Sumpfohreulen, Baummarder und Gabelweihen. Die Landschaft ist auch hier wie andernorts auf der Halbinsel durch den ständigen Wechsel von feuchten Senken – den Riegen – und Dünenzügen – den Reffen – geprägt. Eine echte Besonderheit des Waldes sind die 1955 aus Nordamerika eingeführten Mammutbäume. Die sieben riesigen Bäume sind bei einem Spaziergang leicht zu entdecken, der Weg dorthin ist ausgeschildert. Sie stehen in der Nähe des Deich-Parkplatzes Zingst Ost/Straminke.

Großer Kirr

Die Insel Großer Kirr ist ein 370 Hektar großes Eiland im Nationalpark Vorpommersche Boddenlandschaft. Sie liegt südlich des Ostseeheilbades Zingst inmitten des Barther Boddens, von der Halbinsel durch den Zingster Strom getrennt. Die Besiedelung Kirrs lässt sich bis ins 15. Jahrhundert zurückverfolgen. Noch Mitte

Blick auf den Großen Kirr

des 20. Jahrhunderts betrieben die Inselbewohner vorwiegend Weidewirtschaft. Rinder sind bis heute wichtig für den Erhalt der Insel, denn sie verhindern, dass Kirr verschilft. Daher werden rund 300 glückliche Kühe für die Sommermonate auf die Insel gebracht und im Herbst per Fähre wieder abgeholt. Die nierenförmige Salzgrasinsel erhebt sich nur wenige Meter über den Wasserspiegel, sodass Teile der Insel regelmäßig überflutet werden.

Kirr ist von unzähligen, weit verzweigten Prielen durchzogen. Das Eiland besteht aus vielen Salzwiesen und ist die Heimat zahlreicher Wasser- und Wattvögel. So brüten hier unter anderem Kiebitze, Uferschnepfen, Austernfischer, Rotschenkel und Säbelschnäbler, Kampfläufer und Alpenstrandläufer, Sturm-, Silber- und Lachmöwen. Rund 20 bis 30 Seeadler besuchen regelmäßig die kleine Insel. Im Frühjahr und Herbst wird Kirr auch zum Rastplatz Abertausender Kraniche. Kein Wunder also, dass das Betreten des naturidyllischen Eilands strengstens geregelt ist. Lediglich zwischen April und Oktober kann man mittwochs mit einer Barkasse die Insel ansteuern und dort auf geführte Erkundungstour gehen. In der kleinen modernisierten Ferienanlage, dem ›Kranichhof‹, sind mittlerweile sogar Übernachtungen möglich.

Naturschutzgebiet Ahrenshooper Holz

Das 55 Hektar große Naturschutzgebiet liegt am nordöstlichen Rand von Ahrenshoop, am Ortsausgang Richtung Born. Um den alten Buchenwald mit Torfstandorten zu schützen und zu entwickeln, wurde das Ahrenshooper Holz 1958 unter Schutz gestellt. Vom Seebad aus führt ein Wanderweg durch die Naturoase. Vor allem der europaweit größte Bestand an Stechpalmen kennzeichnet den etwa 450 Jahre alten, urwaldähnlichen Pfeifengras-Buchenwald. Die Europäischen Stechpalmen (Ilex) sind immergrüne Laubgehölze, sie erreichen Höhen von bis zu fünf Metern. Ihre kugelförmigen Früchte sind meist rot, so auch im Ahrenshooper Holz. Die Beeren sind hochgradig giftig, die Blätter ledrig und stachelig. Für Vögel hingegen sind die Beeren ein wahrer Festschmaus.

Neben Rotbuchen prägen Stieleichen, Bergahorn, Schwarzerlen, Ebereschen und Hänge-Birken das Gehölz. Im Frühling blühen hier Waldveilchen, Waldmeister, Maiglöckchen, Vielblütiger Weißwurz und die Echte Sternmiere. Adlerfarn gedeiht besonders üppig in den Lichtungen. Zu den Brutvögeln im Schutzgebiet gehören der Waldkauz, der Zwergschnäpper, der Mittelspecht und die Hohltaube.

Landschaftsschutzgebiet Rostocker Heide

Das Wald- und Heidegebiet nordöstlich der Hansestadt Rostock und südlich des Ostseebades Graal-Müritz ist mit seinen 6000 Hektar Fläche der größte geschlossene Küstenwald in Deutschland (→ S. 72). Ein weit verzweigtes Netz vom Bächen und Gräben durchzieht das Landschaftsschutzgebiet, die größten Wasserflächen sind der fast runde Heiligensee und der etwa 1200 Meter lange und bis zu 350 Meter breite Radelsee. Drei Teilgebiete sind als Naturschutzgebiete ausgewiesen: Heiligensee und Hütelmoor, Radelsee sowie Schnatermann. Insgesamt erreicht das gut ausgebaute und bestens ausgeschilderte Hauptwegenetz für Wanderer und Radler ungefähr 60 Kilometer. Der Rundkurs durch die Heide ist weiß-blau-weiß markiert. Auch der internationale Ostseeküsten-Radweg führt durch die Rostocker Heide, von Hohe Düne nach Graal-Müritz. Danach verläuft der Radweg weiter in Richtung Osten über Wustrow, Prerow und Zingst, die Seebäder der Halbinselkette Fischland, Darß und Zingst. Vom Rostocker Badeort

Farngeschmückt: die Rostocker Heide

Warnemünde bis zur Hansestadt Stralsund ist man auf dem Küstenradweg 120 Kilometer unterwegs. In Nord-Süd-Richtung führt die Bahnlinie von Rövershagen nach Graal-Müritz durch die Heide.

Die Rostocker Heide ist der Rest eines Urwalds, der sich in früherer Zeit von den Niederlanden bis nach Pommern ausbreitete. Die ursprüngliche Bedeutung von ›Heide‹ war ein Synonym für Wildnis. 1252 erwarb Rostock das Waldgebiet von Fürst Heinrich Borwin III., nachdem ein Großbrand in der Hafenstadt gewütet hatte: Rostock brauchte Holz für den Wiederaufbau. Seitdem befindet sich die Heide im Besitz der Hansestadt. Während des Dreißigjährigen Krieges soll Wallenstein – unter anderem Herzog zu Mecklenburg, Herr von Rostock und Oberbefehlshaber der kaiserlichen Armee – mitten in der Heide sein Lager aufgeschlagen haben, bevor er weiter gegen das protestantische Stralsund zog. Während des Zweiten Weltkriegs wurde im Wald bei Wiethagen ein Auslagerungsbetrieb der Rostocker Ernst Heinkel Flugzeugwerke errichtet, in dem bis zu 1500 Häftlinge aus dem Außenlager Rostock-Schwarzenpfost des KZ Ravensbrück Zwangsarbeit leisten mussten. Zu DDR-Zeiten nutzte die Armee knapp die Hälfte des Waldes für militärische Zwecke. Seit 1996 ist die Rostocker Heide Landschaftsschutzgebiet. Es dominieren Nadelbäume wie Kiefern, Fichten, Lärchen, unter den Laubbäumen sind Buchen, Eichen und Birken am stärksten vertreten. Ein großer Teil der Heide besteht aus Schilfgebieten, Wiesen und Mooren. Hier gedeihen Sumpfdotterblumen, Orchideen, Stechpalmen und uralte Eiben, Lungenenzian und Läusekraut, hier leben Eisvögel, Seeadler und Lurche.

Besucherinformationen

Nationalparkamt Vorpommern, Im Forst 5, 18375 Born, Tel. 038234/502-0. Zweimal wöchentlich werden Führungen angeboten. Die Teilnehmer werden von Nationalpark-Rangern zu unterschiedlichen Themenschwerpunkten (z.B. Wildkräuterwanderung, Pilzwanderung) durch den Darßer Wald, über die Dünen und an den Strand geführt. Informationen dazu gibt es auch über die Kurbetriebe in Prerow, Born und Wieck.
www.nationalpark-vorpommersche-boddenlandschaft.de

Nationalpark- und Besucherzentrum Darßer Arche. Dauerausstellung über die Naturvielfalt und die Lebensräume im Schutzgebiet (→ S. 121). www.darsser-arche.de

Darß-Museum. Ausstellung mit interessanten und fundierten Erläuterungen zur Landschaft und Natur, zur Geschichte und zur wirtschaftlichen Entwicklung des Darß (→ S. 127). www.foerderverein-darss-museum.de

Natureum, am Leuchtturm Darßer Ort. Die Außenstelle des Deutschen Meeresmuseums informiert über den Naturraum Darß und den Küstenschutz (→ S. 132). www.natureum-darss.de

Infoausstellung Sundische Wiese, Ostzingst. Informative Erläuterungen zum Nationalpark rund um die Sundischen Wiese (→ S. 143). www.nationalpark-vorpommersche-boddenlandschaft.de

Kranich-Infozentrum Groß Mohrdorf, ganzjährig geöffnete Dauerausstellung über Kraniche, informative Schautafeln, audiovisuelle Medien, Präparate, alljährliche ›Woche des Kranichs‹ (→ S. 135).

Geschichte der Region

Die Geschichte der Halbinselkette Fischland-Darß-Zingst ist ebenso wie die der reichen Hansestadt Stralsund in die Geschichte Pommerns und Mecklenburgs eingebunden. Die geschriebene Geschichte Pommerns, des ›Landes am Meer‹, begann im 9. Jahrhundert, als sich das Gebiet im Besitz westslawischer Stämme befand. Der Name ›Pommern‹ wird erstmals 1046 in einem kaiserlichen Dokument und kurz darauf in den Chroniken Adams von Bremen genannt. Das Jahr 995 darf als das ›Geburtsjahr‹ Mecklenburgs gelten. Da taucht in einer Urkunde der Name ›Mikelenburg‹ zum ersten Mal für eine slawische Burg südlich von Wismar auf. In der Folgezeit übertrug sich der Name auf das gesamte Land.

Eiszeit und erste Besiedlung

Den sich zurückziehenden Eismassen der letzten Eiszeit folgten etwa vor rund 10000 Jahren altsteinzeitliche Fischer und Jäger. Etwa um 3500 v. Chr. gingen die nomadischen Rentierjäger zu Ackerbau und Viehzucht über, aus den wandernden Jägern wurden sesshafte Bauern und Viehzüchter. Noch vor der Zeitenwende bestanden Handelswege bis zur Adria mit Handelskontakten zu Römern und Phöniziern. Im Jahr 98 erwähnte der römische Geschichtsschreiber Tacitus in seiner Schrift ›Über Ursprung und Wohnsitz der Germanen‹ erstmals ostgermanische Stämme in diesem Gebiet. Ungefähr zwischen 200 und 500 n. Chr. verließen sie zusammen mit den Goten ihr Ursprungsland und zogen nach Süden. Die Gründe für die sogenannte Völkerwanderung waren vor allem die anhaltenden Hunneneinfälle in Mitteleuropa, Klimaveränderungen und daraus folgende Missernten. Etwa um 600 drangen erste slawische Stämme aus dem Osten in die nun fast menschenleeren Gebiete vor. Sie wurden später als Wenden bezeichnet: Die Liutizen (Wilzen) siedelten im Peenegebiet und Vorpommern, die Abodriten in Mecklenburg und Holstein, auf Rügen die zur See fahrenden Ranen.

Christianisierung und Kolonisation

Im 10. Jahrhundert kommt es unter König Heinrich I. und dem römisch-deutschen Kaiser Otto I. zu Kriegszügen gegen die Elb- und Ostseeslawen sowie zu ersten Zwangschristianisierungen von slawischen Stämmen. Die Slawen reagierten mit Aufständen. Der erfolgreiche Slawenaufstand von 983 führte dazu, dass sich die slawisch-heidnische Herrschaft der Liutizen bis ins 12. Jahrhundert halten konnte. Schließlich, im Jahr 1167, schloss der sächsische Welfenherzog Heinrich der Löwe mit dem slawischen Abodritenfürsten Pribislaw Frieden. Diplomatie statt Krieg: Pribislaw trat daraufhin aus politischen Gründen zum Christentum über. Aus dem Bündnis zwischen Welfen und Wenden ging die Herrscherdynastie hervor, die sich nach Mecklenburg benannte und das Land bis 1918 regierte. Nach dem Sturz Heinrich des Löwen belehnte Kaiser Friedrich I. Barbarossa 1181 Bogislaw I. von Pommern mit dem Herzogtum Pommern. Doch schon drei Jahre später besiegte der dänische König Knut VI. den frisch gebackenen Pommernherzog in der Seeschlacht auf dem Greifswalder Bodden.

Bogislaw I. von Pommern mit seinen beiden Frauen, Darstellung von 1598

Bogislaw musste nun den dänischen König anstelle des römisch-deutschen Kaisers als Lehnsherrn anerkennen. Knut nannte sich fortan König der Dänen und Slawen. 1234 verlieh Fürst Witzlaw I. von der damals dänischen Insel Rügen Stralsund das lübische Stadtrecht. Die Stadt am Strelasund wurde zum Hauptort des zu Rügen gehörenden Festlandes. Mit dem Tod Witzlaw III. 1325 starb die Linie der slawischen Rügenfürsten aus, Rügen und Hiddensee sowie Stralsund fielen danach an das Herzogtum Pommern-Wolgast.

Bereits ab 1153 kam es in Mecklenburg und Pommern zu vielen Klostergründungen. Sie waren die ersten Vorboten der deutschen Ostkolonisation. Den Mönchen folgten bald deutsche Bauern, Handwerker und Kaufleute – vorwiegend Siedler aus Holstein, Westfalen, Niedersachsen und Flandern. Sie versprachen sich in dem dünn besiedelten Land an und nahe der Ostsee bessere Lebensbedingungen als im ›überfüllten‹ Reich. Burgsiedlungen mit Märkten entstanden um 1250 unter anderem in Wustrow, Damgarten, Ribnitz und Barth. In diesen Orten zeugen seit damals trutzige gotische Backsteinkirchen von der Macht des christlichen Glaubens. 1192 kauften Zisterziensermönche von Witzlaw II. von Rügen die Insel Zingst, machten sie urbar und erschlossen sie dadurch für Neusiedler. Die mittelalterliche Hertesburg zwischen Zingst und Prerow wurde erstmals zur Regierungszeit des rügischen Fürsten Witzlaw III. schriftlich erwähnt. Sie war im 14. Jahrhundert mehrmals Schauplatz von kriegerischen Auseinandersetzungen zwischen rügischen, pommerschen und mecklenburgischen Truppen. Der Legende nach soll auch die Hertesburg ein Versteck des Freibeuters Störtebeker und seiner Vitalienbrüder gewesen sein. Immerhin fanden 1873 Deicharbeiter in Burgnähe einen kleinen Schatz mit Silbermünzen aus dem arabischen und persischen Raum.

Hansezeit und Reformation

Die Hanse war Mitte des 13. Jahrhunderts aus der Vereinigung von Kaufleuten der Ost- und Nordseeregion hervorgegangen. 1293 wurde Lübeck zur inoffiziellen Hauptstadt des Bundes, nachdem bedeutende wendische Handelsstädte wie Wismar, Greifswald oder Stralsund den Lübecker Rat als höchste Rechtsinstanz für gemeinsame Handelsniederlassungen anerkannt hatten. Danach entwickelte sich die Hanse schnell zu einer mächtigen Handelsorganisation nordeuropäischer Städte und zu deren Schutzmacht. Der Hansebund bekämpfte fortan die Vormachtstellung der Dänen im Ostseeraum, die ihrerseits hansische Handelsprivilegien brechen wollten. Es kam daraufhin in den 1360er Jahren zu den zwei sogenannten Waldemarkriegen. Nach der Niederlage des dänischen Königs Waldemar wurde 1370 der Frieden von Stralsund geschlossen. In ihm musste Dänemark den starken Hansestädten den freien Handel auf der Ostsee garantieren, die sich dadurch das Monopol im überaus lukrativen Heringshandel sicherten. Die Hanse war damit auf dem Höhepunkt ihrer Macht. An den Küsten des Baltischen Meeres offenbarte sich schonungslos wie sonst nirgends im Römischen Reich Deutscher Nation die neue Macht des aufstrebenden Bürgertums und gleichzeitig die Ohnmacht des Adels, der sich seiner alten Privilegien beraubt sah. Neue Märkte sollten erschlossen und wirtschaftliche Interessen im Ausland durchgesetzt werden. Die breitbauchigen Koggen wurden zum Symbol des hansischen Reichtums: 80 bis 200 Tonnen Waren konnten sie aufnehmen und in die nord- und westeuropäischen Seestädte befördern. Die Piraterie blühte in dieser Zeit auf. Zur Legende wurden der norddeutsche Seeräuber Klaus Störtebeker mit seinen Vitalienbrüdern. Sie sollen damals angeblich wie andere Freibeuter den buchtenreichen Saaler Bodden als Unterschlupf genutzt und ihre erbeuteten Schätze auf dem Markt in Ribnitz verkauft haben. Das rief die benachbarten Hansestädte Rostock und Stralsund auf den Plan, die zwischen 1392 und 1400

Die Urkunde des Stralsunder Friedens von 1370 im Stralsunder Stadtarchiv

daraufhin kurzerhand die Seezugänge von Ribnitz zerstörten (→ S. 84). Der enorme Reichtum und die Macht der Hanse dokumentierte sich ausdrucksvoll in den turmreichen Silhouetten der hansischen Städtepanoramen mit ihren repräsentativen weltlichen und sakralen Backsteingebäuden. Doch schon mit der ›Entdeckung‹ Amerikas um 1500 wurde der Niedergang der Hanse eingeläutet: das Zentrum des Handels verlagerte sich aus der Ostsee allmählich westwärts.

Im Jahr 1534 führte der Landtag zu Treptow für ganz Pommern die Reformation ein. Die Klöster wurden daraufhin säkularisiert und gingen in den Besitz des pommerschen Herzogs über. Für ganz Mecklenburg begründete man 1549 den protestantischen Glauben als Landesreligion. Die Herzöge erhielten die Kirchenhoheit. 1588 erfolgte der Druck der ersten niederdeutschen Bibel in Barth (→ S. 80).

Kampf um Pommern: Schweden und Preußen

Die Kämpfe des Dreißigjährigen Krieges (1618–1648) verwüsteten Pommern, »Pommerland ist abgebrannt« heißt es nicht zufällig im Kinderlied. Schwedische Truppen unter König Gustav II. Adolf landeten 1630 bei Peenemünde und traten in den Krieg gegen die Kaiserlichen unter Wallenstein ein. Es erfolgte die militärische Wende zugunsten der protestantischen Schweden. Im Westfälischen Frieden am Ende des Dreißigjährigen Krieges erhielt das Königreich Schweden Vorpommern und die gesamte Odermündung mit Stettin sowie dem alten Bischofssitz Cammin. Stralsund und die Halbinsel standen bis zur mecklenburgischen Grenze bei Ahrenshoop unter schwedischer Herrschaft, das Fischland und Ribnitz kamen 1669 in den Besitz der mecklenburgischen Herzöge. Als Resultat des Nordischen Krieges (1700–1720), in dem vor allem Russland, Sachsen-

Gegenspieler: Gustav II. Adolf…

… und Wallenstein

Polen, Dänemark-Norwegen und in der Endphase ab 1715 auch Brandenburg-Preußen gegen die Vorherrschaft Schwedens im Ostseeraum kämpften, erhielt das junge Königreich Preußen gegen eine Zahlung von zwei Millionen Talern schließlich die begehrten südlichen und östlichen Teile Vorpommerns: Stettin, Usedom und Wollin. Der Zingst, der Darß und der Vordarß mit Ahrenshoop, die Insel Rügen, Stralsund, Greifswald und Wolgast blieben jedoch weiterhin schwedisch. Nach den napoleonischen Befreiungskriegen wurden im Wiener Kongress 1815 die europäischen Grenzen wiederum neu gezogen. Im Zuge der Neuordnung Europas fielen nun auch Schwedisch-Pommern und ›der Darß‹ an Preußen.

Die Entdeckung der Sommerfrische auf der Halbinsel

Etwa ab Mitte des 18. Jahrhunderts entwickelte sich die Segelschifffahrt auf Fischland, Darß und Zingst zur Haupterwerbsquelle vieler Bewohner. An den Ufern der Bodden entstanden Werften und Reedereien. Orte wie etwa Wustrow oder Born mauserten sich von Bauern- und Fischerdörfern zu Schiffersiedlungen, in denen gut ausgebildete Seeleute wohnten. Wustrow besaß sogar eine eigene große Seefahrtschule. Bald standen in den Ortschaften stattliche und reich verzierte Kapitänshäuser mit farbenfrohen Darßer Türen (→ S. 112) neben einfachen, tristen Fischer- oder auch Matrosenkaten. Einiges davon ist bis heute erhalten. Rund 100 Jahre später, ab 1870, richtete die rasante Entwicklung der Dampfschifffahrt die traditionelle Segelschifffahrt und damit auch die Existenz der meisten Schifferfamilien auf der Halbinsel zugrunde. Eher zaghaft öffnete man sich wenige Jahre nach der verheerenden Jahrhundertflut von 1872 (→ S. 20) dem aufkommenden Bädertourismus. Mit der Etablierung des Bäderwesens ab 1880 in Zingst, Prerow, Wustrow und Dierhagen wurden mehr und mehr Ferienunterkünfte auf dem Küstensand hochgezogen. Vor den Urlaubern kamen die Künstler, 1890 bildete sich die Künstlerkolonie Ahrenshoop (→ S. 96). Das lockte das kapitalkräftige Bürgertum aus den deutschen Metropolen an, aus den Fischerdörfern und Schifferorten wurden Seebäder. Vorbilder an deutschen Ostseebädern gab es bereits zur Genüge, etwa in Heiligendamm, Binz, Heringsdorf, Swinemünde und Zoppot. Mit dem Anschluss von Zingst und Prerow an das Schienennetz über die Meiningenbrücke begann der Badetourismus auf der Halbinsel zu boomen. Die Eisenbahnanbindung nach Barth ergab wichtige Anschlussmöglichkeiten mit Stettin, Berlin und Hamburg. Mit dem Bau der Fischlandchaussee Ende der 1920er Jahre und der Schiffsverbindung mit Barth nahm auch die Zahl der Feriengäste in den Boddendörfern Born und Wieck von Jahr zu Jahr zu.

Ein wahrer Bauboom mit vornehmen und zum Teil palastähnlichen Gebäuden im neuen Stilmix der Bäderarchitektur setzte ein. Die Zahl der Sommergäste stieg, kontinuierlich von Jahrzehnt zu Jahrzehnt, rapide an. So registrierte man im Jahr 1880 im damaligen Fischernest Prerow gerade mal 80 Urlauber, 100 Jahre später, zu DDR-Zeiten, kamen gut 100000 Feriengäste in das beliebte Seebad. In Zingst entstand 1913 das erste Familienbad, zuvor badeten Damen und Herren noch schicklich getrennt voneinander. Als letzter Schrei vor dem Ersten Weltkrieg galten für das weibliche Geschlecht lange, rote Anzüge aus hässlichem

Badekarren aus dem späten 19. Jahrhundert

Drillich, an den Knöcheln und am Hals mit weißen Schleifen verziert, dazu auf dem Kopf Badekappen aus gelbem Gummi und an den Füßen schwarze Schnabelschuhe mit Knöchelriemen. Ein Augenschmaus der besonderen Art, wenn sich der Anzug im Wasser wie ein Ballon aufblähte. Züchtig vom Hals bis zur Wade war auch die Männerbademode. Aber schon in den 1920er Jahren kam allmählich das Sonnenbad im Naturkostüm in Mode, ›schwedisch baden‹ wurde es damals von den FKK-Pionieren genannt. Der preußische Staat reagierte 1932 rigide mit dem berüchtigten ›Zwickelerlass‹: Frauen wie Männer mussten einen Badeanzug tragen, der Ober- und Unterkörper weitgehend verdeckte und mit einem Zwickel versehen war.

Vom Nationalsozialismus bis zur Wiedervereinigung

In den 1930er Jahren begann eine neue Phase für die Seebäder. Die überdrehte Herrlichkeit der Zwanzigerjahre fand ein jähes Ende. Uniformträger, offener Antisemitismus – schon ab 1935 war das Seebad Ahrenshoop für jüdische Badegäste gesperrt –, neue Truppenübungsplätze sowie mit Hakenkreuzfahnen beflaggte Promenaden prägten jetzt die Seebäder an der gesamten deutschen Ostsee. Zingst wurde ab 1937 zum Wehrmachtstandort und Kraft-durch-Freude-Bad, die Sundischen Wiese östlich des Seebads zum Bombenabwurfplatz. Die Halbinsel blieb während des Krieges weitgehend von Zerstörungen verschont. Zahlreiche Flüchtlinge vor allem aus Ost- und Westpreußen fanden hier in den Nachkriegsjahren vorübergehend Unterkunft in Pensionen und Fremdenzimmern. Doch schon ab 1949 begann der Badetourismus erneut zu boomen, nun unter der Aufsicht des FDGB, des Freien Deutschen Gewerkschaftsbundes der DDR.

Die Namen ›Pommern‹ und ›Vorpommern‹ waren zu DDR-Zeiten abgeschafft. Sie verschwanden nach der formalen Auflösung des Landes Preußen 1947 durch einen Beschluss des Alliierten Kontrollrats. Im Rahmen der Verwaltungsreform von 1952 entstanden die drei mecklenburgischen Bezirke Schwerin, Neubrandenburg und Rostock, die gesamte Halbinsel war Bestandteil des Bezirks Rostock. In den DDR-Jahrzehnten war die Ostsee das begehrteste Ferienziel. Der Tourismus unterstand nun dem »sozialistischen Aufbau einer leistungsfähigen Erholungsinfrastruktur«. Planmäßig organisierte die DDR einen Bädertourismus »im Dienste der Werktätigen« mit Betriebsferienheimen für Gewerkschaftsmitglieder (FDGB), Jugendlagern und riesigen Campingplätzen wie etwa in Prerow. Die alten Badeeinrichtungen und die schmucken Gebäude der Bäderarchitektur verfielen zusehends, aber die meisten blieben immerhin stehen. Im Gegensatz dazu dominierten an den Küsten der Bundesrepublik Deutschland Abriss und seit den 1960er und 1970er Jahren scheußliche Neubauten. Mit einer groß angelegten Enteignungsaktion, ›Aktion Rose‹ genannt, sicherte sich die DDR 1953 den staatlichen Zugriff auf private Hotels und Pensionen an der Ostseeküste. Viele Besitzer, im Parteijargon als ›Strandbourgeoisie‹ verunglimpft, klagte man damals mit fadenscheinigen Beschuldigungen an und verurteilte sie zu teils absurden Strafen. Der mondäne Künstlerort Ahrenshoop wurde zum ›Seebad der Kulturschaffenden‹, in dem sich sommers die kulturelle Elite, aber auch weniger angepasste Künstler des Landes trafen.

Im Wendejahr 1989 fanden auch in vielen Seebädern an der Ostsee friedliche Demonstrationen gegen die SED-Regierung statt. Noch kurz vor der Wiedervereinigung im Oktober 1990 konnten größere Teile an der Küste unter Naturschutz gestellt werden, darunter zwei Nationalparks: der Nationalpark Vorpommersche Boddenlandschaft (→ S. 27) und der Nationalpark Jasmund auf Rügen. Die Initiatoren aus dem DDR-Umweltministerium wussten, dass das große Kapital dieses weitgehend industrielosen und strukturschwachen Landes nur die Natur sein kann.

Die Hafenstraße in Dändorf um 1905

Nicht alle Bauten der Nachwendezeit fügen sich harmonisch in die Landschaft ein

Nach der Wiedervereinigung

Seit 1990 gehört Fischland-Darß-Zingst zum neu gegründeten Bundesland Mecklenburg-Vorpommern und liegt im Landkreis Vorpommern-Rügen. Die ›Abwicklung‹ der DDR führte nach der Wiedervereinigung auch zwischen den Hansestädten Rostock und Stralsund zur Schließung zahlreicher Fabriken und Kombinaten, die Arbeitslosigkeit stieg im neuen Bundesland zwischenzeitlich auf bis zu 30 Prozent an. Gegen den wirtschaftlichen Zusammenbruch demonstrierten Anfang der 1990er Jahren 50000 Werftarbeiter.

In den ersten Jahren nach der politischen Wende setzte ein enormer Bauboom ein. Kleinode der historischen Bäderarchitektur wurden saniert, viele neue Hotels, Pensionen, Appartements – oft à la mode mit Wellness-, Spa- und Kurbereichen – sowie eine moderne touristische Infrastruktur entstanden. Der Seebädertourismus entwickelte sich zur Haupterwerbsquelle auf der Halbinsel. Im Jahr 2002 erklärte die UNESCO die Altstädte von Wismar und Stralsund zum Weltkulturerbe.

Die Ostseeautobahn A 20 vom Kreuz Uckermark nach Lübeck via Greifswald, Rostock und Anschlussstelle Stralsund war 2005 fertiggestellt, 2007 wurde die neue, fast drei Kilometer lange Rügenbrücke eingeweiht. Die Eröffnung des Stralsunder Ozeaneums fand 2008 statt, 2013 erhielt Ahrenshoop mit dem Kunstmuseum einen neuen Anziehungspunkt. Das 1994 in die Vereinigung der Europäischen Künstlerkolonien euroArt aufgenommene Seebad feierte 2017 sein 125-jähriges Jubiläum als ›Künstlerkolonie‹ (→ S. 96). Im Frühjahr 2020 und im Herbst/Winter 2020/21 kam es aufgrund der Covid-19-Pandemie in ganz Deutschland zu landesweiten Lockdowns, unter anderem wurden die Hotellerie und die Gastronomie monatelang geschlossen.

EXTRA

Das Nationalparkprogramm der DDR

Schon kurz nach der Gründung der Deutschen Demokratischen Republik im Jahr 1949 wurden von engagierten Bürgern erstmals Vorschläge für zukünftige Nationalparks im neuen Staat eingebracht. Besonders der Ostberliner Naturschützer und langjährige Wanderführer Kurt Kretschmann (1914–2007) tat sich mit für die damalige Zeit ungewöhnlichen Ideen hervor. Der pazifistische Vegetarier wurde zum ›Nestor des Naturschutzes in Ostdeutschland‹, gründete ein ›Haus für Naturpflege‹, setzte sich für den Schutz gefährdeter Arten ein und – jeder kennt es heute – entwarf bereits 1950 das bekannte Logo mit der schwarzen Waldohreule, das 1990 schließlich als Symbol für Naturschutzgebiete in ganz Deutschland adaptiert wurde. Das Thema ›Nationalparks in der DDR‹ rückte aber erst mit der in Ost und West gleichzeitig aufkommenden Umweltbewegung der 1980er Jahre wieder in den Blickpunkt. Damals bekundeten zahlreiche Strömungen in der DDR den Willen zur Errichtung von Großschutzgebieten auf dem Territorium von Truppenübungsplätzen und Staatsjagdgebieten. Doch ausgearbeitete Pläne bezüglich der Landschaften in Ostdeutschland, die sich für Nationalparks anboten, lagen wie bestellt und noch nicht abgeholt längst in den Schubladen einiger wissenschaftlichen Protagonisten des ostdeutschen Natur- und Umweltschutzes. Zu ihnen zählte der Biologe und spätere Träger des Alternativen Nobelpreises Michael Succow. Er wurde im Januar 1990 Stellvertreter des Ministers für Naturschutz, Umweltschutz und Wasserwirtschaft. In kürzester Zeit entstand damals das Nationalparkprogramm für den ostdeutschen Staat, kurz vor dessen endgültigem Niedergang. Am 12. September 1990, auf der letzten Sitzung des DDR-Ministerrats vor seiner Auflösung und unmittelbar vor der deutschen Wiedervereinigung, konnte Michael Succow als stellvertretender Umweltminister der DDR rund sieben Prozent der Gesamtfläche Ostdeutschlands unter den Schutz von Nationalparks oder Biosphärenreservaten stellen. Zu den neuen Schutzgebieten gehören auch die drei Nationalparks in Mecklenburg-Vorpommern: Müritz (zuvor Staatsjagdgebiet und Truppenübungsplatz), Jasmund, Vorpommersche Boddenlandschaft (zuvor Grenz- und Staatsjagdgebiet). Seitdem ist die landschaftliche Vielfalt dieser Naturparadiese streng und nachhaltig geschützt – sicherlich ein ungeheurer Glücksfall für die Natur, für Naturfreunde und auch für die Urlauber.

Seit 1990 stehen große Teile der Region unter Naturschutz

Das Wulflamhaus in Stralsund, ein schönes Beispiel für die gotische Baukunst

Kultur und Lebensart

Die herrliche Landschaft zwischen Meer und Bodden mit ihrem einzigartigen Licht faszinierte und inspirierte schon im späten 19. Jahrhundert viele Maler und andere Künstler. Heute besitzt ›Deutschlands schönste Halbinsel‹ eine außerordentlich reiche und vielfältige Kunst- und Kulturszene, liebevoll gepflegt wird die traditionelle Architektur mit ihren charakteristischen rohrgedeckten Häusern.

Architektur

Über drei Jahrhunderte, zwischen dem 13. Jahrhundert und dem frühen 17. Jahrhundert, war der Backstein das besondere Markenzeichen der hanseatischen Architektur. Der gebrannte Lehm- und Tonziegel wurde mit seinen warmen Rottönen zum besonderen Markenzeichen der Hansestädte. Auch auf der Halbinsel und südlich der Bodden trifft man auf mehrere backsteingotische Gotteshäuser, etwa in Damgarten und Ribnitz, in Barth und Bodstedt, in Prerow und Wustrow. Spaziergänge durch die Seebäder und Boddendörfer der Halbinsel Fischland–Darß–Zingst offenbaren deutlich, womit die Leute hier noch vor der Ära des Fremdenverkehrs ihr täglich Brot verdienten: Man steht vor niedrigen, bescheiden geduckten Fischer- und Bauernkaten, vor schmucken Kapitäns- und Schifferhäusern, die meist mit Rohr gedeckt sind. Der Tourismus schuf später Mischformen, öfter auch mit Elementen der Bäderarchitektur.

Die norddeutsche Backsteingotik

Keine andere Stilepoche prägt bis heute das architektonische Gesicht vieler Ostseestädte nachhaltiger als die Backsteingotik. Erhalten oder wiederaufgebaut sind viele der architektonischen Glanzstücke aus der spätmittelalterlichen Hansezeit. Als steinerne Zeugnisse des Wohlstands und der Macht wurden in den Hansestädten prunkvolle Repräsentationsbauten errichtet. Der Mangel an Natursteinen im gesamten Ostseeraum zwang die Baumeister während der Hochzeit der Hanse notgedrungen zur Nutzung eines in den norddeutschen Ebenen im Überfluss vorhandenen Ersatzbaustoffs: Backsteine aus Lehm waren, wie schon in der Antike gerne und viel genutzt, die beste Lösung. Der Ton, gemischt mit Sand und Wasser, wurde in hölzerne Formkästen gestrichen. Riesige Mengen Brennholz mussten beschafft werden, um die Rohlinge zu brennen. Gebrannt wurde in einfachen Feldbrandöfen, komplizierte Sonderformen wie etwa ziselierte Kapitelle oder Reliefs musste man einzeln zuschneiden. Viele der meist tiefroten, mühsam in Handfertigung gebrannten Ziegel wurden abschließend mit verschieden farbigen Glasuren versehen. Für die roten Backsteine wird ein eisenhaltiger Ton benutzt, für gelbe Steine ein kalkhaltiger Ton, mit Naturton können auch Steine unterschiedlicher Farben wie Weiß, Grau und Schwarz hergestellt werden. Sehr treffend beschrieb der einflussreiche deutsche Kunsthistoriker Georg Dehio (1850–1932) die besondere Ästhetik der Backsteingotik: »Selbstbewusst ohne Selbstgefälligkeit, sachlich ohne Nüchternheit, ernst ohne Kälte, kühn im Großen und haushälterisch im Kleinen, besonnen, immer geradeaus auf die Hauptsache gerichtet.«

Noch heute dominieren zahlreiche rote Bauwerke der norddeutschen Backsteingotik die hanseatischen Altstädte: Mächtige, monumentale Backsteinkirchen und Klöster, zentrale und rechteckige Märkte mit dominanten und selbstbewusst ornamentierten Rathäusern, prächtige Kaufmanns- und Handelshäuser, mehrgeschossige Kontore, filigran verzierte Bürgerhäuser, stattliche Speicher, wehrhafte Türme, wuchtige Stadttore und Stadtmauern. Viele Schaufassaden der historischen Gebäude beeindrucken durch ihr verschiedenartiges Aussehen, durch ihren kunstvoll und vielfältig gestalteten Bauschmuck, ihr ziseliertes Maßwerk, Reliefs und Rosetten, zierlich-elegante Fialen, Staffel- und Pfeilergiebel, schlanke Türmchen, Spitzbogenfenster und spitzbogige Portale. Und im Innern der gotischen Bauten – in erster Linie in der Sakral-, aber auch zum Teil in der Profanarchitektur – dominiert das Kreuzrippengewölbe. Die Hansezeit machte vor allem die heutigen Altstädte von Wismar und Stralsund zu interessanten und überaus schönen Höhepunkten der europäischen Architektur. Seit 2002 stehen die beiden als Weltkulturerbe unter dem Schutz der UNESCO.

Fischerkaten und Kapitänshäuser

Die regionaltypischen Häuser in den Ortschaften auf der Halbinsel haben eine Gemeinsamkeit: sie sind seit Jahrhunderten als Fischer-, Bauern-, Schiffer- oder Kapitänshaus mit Reet gedeckt, also mit Schilfrohr. Der natürliche Rohstoff wächst in reichlicher Menge direkt vor ihren Haustüren, an den Ufern der Bodden. Die Schilfgürtel bieten einerseits für viele Vögel Schutz, vor allem während der Brutzeit, und sind andererseits der Rohstofflieferant für die Rohrdacheindeckung der Häuser. Die ökologischen Reetdächer haben mehrere Vorteile: Sie isolieren im Winter gegen Kälte, schützen im Sommer vor Hitze und haben außerdem eine lange Lebensdauer. Die Dachfirste wurden im 18. und 19. Jahrhundert –

Regionaltypisch: der Kulturkaten in Prerow…

... und die Kunstscheune in Barnstorf

und eigentlich bis heute – traditionell mit Giebelzeichen verziert, oft mit wendischen Sonnenkreuzen und maritimen Symbolen, die Unglück von Haus und Hof fernhalten sollten, oft auch mit Pferdeköpfen und verschiedenen Schmuckornamenten. Nicht selten befinden sich weit ausladende Gauben in Form von Augen in den hohen Dächern. Vor allem im Künstlerdorf Ahrenshoop sind überaus kunstvolle Rohrdachkonstruktionen zu bestaunen, etwa die des ›Café Namenlos‹ am Schifferberg. Mittlerweile wurde das Rohrdeckerhandwerk als Nationales Immaterielles Kulturerbe anerkannt.

Das Niederdeutsche Hallenhaus gilt als Vorläufer der regionalen Architektur der Halbinsel, zumindest besteht eine Verwandtschaft. Der mittelalterliche und bäuerliche Bautyp kam im 13. Jahrhundert im Zuge der deutschen Ostexpansion aus dem nordwestdeutschen Raum nach Mecklenburg und Pommern, als Siedlerfamilien aus Westfalen und Niedersachsen einwanderten. Sie brachten ihren heimatlichen Baustil mit. Er wurde aber nie landschaftprägend.

Charakteristisch für die Häuser auf der Halbinsel sind das hohe Stroh- oder Rohrdach mit Giebel und die niedrigen Fachwerkwände. Im Gegensatz zu den niederdeutschen Hallenhäusern besaßen sie kein großes Tor an der Stirnseite. Mensch und Vieh lebten bis weit ins 18. Jahrhundert unter dem rohrgedeckten Dach zusammen, das Getreide lagerte auf dem Dachboden.

Die armen Kleinbauern wohnten in sehr einfachen Fachwerkhütten, ab dem 18. Jahrhundert in sogenannten Büdnerhäusern (abgeleitet von ›Bude‹ im Sinne von ›Hütte‹). Zu ihrem Besitz gehörten Schweine, Ziegen und in der Regel eine Milchkuh. Erst den Häuslern wurde im 19. Jahrhundert erlaubt, auch ein zusätzliches Handwerk auszuüben. Dafür durften sie neben ihrem Wohnhaus ein weiteres Gebäude oder eine Werkstatt bauen. Viele Wohnhäuser hat man in der Vergangenheit mit Fachwerk errichtet. Die Zwischenräume der Fachwerke

Das neue Kunstmuseum in Ahrenshoop besitzt eine ungewöhnliche Architektur

verfüllte man mit einem Stroh-Lehm-Gemisch. Im Freilichtmuseum Klockenhagen bei Ribnitz-Damgarten sind 20 solcher traditionellen Bauernhäuser im Original zu sehen (→ S. 63).

Heute erfreuen auf der gesamten Halbinsel vor allem liebevoll restaurierte oder rekonstruierte Fischer-, Seemanns- und Kapitänshäuser das Auge der Besucher. Sie prägen mit ihren tief liegenden Rohrdächern und vor allem in Prerow, Born und Wieck auch mit farbenfrohen Darßer Türen (→ S. 112) die Ortsbilder mehrerer Seebäder und Boddendörfer.

Die ersten Kapitänshäuser wurden schon ab der Mitte des 17. Jahrhunderts gebaut, als die damals florierende Segelschifffahrt den Kapitänen und Schiffseignern einen stetig steigenden Wohlstand brachte. Die Kapitänshäuser waren größer als die anderen Wohnhäuser, hatten damals – als Zeichen des Reichtums ihrer Besitzer – teure Ziegeldächer statt ›armseliger‹ Reetdächer und waren weiß gestrichen. Die kaum minder stattlichen Steuermannshäuser hatten dagegen einen blauen Anstrich. Mit dem Aufkommen des Bädertourismus Ende des 19. Jahrhunderts entstanden in den Badeorten der Halbinsel Mischformen traditioneller und moderner Architektur. Auch ganz à la mode wurde nun stolz im Jugendstil und der Bäderarchitektur repräsentiert, eine das Ortsbild dominierende Bäderarchitektur wie auf Rügen oder Usedom entwickelte sich hier aber nicht. Ein schönes Beispiel für die unbekümmerte Stilmischung der Bäderarchitektur ist Vogels Warte, ein burgähnliches Gebäude von 1910 (→ S. 126). Schön restaurierte Gebäude im Stil der Bäderarchitektur findet man beispielsweise an den Promenaden von Graal-Müritz und Zingst. Weitgehend blieb man aber dem althergebrachten Baustil treu. So steht etwa der berühmte Ahrenshooper Kunstkaten von 1909 – rohrgedeckt und kobaltblau – eindeutig in der Tradition regional-typischer Bauweise (→ S. 104). Auffallend fast überall auf der Halbinsel sind die verglasten Vorbauten und die geräumigen, wind- und wettergeschützten Glasveranden zahlreicher Pensionen und Hotels. Die Räume mit Ausblick dienen bis heute den Badegästen als helle Speisesäle oder als Wintergärten. Solch gläserne Anbauten fanden bereits um die Mitte des 19. Jahrhunderts im Seebad Warnemünde bei Rostock das Interesse des märkischen Wanderers Theodor Fontane: »Es gibt einen Warnemünder Baustil. Er besteht darin, dass man an die Fronten der Häuser einen Glaskasten anklebt, der, unter den verschiedensten Namen auftauchend, als Balkon, Veranda, Pavillon, doch immer der alte Glaskasten bleibt. Diese gläsernen An- und Vorbauten geben dem Ort seinen Charakter und dem Badegast sein Behagen. Sie sind wirklich ein Schatz.«

Moderne Architektur

Es muss nicht immer roter Backstein, Rohr auf dem Dach oder eine filigran verschnörkelte Holzveranda sein, um Aufmerksamkeit zu erzielen. Bedeutende Auszeichnungen und Preise erhielt das Stuttgarter Architektenbüro Behnisch für den schneeweißen Stahlbetonbau des **Ozeaneums** (→ S. 159), das sie 2008 im Hafen von Stralsund aufbauten – spektakulär eingepasst zwischen alten roten Backsteinspeichern, durchaus harmonisch integriert und dazu mit maritimem Bezug: die organisch gewellten Flächen erinnern mit etwas Fantasie an windgeblähte Segel.

Ebenfalls harmonisch eingebunden in die regionaltypische Architektur wurde das 2013 eröffnete **Kunstmuseum** (→ S. 103) im Künstlerstädtchen Ahrenshoop. Das fensterlose Ensemble von fünf Einraumhäusern orientiert sich mit abstrakter äußerer Eleganz an den historischen Fischerkaten des Seebads. Die Außenwände sind mit einer schlammbraunen Messingverkleidung überzogen, wie kuppelartige Rohrdächer erscheinen die Dachformen, die die Einzelhäuser zu einem Gesamtkomplex verschmelzen.

Gut 90 Jahre älter als das moderne Kunstzentrum ist die von Martha Wegscheider und dem Maler Hans Brass gegründete **Bunte Stube** in Ahrenshoop (→ S. 104). Sie war früher ein beliebter kultureller Treffpunkt des Ortes, heute Anlaufpunkt für Bücherwürmer. Die markante Form des rot-weißen Hauses mit ›runder Ecke‹ und breiten Fenstern gestaltete 1929 der Bauhausarchitekt Walter Butzek. Modern und innovativ zeigt sich auch das **Max Hünten Haus** in Zingst (→ S. 141). Das Zentrum der Erlebniswelt Fotografie vereinigt seit 2011 vielerlei Einrichtungen unter einem Dach. Man hat es architektonisch dem traditionellen örtlichen Bautypus angeglichen und als Außenverkleidung warme Lärchenholzlamellen gewählt. Die **Ahrenshooper Schifferkirche** von 1951 (→ S. 104) erinnert an ein kieloben schwimmendes Boot. Auch das kleine Gotteshaus ist rohrgedeckt, die Spitzbögen im Innern vermitteln einen gotischen Eindruck.

Nicht alle modernen Bauten sind jedoch gelungen. Der Fünf-Sterne-Wellness-Tempel **The Grand** am Ahrenshooper Schifferberg beispielsweise erscheint architektonisch eher wie ein Fremdkörper und zwei Nummern zu groß für Ort und Landschaft.

Maler und andere Künstler

Seit Ende des 19. Jahrhunderts zieht es Maler und andere Künstler auf die Halbinsel, vor allem nach Ahrenshoop. Die von Paul Müller-Kaempff und Anna Gerresheim gegründete Malerkolonie (→ Extra S. 96) ist berühmt, viele Bücher wurden

Hans Brass im Jahr 1908

darüber geschrieben. Die meisten der etablierten Künstler verließen noch vor dem Ersten Weltkrieg ihre Ostsee-Idylle. Nach dem Krieg besuchten hochdekorierte Prominente aus der deutschen Kunstszene das inzwischen mondäne Ostseebad, darunter Max Pechstein, Karl Schmidt-Rottluff und Lyonel Feininger. In ihrem Gefolge kamen auch Lebenskünstler, Kulturmenschen und Intellektuelle, meist aus der Reichshauptstadt Berlin. Nun herrschte hier ›Gesundheit und Frohsinn‹. Der Dadaist George Grosz hisste rote Fähnchen auf seinen Sandburgen und verschreckte die anderen Badegäste. Gleichzeitig träumte er von einer eigenen Bleibe im Badeort: »Das Meer ist doch, hols der Deibel, immer schön!«

Der Literaturnobelpreisträger Gerhart Hauptmann nörgelte über die ›intrigante Badegesellschaft‹. Und ein weiterer Nobelpreisträger, der passionierte Segler Albert Einstein, geriet 1918 bei seinem Ahrenshoop-Urlaub ins Schwärmen: »Ich liege am Gestade wie ein Krokodil, lasse mich von der Sonne braten und pfeife auf die sogenannte Welt«. Keine 20 Jahre später, ab 1935, wurde Ahrenshoop von den Nationalsozialisten für jüdische Badegäste gesperrt. Die deutsch-jüdische Malerin Edla Charlotte Rosenthal (1883–1942) wohnte und arbeitete in Althagen. Sie wurde 1942 von den Nazis deportiert und vermutlich im Vernichtungslager Treblinka ermordet. Ihr und ihrer Lebensgefährtin Elza Kohlmann zum Gedenken hat man in Ahrenshoop Stolpersteine verlegt. Unter den Nazis verfemte Freidenker und Künstler wie der Bildhauer Gerhard Marcks suchten und fanden nach 1933 in Ahrenshoop dagegen ebenso Unterschlupf wie die junge Schriftstellerin Marie Luise Kaschnitz (1901–1974). In ihren Tagebuchnotizen schildert sie die Dorfatmosphäre und ahnt mit Blick zum Ostseehimmel den nahenden Krieg: »Immerfort Flieger. Schwere Bomber und Jagdflugzeuge. Dazwischen das friedliche Knattern des Trumpf-Schokolade-Fliegers, der ab und zu Schokolade auf den Strand wirft.« Der expressionistische Maler Hans Brass war von 1927 bis 1930 Ortsvorsteher von Ahrenshoop, 1922 gründete er zusammen mit Martha Wegscheider die ›Bunte Stube‹ (→ S. 104). Seine Werke wurden von den Nazis als ›entartet‹ eingestuft, in der Deutschen Demokratischen Republik grenzte man ihn dann als ›Formalist‹ aus.

Der 1948 aus dem Exil in Palästina zurückgekehrte Erfolgsschriftsteller Arnold Zweig (1887–1968) spazierte stundenlang am Ahrenshooper Strand entlang und sinnierte über die Inspirationsquellen des Seebades. Die Fischland-Chronistin Käthe Miethe (1893–1961) urteilte zwiespältig: »Über Ahrenshoop liegt eine Luft voller Salzgehalt und satter Feuchtigkeit, herb und süß zugleich«. Die viel gelesene Autorin Brigitte Reimann (1933–1973) nervte in Ahrenshoop der 1950er und 1960er Jahre vor allem die ›Intelligenz-Schickeria‹, das ›Bonzen-Aquarium‹, wie sie die Kurhaus-Veranda nannte, sowie die ›miese Verpflegung‹. Der expressionistische Dichter und Verfasser der DDR-Nationalhymne Johannes R. Becher (1891–1958) residierte häufig im Ahrenshooper ›Dünenhaus‹ und dichtete dort viel und dabei recht Schwerfälliges wie: »Ein Meeressonntag in feierlicher, sonnenhafter, wolken- und wellenloser Stimmung«. Die Schriftstellerin Anna Seghers traf Johannes R. Becher am FKK-Strand (→ S. 103). Bertolt Brecht erschien die Ahrenshooper Nachkriegsarchitektur wie »eine freche behauptung«, »von der landschaft verachtet«. Überhaupt waren für den Berliner Dramatiker seine beiden Sommeraufenthalte in Ahrenshoop offenbar eher vergeudete Zeit, im Sommer 1950 sah er das Fischland als »eine einzige nazigegend«. Auch Uwe Johnson, der ›Erzähler der beiden Deutschlands‹, verbrachte viele Sommerurlaube in Ahrenshoop. Die Hauptfigur Gesine Cresspahl in seinem Hauptwerk ›Jahrestage‹ lässt er schwärmen: »Das Fischland ist das schönste Land in der Welt«. So empfand das der im pommerschen Cammin geborene Dichter wohl selbst.

Die Tradition als Künstlerort lebt bis heute in Ahrenshoop fort. In den zahlreichen Galerien und Ateliers zeigt sich im Angebot eine vielfältige Mischung aus Malerei, Keramik und Plastiken. Aber nicht nur in Ahrenshoop lebt die Kunst, auch in anderen Seebädern der Halbinsel ließen sich im Laufe des 20. Jahrhunderts viele Künstler nieder, vor allem auf dem Darß. Der Maler Theodor Schultze-Jasmer kaufte 1921 in Prerow das Eschenhaus von 1779 (→ S. 126), der bedeutende belgische Maler Henry Luyten (1859–1945) wohnte und arbeitete zwischen 1920 und 1923 in Wieck. In seinen Landschaftsstudien versuchte er das faszinierende Licht der vorpommerschen Landschaft einzufangen. Der Maler

Der Kunstpfad in Ahrenshoop erinnert an die frühere Künstlerkolonie

Robert Geßner erwarb 1942 ein Haus in Born. Viele seiner Bilder, oft Darstellungen dörflicher Landschaften, befinden sich im Bestand des Darß-Museums. Geßner wurde 1973 auf dem Borner Friedhof beigesetzt.

Angesichts der urigen Landschaft der Halbinsel ist es kein Wunder, dass sie immer wieder als grandiose Filmkulisse dient. Einer der ersten Filme, die hier gedreht wurden, war wohl ›Die Hexen von Salem‹, 1957 in Koproduktion der DEFA-Studios mit Frankreich entstanden, die Hauptrollen besetzten Simone Signoret und Yves Montand. Der Darß-Krimi ›Mord in den Dünen‹ mit Anna Loos in der Hauptrolle wurde 2013 beim Festival des deutschen Films uraufgeführt.

Wirtschaft und Gesellschaft

Im Jahr 2016 erwarb die malaysisch-chinesische Holdinggesellschaft Genting Hong Kong die Werften von Rostock, Wismar und Stralsund und baute unter dem Namen ›MV Werften‹ Luxus-Kreuzfahrtschiffe und Megajachten – schwimmende Rummelplätze und Kleinstädte, die mit ihren Menschenmassen die Ankunftsorte überschwemmen und gleichzeitig Unmengen von Abfällen im Meer entsorgen. Doch der Einbruch der in die Kritik geratenen Kreuzfahrtbranche kündigte sich schon seit Längerem an, nicht erst als Folge der Covid-19-Pandemie. Im Jahr 2020 wurden staatliche Kreditzahlungen in dreistelliger Millionenhöhe an die MV Werften erforderlich, angeblich um die Arbeitsplätze zu erhalten. Anfang 2022 stellte der Eignerkonzern schließlich einen Insolvenzantrag. Kurz nach der Pleite erwarb die Stadt Stralsund die 34 Hektar große Werftfläche, und die verbliebenen 230 Beschäftigten wechselten in eine Transfergesellschaft. Seitdem entwickelt sich Stralsunds Werft zu einem maritimen Industrie- und Gewerbepark, in dem nun in den Bereichen Schiffbau und Schiffreparatur sowie alternativen Antriebs- und Energieformen investiert werden soll.

Beliebte Produkte aus Sanddorn

Ein anderes wirtschaftliches Problem betrifft die Ostseefischer: Weil mehrere Fischarten in der Ostsee bedroht sind, verordnet die EU-Kommission den Fischern seit Jahren strengere Fangquoten – vor allem für Dorsch und Hering (→ S. 18). Der ›Heringskrieg‹ in der westlichen Ostsee bringt mehr und mehr Küstenfischer in Mecklenburg-Vorpommern an den Rand ihrer Existenz.

In Mecklenburg-Vorpommern ist jeder sechste Einwohner direkt oder indirekt im Tourismus beschäftigt. Das nordöstliche Bundesland ist mittlerweile die beliebteste Urlaubsregion in Deutschland – mit der modernsten Tourismusinfrastruktur. Auch auf der Halbinsel Fischland-Darß-Zingst ist der Tourismus die wichtigste Einnahmequelle der Einheimischen. Nach der Einheit erlebte die touristische Ausprägung der Urlaubsregion einen qualitativen Aufschwung mit der aufwendigen Sanierung von Hotels und Pensionen und dem weitgehend den Ortsbildern angepassten Neubauten von Wellnesshotels, Ferienhäusern, Kur- und Rehakliniken. Lebendig sind die maritime Kultur und die zahlreichen Traditionen der Halbinsel, wichtige Bestandteile der Veranstaltungskalender der Seebäder und Boddendörfer.

Das bedeutendste traditionelle Kunsthandwerk der Halbinsel ist die Keramik – geschaffen und ausgestellt in vielen Ateliers, Galerien und Werkstätten. Hier lässt sich sicherlich etwas Schönes für das eigene Heim oder als Mitbringsel finden (Hinweise in diesem Reiseführer bei den jeweiligen Orts-Infos). Bernstein in zahllosen Variationen zählt zu den begehrtesten Souvenirs des Küstenurlaubs (→ Extra S. 68). Beliebte und obendrein gesunde Mitbringsel von der Halbinsel sind die vielfältigen Produkte der Sanddornfrucht, der ›Zitrone des Nordens‹. Sie sind etwa in den Hofläden und auf allen Wochenmärkten zu erhalten. Der Sanddorn stammt ursprünglich aus Nepal, die Beeren dieser kratzbürstigen Küstensträucher besitzen zehnmal so viel Vitamin C wie so manche Zitrusfrucht.

Feste und Festivals

Auf der Halbinsel Fischland-Darß-Zingst ist fast das ganze Jahr über immer was los. Die Vielzahl der kulturellen, historischen und sportlichen Veranstaltungen ist – besonders während der Hauptsaison im Sommer – kaum noch zu überschauen. Über die zahlreichen traditionellen Volks- und Hafenfeste, Theater- und Kleinkunstveranstaltungen, Open-Air-Veranstaltungen, Live-Konzerte, Kunsthandwerkermärkte, Kunstauktionen sowie die vielfältigen Sportevents informieren die kostenlosen Touristenzeitungen, die Monatsbroschüren, die Tagespresse und natürlich die Touristeninformationen. Im Zusammenhang mit dem Nationalpark Vorpommersche Boddenküste und der herbstlichen Kranichrast werden viele Veranstaltungen und Führungen angeboten. Das vorliegende Buch informiert über die wichtigsten Festtermine in den Info-Teilen der jeweiligen Ortschaften. Im Netz erfährt man alles Aktuelle und Interessante unter www.fischland-darss-zingst.de/veranstaltungen.

Die beeindruckenden Zeesenbootregatten blicken schon auf eine weit über hundertjährige Tradition zurück. Im Jahr 1909 wurde der erste Wettkampf unter der Beteiligung von zehn Zeesenbooten ausgetragen. Längst genießen die spektakulären Regatten der einstigen Bodden-Fischerboote mit ihren typischen rotbraunen Segeln Volksfestcharakter. Sie finden zwischen Juni und September in Zingst, Wustrow, Dierhagen, Barth, Bodstedt und Althagen statt (→ Extra S. 83). ›Gut Schlag!‹ tönt es, wenn ein weiteres traditionelles Volksfest beginnt: das Tonnenabschlagen, das im Sommer hauptsächlich in mehreren Orten auf dem Fischland und dem Darß veranstaltet wird. Es gehört zum ältesten Brauchtum der Darßdörfer Born, Wieck und Prerow und wird nachweislich schon mindestens seit 1774 durchgeführt, vielleicht auch schon seit Ende des Dreißigjährigen Krieges. Das Fest steht seit 2016 auf der Liste des Immateriellen Kulturerbes der UNESCO. Es ist ein sportlicher Wettkampf zu Pferde, bei dem etwa 25 bis 30 Reiter in vollem Galopp nacheinander mit schweren Holzknüppeln auf ein in der Mitte des Festplatzes in drei bis vier Meter Höhe aufgehängtes Heringsfass solange einschlagen, bis das mit Eichenlaub geschmückte Fass, die ›Tonne‹, schließlich zerbricht. Sieger und somit ›Tonnenkönig‹ ist, wer den letzten Teil des Fasses vom Haken herunterhaut. Der Wettkampf wird heute touristisch umrahmt mit vielerlei volkstümlichen Darbietungen und von festlichen Umzügen, dem offiziellen ›Ummarsch‹ und ›Umritt‹ durch die Dörfer, die mit Girlanden und Wimpelketten geschmückt sind. Am Abend wird der Tonnenball öffentlich gefeiert und der neue König geehrt. Auch zu DDR-Zeiten fand das Fest statt, allerdings ab Ende der 1960er Jahren mangels Pferden nicht mehr regelmäßig Jahr für Jahr. Der Ursprung des Brauches ist noch nicht vollständig geklärt. Wahrscheinlich entwickelte sich das Tonnenabschlagen in Anlehnung an die mittelalterlichen höfischen Reiterspiele – als Reiterspiel der Knechte, die von den herrschaftlichen Wettkämpfen ausgeschlossen waren. Eine andere Erklärung könnte sich auf eine Wiederbelebung des alten Brauchs beziehen: Es handelt sich dabei um die Zeit der schwedischen Besatzung, als die Herings-Fronabgaben das Leben der pommerschen Fischer schwer belasteten. Den Abzug der skandinavischen Besatzer nach dem Wiener Kongress 1815 feierten die Darßer mit dem Tonnenabschlagen wie einen Akt der Befreiung.

Wie das Tonnenabschlagen ist auch das traditionelle Barther Kinderfest seit 2016 auf der Liste des Immateriellen Kulturerbes der UNESCO zu finden. Es ist ein Kinderschützenfest, bei dem jährlich ein Kinderkönigspaar ermittelt wird. Sein Ursprung liegt im Jahr 1828. Fast ebenso alt ist das Borner Kinderfest, es wurde 1840 erstmals gefeiert. Das Fest startet morgens mit einem Umzug durch das Boddendorf, zu dem alle Kinder aus nah und fern und natürlich auch die Eltern, die Einheimischen und alle Gäste eingeladen sind.

Weitere Highlights im Festkalender der Halbinsel sind die Darß-Festspiele auf der Freilichtbühne Born, der Literatursommer im Kunstkaten Kiek In in Prerow, die traditionellen Borner Maskenbälle, zu Pfingsten der Töpfermarkt am Darß-Museum in Prerow, im September der Kunstmarkt im Garten des Museums und Ende August das Prerower Museumsfest.

Großer Beliebtheit erfreuen sich die Strand-, Seebrücken- und Hafenfeste, teils mit Drachenbootrennen in den Darßdörfern. Festliche Institutionen sind das Jazzfest, die Lange Nacht der Kunst und die Kunstauktion im Künstlerdorf Ahrenshoop. Das Darßer NaturfilmFestival gehört inzwischen zu den bundesweit bedeutendsten Natur- und Umweltfestivals. Im Rahmen dieses Festivals wird der Deutsche NaturfilmPreis verliehen. Jährlich im Herbst, zeitgleich mit den Kranichen, reisen seit 2005 Naturfilmer von Rang und Namen sowie ein großes Publikum an. Die besten deutschen Cartoonisten treffen sich im Sommer zum Prerower Cartoonair am Meer. Bühnenshows, Lesungen, Workshops und Partys umrahmen das einzigartige Karikaturen-Festival. Zwischen April und Oktober wird die Fischerkirche in Born zum stimmungsvollen Schauplatz von hochkarätigen Klassikkonzerten, den Elitekonzerten auf dem Darß.

Unter den vielen Sportveranstaltungen ragt der DarßMarathon heraus, der stets Ende April stattfindet. Die 42,195 Kilometer lange Strecke auf Naturwegen beginnt in Wieck an der Darßer Arche und führt über Born, Prerow und Ahrenshoop nach Wieck zurück. Unterwegs gibt es Meerblicke vom hohen Steilufer, urigen Wald und Boddenwiesen.

Essen und Trinken

Die mecklenburgisch-vorpommersche Küche gilt traditionell als schlicht und deftig. Das lässt sich fast schon aus den nicht minder deftig klingenden plattdeutschen Namen einiger kulinarischen Klassiker heraushören: Tollatsch, Klopp-schinken, Tüften und Plum. Tüften, wie die Kartoffeln im Norden heißen, Kohl, Rüben, Schweinefleisch und natürlich Fisch bilden die bodenständige Grundlage solider Hausmannskost. Die Mahlzeiten sollten seit alters her in erster Linie satt machen und keinen Feinschmeckerpreis gewinnen. Doch in den letzten Jahren hat sich im Bundesland kulinarisch einiges bewegt: Etliche Restaurants heimsen mit ihrer feinen Gourmetcuisine renommierte Kritikerpreise ein und sammeln begehrte Hauben, Kochlöffel und Sterne. Dabei erfährt meist Uromas Rezeptesammlung einen pfiffigen und mit allerlei kreativen Nuancen gespickten modernen Touch, beispielsweise im Hotel-Restaurant ›Ostseelounge‹ in Dierhagen Strand, der bisher einzigen Sterne-Küche auf der Halbinsel (→ S. 87).

Aber ob Speisen de Luxe oder althergebracht essen im rustikal-maritimen Ambiente eines familiären Fischlokals, lecker kann das eine wie das andere sein. ›Regionalität‹ ist heute das Zauberwort. Die Initiative ›ländlichfein‹ kennzeichnet Gastronomiebetriebe, die hochwertige regionale Produkte aus ökologischer Erzeugung anbieten (www.laendlichfein.de). Es kommt nur auf den Tisch, was man direkt vor der Haustür vorfindet. Und da ist vor allem Wasser, wohin man auch schaut. Wer auf der Halbinsel Urlaub macht, möchte sicherlich in erster Linie Fisch essen. Fangfrisch und nachhaltig vom Kutter wandert der Fisch direkt in die Küchen vieler örtlicher Restaurants. Aus der Ostsee und den Boddengewässern werden Hering, Dorsch, Flunder, Lachs, Aal, Zander, Hecht, Barsch und Karpfen gefangen. Beliebt seit eh und jeh, doch seit einigen Jahren mit immer geringeren Fangquoten behaftet, ist der Hering, das ›Silber des Meeres‹. Der ehemalige Brotfisch der Pommern und Mecklenburger hatte bis ins 19. Jahrhundert den Ruf, der Arme-Leute-Fisch zu sein. Die Ehrenrettung kam vom ›Eisernen Kanzler‹ Otto von Bismarck: Wäre der Hering so selten wie der Kaviar, so Bismarck, würde er als Delikatesse gelten. Der Hering ist auf vielerlei Art zu genießen: gegrillt, gebraten, in Bierteig eingelegt oder – besonders schmackhaft – geräuchert direkt aus dem Räucherofen. So wird er in einigen Boddenhäfen der

Halbinsel angeboten, etwa in Althagen und Prerow. Als Brathering ist er ebenso beliebt wie eingelegt als Rollmops oder geräuchert als Bückling (Spickhering). Und für den kleinen Hunger zwischendurch ist das einfache **Fischbrötchen** an der Küste der verführerische Dauerbrenner schlechthin. Für den ›Küstenburger‹ steht man im Sommer zur Strandpause auch mal gerne Schlange. Im Brötchen und gleich auf die Hand gibt's den traditionellen Bismarckhering (→ S. 163, Stralsund) und den Matjes, aber auch Heilbutt, Lachs, Räucherfisch, Kabeljau und weitere Varianten. Der berühmte und viel gerühmte Matjes ist ein Hering, der noch keine Geschlechtsprodukte wie Milch oder Rogen gebildet hat. Von Mitte Mai bis Ende Juni, vor dem Laichen, wird der Fisch gefangen und sofort verarbeitet. Die Bauchspeicheldrüse verbleibt beim Ausnehmen allerdings im Körper. Die aus ihr freigesetzten Enzyme lassen den Fisch in der Salzlage im Fass in etwa fünf Tagen zum Matjes reifen. Der jungfräuliche Hering gehört zwar zu den fettreichsten Fischen, aber Ernährungsbewusste brauchen sich keine Sorgen zu machen. Es handelt sich nämlich um wertvolle ungesättigte Fettsäuren sowie Omega-3-Fettsäuren. ›Marzipan des Meeres‹ wird frischer Matjes auch genannt, denn er schmeckt so zart wie die beliebte Süßware und auch seine gelblich-weiße Farbe ähnelt ihr.

Eine echte Semannsspeise ist Labskaus (→ S. 55), Tüften un Plum eine traditionelle Kartoffelsuppe aus Mecklenburg-Vorpommern. Fisch schmeckt immer, auch in der Suppenterrine. An der vorpommerschen Küste gibt es eine Vielzahl regional spezifischer Fischsuppen (→ 55).

Dank der ausgedehnten Wälder in Mecklenburg-Vorpommern und aus dem Darßer Wald gibt es außerdem eine Fülle an Wildgerichten. Eine Besonderheit der mecklenburgisch-vorpommerschen Küstenküche ist ihre Vorliebe zu Süßem und Süßsaurem, die schwedischem Einfluss geschuldet sein soll. Gern streut man sich etwa auf die Schmalzstullen auch mal Zucker statt Salz und hat nichts einzuwenden gegen Blut- und Grützwurst mit Rosinen wie beim berühmten Tollatsch.

Allerorten gibt es frisch geräucherten Fisch

Fisch will bekanntlich schwimmen. Der beliebteste Durstlöscher an der Küste ist neben Mineralwasser das Bier. Beim Gerstensaft setzt man ebenfalls auf Regionalität. Fast schon Kultcharakter besitzt die Stralsunder Störtebeker-Brauerei in Stralsund, die seit 1827 für hanseatische Braukunst steht. Auch Hochprozentiges wird nach dem Essen gerne mal getrunken, denn »en goden Happen brukt en goden Sluck to Verdauung«. Großer Beliebtheit erfreut sich da ein klarer Kümmelschnaps, der Köm.

Rezepte aus der Region

Tüften un Plum (Kartoffelsuppe mit Pflaumen)

Zutaten: 400 g Kartoffeln (Tüften), 1 Zwiebel, 2 Stangen Porree, 250 g Brokkoli, 300 g Weißkohl, 2 Speisemöhren, 1 EL Butterschmalz, 800 ml Gemüsebrühe, 1 Lorbeerblatt, Salz und Pfeffer, 4 Mettenden, 4 Zwetschgen, 150 g Schmand, 1 Bund Petersilie, 4 große ›Suppenbrötchen‹ zum Servieren.

Zubereitung: Zwiebel und Kartoffeln schälen und würfeln. Porree und Weißkohl waschen und in Ringe bzw. in feine Streifen schneiden. Möhren schälen und in Scheiben schneiden. Brokkoli waschen und in kleine Röschen trennen. Butterschmalz in einem großen Topf erhitzen. Zwiebel darin glasig dünsten. Das vorbereitete Gemüse dazugeben und andünsten. Mit Brühe ablöschen, mit Salz und Pfeffer würzen und das Lorbeerblatt dazugeben. Mettenden in Stücke schneiden. Zwetschgen waschen, halbieren, entsteinen und in Stücke schneiden. Mettenden und Zwetschgen zur Suppe geben und alles rund 20 Minuten köcheln lassen. Petersilie waschen, trocken schütteln und hacken. Brot aushöhlen, die Petersilie untermischen. Suppe abschmecken. Danach in den Brötchen anrichten und mit Schmand garnieren.

Zingster Fischsuppe

Zutaten: 500 g Fischfilet (z.B. Kabeljau), 120 g durchwachsener Speck, 1 Zwiebel, 1 Stange Lauch, 4 reife Tomaten, 1 l Fischfond (Glas), 2 Eigelb, 150 ml trockener Weißwein, 2 EL Zitronensaft, 1 Prise Salz, 1 Prise Pfeffer, 1 Prise Muskatnuss.

Zubereitung: Speck und Zwiebel fein würfeln. Den Lauch putzen, gründlich waschen und in feine Streifen schneiden. Danach den Speck in eine erhitzte Pfanne ohne Öl geben und ca. 10 Minuten langsam auslassen. Die Zwiebelwürfel und den Lauch dazugeben und ca. 5 Minuten dünsten. In der Zwischenzeit die Fischfilets kalt abspülen, trockentupfen und in ca. 1 cm breite Streifen schneiden. Dann die Tomaten waschen, halbieren, die Kerne entfernen und in kleine Würfel schneiden. Die Fischstreifen zum Speck-Zwiebel-Lauch-Gemisch geben und kurz garen. Die Tomatenwürfel hinzufügen, mit dem Fischfond auffüllen und ca. 5 Minuten köcheln lassen. Währenddessen den Wein mit dem Zitronensaft und den Eigelben verrühren. Den Topf vom Herd nehmen und die Ei-Mischung unter Rühren in die Fischsuppe geben. Mit Salz, Pfeffer und Muskat abschmecken und heiß servieren.

Labskaus

Zutaten: 300 g Schweine-Pökelfleisch, 300 g Rinder-Pökelfleisch, 1 Zwiebel, 800 g Kartoffeln, 1 Lorbeerblatt und 4 Pimentkörner, 100 g Zwiebelwürfel, 60 g Butter, 1 Tasse Pökelbrühe, 4 Eier und 4 Sardellen, 2 Salzgurken und Pfeffer.

Zubereitung: Reichlich Wasser mit Lorbeer, Piment und der Zwiebel zum Kochen bringen. Das Pökelfleisch hineinlegen und aufsetzen. Den Schaum beim ersten Aufkochen abschöpfen, danach gar kochen. Das Fleisch aus der Brühe nehmen und durch den Fleischwolf drehen. Die Kartoffeln kochen, abgießen und stampfen. Zwiebelwürfel in etwas Butter glasig dünsten, dann mit dem durchgedrehten Fleisch und dem Kartoffelbrei vermengen. Die aufgewärmte Pökelbrühe unterrühren, bis die gewünschte Konsistenz erreicht ist. Mit Pfeffer würzen. Auf jede Portion Labskaus ein Spiegelei, eine halbe Salzgurke und einen Sardellenstreifen geben. Mit Roter Bete garnieren.

Die Halbinsel Fischland-Darß-Zingst ist ein einzigartiges Ferien- und Naturparadies: Kilometerlange feinkörnige Sandstrände auf der Seeseite, verträumte Dörfer mit schilfumsäumten Buchten entlang der Bodden. Die abwechslungs-reiche Halbinsel ist eingebettet in eine der letzten urwüchsigen Naturlandschaften Deutschlands, geschützt durch den Nationalpark Vorpommersche Boddenlandschaft. Maritime Kontraste auf Schritt und Tritt: Hier quirlige Seebäder mit charakteristischen rohrgedeckten Häusern, dort unverbaute weite Dünen, Urwald und naturbelassene Strandabschnitte mit Südseeflair.

FISCHLAND – DARSS – ZINGST

Am Weststrand bei Prerow

An der vorpommerschen Küste, zwischen den Hansestädten Rostock und Stralsund, liegt die rund 60 Kilometer lange Halbinselkette Fischland-Darß-Zingst. Sie erstreckt sich von Dierhagen im Fischland über den Darß und Zingst bis hin zur Insel Bock gegenüber der Südspitze Hiddensees. Die wie ein Bumerang geformte Halbinselkette trennt den Saaler und den Barther Bodden sowie einige kleinere Boddengewässer vom offenen Meer. Bis in das späte 14. Jahrhundert waren das Fischland und der Darß noch selbständige Inseln, erst durch Schließungen zweier Ostseezugänge des Saaler Boddens wurden sie mit dem Festland zwangsverbunden. Auch der Zingst war ursprünglich eine Insel. Hier sorgte die Natur für die geologische Veränderung zur Halbinsel: Im Jahr 1872 versandete durch eine schwere Sturmflut der Prerowstrom, die Verbindung der Ostsee mit dem Bodstedter Bodden. Zwei Jahre später schüttete man den Wasserlauf endgültig zu und errichtete einen Damm. Seitdem sind die drei Ex-Ostseeinseln sowohl miteinander als auch – am südwestlichen Ende des Fischlands – gewissermaßen kollektiv mit dem Festland verbunden.

Der westliche Teil des Darß und der östliche Teil der Halbinsel Zingst sind Bestandteile des Nationalparks Vorpommersche Boddenlandschaft (→ S. 27). Zum Nationalpark gehören in dieser Küstenregion auch einige Bereiche der Boddengewässer der Halbinsel sowie die unbewohnte Insel Bock zwischen der Halbinsel Zingst und der Insel Hiddensee. Sie wäre sicherlich längst mit Hiddensee zusammengewachsen, wenn nicht die Schifffahrtsrinne nach Stralsund zwischen den beiden Inseln verlaufen würde. Die Rinne wird daher künstlich offen gehalten. Die beiden Eingangstore zur Halbinsel sind Ribnitz-Damgarten und die Vinetastadt Barth.

Die Eingangstore zur Halbinsel

Besucher der vorpommerschen Halbinselkette, die vom Westen oder Süden her anreisen, fahren durch Ribnitz-Damgarten oder streifen zumindest die Kleinstadt am Saaler Bodden. Ribnitz-Damgarten und das Seebad Graal-Müritz bilden die westlichen Eingangstore, wenige Kilometer östlich von ihnen beginnt das Fischland. Besucher, die vom Osten her anreisen, passieren das Städtchen Barth. Seit 2002 bedient die Usedomer Bäderbahn (UBB) den Abschnitt zwischen Velgast an der Fernstrecke Rostock–Stralsund und Barth regelmäßig mit Nahverkehrszügen. In Barth endet die Bahnstrecke. Die Verbindung zwischen Barth und Velgast verkehrt auf einem Teilabschnitt der ehemaligen Darßbahn. Diese wurde 1910 in Betrieb genommen und verband die Stadt Barth auf dem Festland mit Prerow an der Nordspitze des Darß. Die Züge rollten bis 1945 über die Meiningenbrücke, der stählernen, 470 Meter langen Drehbrücke von 1910. Sie diente nach 1945 nur noch als einspurige Straßen- und Personenbrücke, die Bahngleise wurden nach dem Zweiten Weltkrieg als Reparationsleistungen für die Sowjetunion demontiert. Eine vorübergehende zweispurige Behelfsumfahrung, eine Art Pontonbrücke mit Fußgänger- und Radweg, wurde Ende der 1980er Jahre wegen des wachsenden touristischen Verkehrsaufkommens direkt neben der Meiningenbrücke errichtet. Seit längerem schon ist ein Brückenneubau mit erneuter Bahnanbindung über Zingst bis Prerow in Planung, nun soll 2027 das

▲ Karte: vordere Umschlagklappe

Womöglich rollen zukünftig wieder Züge über die Meiningenbrücke

120-Millionen-Projekt verwirklicht sein. Das Drehteil der Meiningenbrücke sowie das Klappteil der Behelfsumfahrung werden täglich zu festgelegten Zeiten für bis zu 15 Minuten für die Schifffahrt und für Sportboote geöffnet (→ S. 165).

Ribnitz-Damgarten

Beide Städte, sowohl Ribnitz als auch Damgarten, entstanden im 13. Jahrhundert als befestigte Siedlungen. Denn damals verlief die wichtige Handelsstraße von Lübeck nach Stralsund über die sumpfige Recknitzniederung. Beide Stadtnamen haben einen slawischen Ursprung: Ribnitz bedeutet Fischort, Damgarten soviel wie Eichenberg. Das Flüsschen Recknitz trennt die beiden Ortschaften und mündet hier in den Ribnitzer See, den südlichen Zipfel des Saaler Boddens. Über Jahrhunderte bildete der Fluss die strategisch bedeutende Grenze zwischen Mecklenburg und Pommern: Ribnitz lag in Mecklenburg, Damgarten in Pommern. Erst 1950 wurden die beiden Städte – gegen deren Willen – zur Doppelstadt administrativ vereint. Zusammengewachsen sind die beiden Stadtteile allerdings bis heute nicht so recht.

Das beschauliche Doppelstädtchen mit rund 15 000 Einwohnern trägt den Beinamen ›Bernstein-Stadt‹. Schließlich wird hier das ›Gold der Ostsee‹ verarbeitet, und das Deutsche Bernsteinmuseum im Klarissenkloster bietet die bedeutendste Bernstein-Sammlung in ganz Deutschland.

■ Sehenswürdigkeiten

Der Stadtteil Ribnitz ist eindeutig der interessantere Stadtteil des Boddenstädtchens. Für einen Stadtbummel bietet sich daher der weitläufige **Marktplatz von Ribnitz** an. Er liegt mitten im historischen und nach der Wende gründlich sanierten Stadtzentrum. Den beeindruckenden Platz mit seinen zum Teil klassizistischen Bürgerhäusern und dem Rathaus dominiert die Backsteinkirche **St. Marien**. Die Stadtkirche wurde bereits in der ersten Hälfte des 13. Jahrhunderts als dreischiffige spätromanische Hallenkirche angelegt. Von diesem frü-

Ribnitz-Damgarten
0
120
240 m
Ribnitzer See
Ortsteil Damgarten, Marlow, Stralsund
Damgartener Chaussee
Gotthold-Ephraim-Lessing-Str.
Heinrich-Heine-Straße
Gerhard-Hauptmann-Str.
Musikantenweg
Dr.-W.-Külz-Str.
M.-Andersen-Nexö-Str.
Mittelweg
Freudenberger Weg
Gartenweg
Fritz-Reuter-Str.
Scheunenweg
Perle am Bodden
Parkstr.
Bahnhofstr.
Sanitzer Str.
Ribnitz-Damgarten West
Nizzestr.
Ulmenallee
De Zees
Nördl. Rosengarten
Südl. Roseng.
Mauerstr.
Am See
Lange Str.
Hahnbittstr.
Rathaus
A. Klosterstr.
Grüne Str.
N. Klosterstr.
Stadtkulturhaus
Am Wasserturm
Klarissenkloster
Bei d. Klosterkirche
Bernsteinmuseum
Klosterwiese
Buttelstr.
Am Markt
St. Marien
Steinstr.
Galerie im Kloster
Fischerstr.
Gänsestr.
Klosterteich
Klosterbach
Mühlenstr.
Alter Friedhof
Hirtenstr.
Mühlenbach
Am Graben
Rostocker Tor
Rostocker Str.
Mühlenberg
Heinrich-Thomas-Str.
Klüßenberg
Bodden-Therme
Gänsewiese
Körkwitzer Weg
Graal-Müritz, Klockenhagen
Neuhöfer Str.
Straße des Friedens
Str. des Aufbaus
Hufenweg

Der Wochenmarkt findet am Bernsteinbrunnen statt, dahinter St. Marien

hen Bau sind nur noch Rundbogenfriese im westlichen Teil erhalten, die gotischen Umbauten stammen vorwiegend aus dem 14. Jahrhundert. Der wuchtige Westturm entstand erst nach dem Brand von 1455, seine Kuppel ist barock. Nach einem weiteren Großbrand gingen die Innenausstattung und die gotischen Gewölbe verloren. Die moderne Orgel mit 38 Registern ist ein Instrument von 1994. Dem Gotteshaus zu Füßen liegt der **Marktplatzbrunnen Bernsteinfischer mit Familie**. Das Werk des Rostocker Künstlers Thomas Jastram schmückt seit 2007 den Marktplatz.

Das **Rathaus** in Ribnitz ist ein imposantes, denkmalgeschütztes Gebäude von 1834. Der klassizistische Bau in warmem Schönbrunner Gelb steht zentral an der Ostseite des Marktplatzes und besitzt rechts neben dem Eingang eine bemerkenswerte **Gedenktafel**: »Am 1. Mai 1945 verhinderte hier die Bevölkerung unserer Stadt die Ermordung von 800 Frauen des KZ-Außenlagers Barth, die sich auf dem Todesmarsch befanden.« Damals, kurz vor Ende des Krieges, erreichten SS-Wachmannschaften auf ihrem Todesmarsch in Richtung Rostock mit 800 völlig erschöpften Frauen des Barther Außenlagers des KZ Ravensbrück den Marktplatz von Ribnitz. Die kranken Häftlinge hatte die SS bereits zuvor erschossen. Angesichts herannahender sowjetischer Truppen flohen die SS-Schergen und übergaben das Kommando an einen linientreuen Nazi-Offizier, der Mitglieder der bewaffneten Hitlerjugend zur Liquidierung der Frauen aufforderte. Die abscheuliche Hinrichtung wurde dank des mutigen Eingreifens von Ribnitzer Bürgern sowie einiger Wehrmachtsangehörigen aus einem nahen Lazarett verhindert.

Schöne Fachwerkhäuser und kleine ehemalige Fischergassen um den Marktplatz herum verleihen der Stadt ein gemütlich-kleinstädtisches Flair.

Wenige Gehminuten sind es vom Marktplatz bis zum Bodden und dem **Hafen**. Er wurde 1879 angelegt und besitzt heute eine kleine **Marina** für Sportsegler und Boote. Hier an der Ribnitzer Uferpromenade steht die sehenswerte **Bronzeplastik Der Zirkus kommt**, eine Arbeit von Jo Jastram und seiner Tochter Susanne

Das Rostocker Tor, Zeugnis der früheren Stadtbefestigung

Rast aus dem Jahr 2009. In der Saison starten regelmäßig Dampfer zu Boddenrundfahrten und nach Wustrow.

Von den ursprünglich fünf Ribnitzer Stadttoren aus dem Mittelalter blieb nur das **Rostocker Tor** aus dem 15. Jahrhundert erhalten, es steht trutzig an der B 105. Das Tor war ein beliebtes Motiv des deutsch-amerikanischen Malers Lyonel Feininger (1871–1956), der bei seinen wiederholten Besuchen in Ribnitz noch weitere interessante Motive für seine Handzeichnungen, Druckgrafiken und Ölmalereien sowie darüber hinaus auch seine spätere Frau Julia Berg fand.

In der **Galerie im Kloster** befindet sich ein **Feininger Kabinett** mit einigen Zeichnungen des Künstlers. Der **Feininger-Kunstpfad** führt vom Kloster in das Herz der Altstadt und ist mit zehn Wegpunkten markiert, an denen sich Frühwerke des Künstlers nachempfinden lassen.

Bernstein und Madonnen sind die Markenzeichen der Doppelstadt. Beides ist im südlich des Marktplatzes gelegenen Ribnitzer Kloster zu bewundern. Das ehemalige **Nonnenkloster der Klarissinnen** wurde 1323 vom mecklenburgischen Herzog Heinrich der Löwe gestiftet, nach der Reformation wandelte man es in ein adliges Damenstift um. In der kreuzrippengewölbten Klosterkirche sind die berühmten **Ribnitzer Madonnen** ausgestellt, kostbare Holzplastiken aus dem 14. Jahrhundert. Die aus Eichenholz gearbeitete Madonna auf der Mondsichel und die Löwenmadonna aus Lindenholz sind herausragende Beispiele spätmittelalterlicher Schnitzkunst. Kunstvoll skulpiert ist auch das Renaissancewandgrab von 1590 für die Äbtissin Ursula. Hochinteressant ist die **Ausstellung über die Klostergeschichte**: ›Dame von Welt, aber auch Nonne – vom Klarissenkloster zum adligen Damenstift‹.

Überhaupt ist das Kloster eine kleine Schatzkammer für sich. Das **Deutsche Bernsteinmuseum** informiert hier umfassend über das fossile Harz, für das die Stadt bekannt ist, über seine Entstehung vor rund 40 bis 50 Millionen Jahren und seine Weiterverarbeitung zu Schmuck. Das Museum besitzt mit seinen rund 1600 Exponaten eine der bedeutendsten und umfangreichsten Bernsteinausstellungen Europas. Zu den honigfarbenen Schätzen zählen wertvolle Bernsteinkunstwerke aus dem 16. und 17. Jahrhundert, ein Danziger Bernsteinaltar von 1680, eine jungsteinzeitliche Bernstein-Kultfigur, typisch Ribnitzer Fischlandschmuck und – als besondere Attraktionen – einzigartige Bernsteineinschlüsse, sogenannte Inklusen, wo sich neben zig Millionen Jahren alten Eintagsfliegen, Spinnen oder Termiten auch mal ein urzeitlicher Skorpion oder Gecko für die Ewigkeit eingeschlossen hat. Konservierte Augenblicke, viele Millionen Jahre alt.

Die Firma ›Ostseeschmuck‹ hat im Stadtteil Damgarten ein Produktionsgebäude als moderne gläserne **Schaumanufaktur** eröffnet. Hier können die Besucher hautnah zuschauen, wie Bernstein verarbeitet, also gesägt, geschliffen und poliert wird, und das ein oder andere Lieblingsstück auch käuflich erwerben.

Freilichtmuseum Klockenhagen

Im Jahr 1970 schlug die Geburtsstunde des Denkmalhofes von Klockenhagen sechs Kilometer westlich von Ribnitz-Damgarten. Damals bildete der wunderschöne Bauernhof von Heinrich Peters den Kern des danach allmählich wachsenden Museumsdorfes. Das denkmalgeschützte Gehöft, ein typisches rohrgedecktes Niederdeutsches Hallenhaus, stammt aus dem Jahr 1700. Seitdem sind 19 weitere Gebäude norddeutscher Baukunst hinzugekommen. Sie wurden an ihren

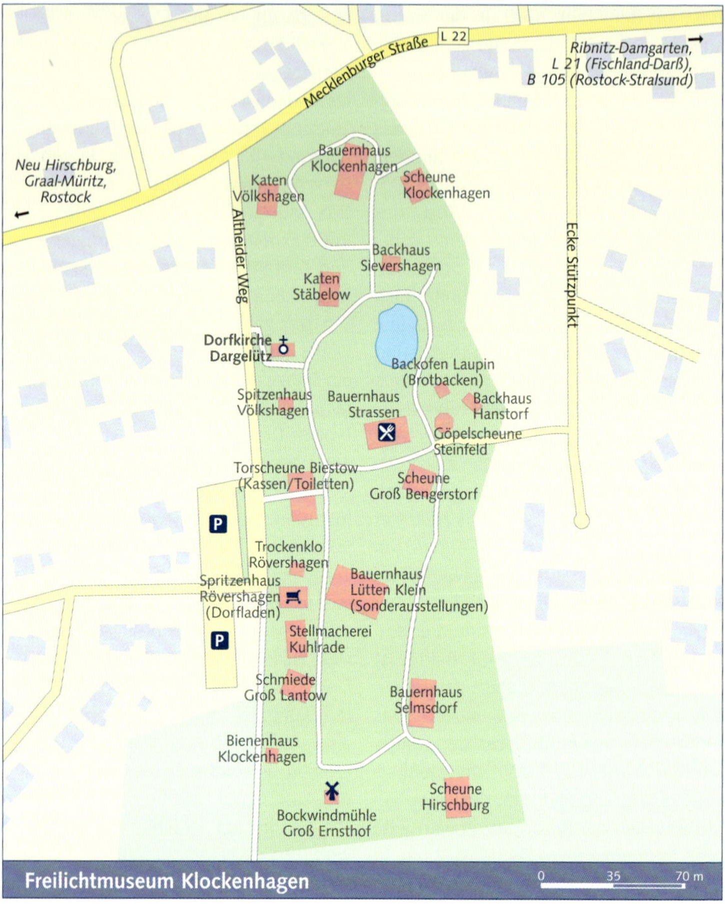

ursprünglichen Standorten abgetragen und in Klockenhagen detailgetreu wieder aufgebaut. Das einzigartige Ensemble historischer Gebäude aus nunmehr 18 verschiedenen Dörfern Mecklenburg-Vorpommerns versteht sich als Bewahrer von fast vier Jahrhunderten Kulturgeschichte. Hier scheint die Zeit stehen geblieben zu sein: Zu besuchen sind Scheunen, Spritzenhäuser und Bauernkaten, sogar eine **Schmiede**, eine **Bockwindmühle** und eine **Fachwerkkirche** sind dabei. Das Gotteshaus stand ab 1790 fast 200 Jahre in Dargelütz. Das älteste Gebäude des Dorfes ist eine 1642 erbaute Fachwerkscheune aus Lehm und Weidengeflecht. Schon 1671 errichtete man das **Bauernhaus Strassen** als Zwei-Ständer-Fachwerkbau, heute beherbergt es das Museumsrestaurant ›Up dei Däl‹ mit regionaltypischen Gerichten. Der Besucher erlebt im sechs Hektar großen Freilichtmuseum neben der charakteristischen Bauweise ländlicher Architektur auch attraktive Einblicke in das traditionelle Handwerk, in alte Sitten und Bräuche, in die dörfliche Tierhaltung früherer Zeiten. Alles wird auf sehr anschauliche Weise präsentiert. Besonders beliebt sind die vielen Mitmachangebote wie das Backen am Holzofen im historischen Backhaus Hanstorf oder das Hochradfahren, in der Schmiede darf selbst zum Hammer gegriffen werden; es gibt Kräuterführungen im Bauerngarten, eine Schauwerkstätte fürs Korbflechten und Weben, Kutschfahrten und Ponyreiten. Der Tante-Emma-Laden aus den 1920er Jahren wurde über drei Generationen von der Familie Witt in Neuendorf-Heide betrieben, bis 1984. Zum Verkauf stehen hier heute unter anderem schöne Keramik, Emailgeschirr, traditionelles Spielzeug, Sanddornprodukte. Ebenfalls in Klockenhagen befindet sich der **Eselhof I-AAH**, ein beliebtes und erlebnisreiches Ausflugsziel für Kinder. Auf dem Areal sind 39 Langohren zu Hause, hier kann man ausreiten oder eine Kutschfahrt unternehmen. Es gibt dort auch Alpakas und einen Streichelzoo.

Vogelpark Marlow

Rund 15 Kilometer südöstlich von Ribnitz-Damgarten liegt ein weiteres Highlight für einen erlebnisreichen Familienausflug, der Vogelpark Marlow mit 150 Vogelarten aus allen Erdteilen. Die Anlagen und Volieren sind sehr großzügig gestaltet und teilweise begehbar. Zu den ständigen Einwohnern des Parks gehören Humboldtpinguine, Meerespelikane, Flamingos, Papageien, Loris und Wellensittiche, Adler, Falken, Eulen, aber auch Kängurus, Alpakas und Totenkopfaffen. Besucher können hier übernachten, etwa in einem Baumbett oder in der Kea-Höhle.

Halbinsel Pütnitz

Das etwa 575 Hektar große Gelände bei Ribnitz-Damgarten erstreckt sich westlich des Dorfes Pütnitz bis zum Saaler Bodden. Die Halbinsel bietet nicht nur viel Natur, sondern auch jede Menge Geschichte. Über Jahrhunderte war die Halbinsel ausschließlich durch Wald, Wiesen und Äcker geprägt. Das änderte sich 1935, als dort Bauarbeiten für die Errichtung eines Fliegerhorstes zur Flugzeugführerausbildung begannen. Geschult wurde bis zur Schließung 1944 auf Land- und Wasserflugzeugen. Nach dem Krieg, von 1948 bis 1951,

Lorifütterung im Vogelpark Marlow

nutzte zunächst die Bodden-Werft Damgarten die erhaltenen Anlagen für den Bau von Fischkuttern. Danach übernahm die Rote Armee das Gelände und stationierte hier verschiedene Einheiten der 16. Luftarmee. Heute ist in drei denkmalgeschützten Hangars des ehemaligen Militärflughafens das **Technik-Museum Pütnitz** untergebracht. Hier stehen über 500 Fahrzeuge und Fluggeräte des ›Ostblocks‹. Neben mehreren Veranstaltungen des Technikvereins Pütnitz ist das Areal auch Standort des **Pangea Festivals**, des beliebten sommerlichen Kultur- und Musikevents. Nun soll in den nächsten Jahren der ehemalige Militärflughafen für Hunderte Millionen Euro durch den Tourismus-Giganten Center Parcs in einen riesigen Ferienpark verwandelt werden.

Ribnitz-Damgarten und Umgebung

PLZ: 18311 (Ribnitz-Damgarten), 18334 (Bad Sülze), 18337 (Marlow).
Vorwahl: 03821 (Ribnitz-Damgarten), 038229 (Bad Sülze), 038221 (Marlow).
Stadtinformation Ribnitz-Damgarten, Am Markt 14, Tel. 03821/2201. www.ribnitz-damgarten.de
Touristik-Information Bad Sülze, Saline 9, Bad Sülze, Tel. 038229/80680. www.stadtbadsuelze.de
Touristinformation der Vogelparkregion Recknitztal, Am Markt 1, 18337 Marlow, Tel. 038221/41012.

Perle am Bodden (€€), Fritz-Reuter-Str. 15, Tel. 03821/2148. Zentrale Lage an der Ribnitzer Lagune. www.perle-a-b.de
Landhotel Zum Honigdieb (€€), Bäderstr. 6a, OT Klockenhagen, Tel. 03821/706737. In einer Berufsimkerei. Nette Zimmer, ausgiebiges Frühstück. Schauimkerei, Hofladen, Kerzenscheune, Café. www.zum-honigdieb.de
Kranich Hotel (€€), Dorfplatz 2-5, 18317 Hessenburg, Tel. 038223/669900. Rund 10 km nordöstlich von Ribnitz-Damgarten. Zehn individuell gestaltete Appartements in einem Gutshaus aus dem 19. Jahrhundert. Auch Museum, Kunstinstallationen. Ein Ort der Entschleunigung und der Kontemplation. www.kranichhotel.de

Restaurant De Zees, Am See 1a, Tel. 03821/894830. Traditionsreiches Hafenlokal am Bodden, serviert wird vor allem Fisch, fangfrisch zubereitet. Außenterrasse. http://www.fischhafen.de
Ronnys Gaststätte Anglerheim, Schillstr. 29b, Tel. 03821/7076402; tgl. ab 12 Uhr. Urig-modernes Ambiente direkt am Damgartener Hafen. Ronnys hausgemachte Burger, Fisch- und Fleischgerichte. Im Sommer ist der Biergarten Kulttreff für Radler, Surfer und Angler. SUP-Verleih. www.ronnys-cc.de

Deutsches Bernsteinmuseum, Im Kloster 1–2, Tel. 03821/4622; April–Okt. tgl. 9.30–18 Uhr, Nov.–Feb. Di–So 9.30–17 Uhr. Auch: Rundgang durch die Klosteranlage, Ausstellung zur Klostergeschichte sowie Sonderausstellungen. Alle Ausstellungen sind barrierefrei. Museums-Café. www.deutsches-bernsteinmuseum.de
Galerie im Kloster, Im Kloster 9, Tel. 03821/4701; Nov.–Jan. Mi–Sa 11–17 Uhr, Feb.–Okt. Di–Sa 11–17 Uhr, Eintritt frei. Regelmäßig geführte Lyonel-Feininger-Rundgänge mit Voranmeldung. www.galerie-ribnitz.de
Alte Dampfbäckerei Damgarten, Barther Str. 52, Tel. 0176/63049556; Mi–Fr u. So 14–18 Uhr. Urgemütliches Museums-Café mit zahlreichen Bäckerutensilien von anno dazumal, frisch gebrühtem Kaffee und Leckerem aus dem alten Backofen. Wollladen im ehemaligen Verkaufsraum, Garten mit Teich, Hofbereich. Einfaches Radlerdomizil. www.alte-dampfbaeckerei.de
Freilichtmuseum Klockenhagen, Mecklenburger Str. 57, 18311 Klockenhagen, Tel. 03821/2775; Anf. April–Ende Okt.

▶ Karte S. 60

Di–So 10–17 Uhr, im Sommer 10–18 Uhr, Gaststätte 11–16 Uhr. Rundgang als Kinder- und als Erwachsenenversion auch mit der App Actionbound und QR-Code (Museumskasse) möglich. www.freilichtmuseum-klockenhagen.de

Eselhof I-AAH Klockenhagen, Am Tannenberg 7, Tel. 03821/390951. www.eselhof-klockenhagen.de

Vogelpark Marlow, Kölzower Chaussee, Marlow, Tel. 038221/265; Mitte März–Okt. tgl. 10–18 Uhr, Nov.–Mitte März tgl. 10–15 Uhr. www.vogelpark-marlow.de

Technik-Museum Pütnitz, Flugplatzallee, Tel. 0170/2235850; Juni–Aug. Di–So 10–16 Uhr, Mai u. Sept. Mi–So 10–16 Uhr, Okt. Sa/So 10–16 Uhr, Nov.–April geschlossen. www.technikmuseum-puetnitz.de

Pangea Festival Pütlitz, Mitte August. Musik-, Kultur- und Sportevent auf dem ehemaligen Militärflugplatz zwischen Bodden und Waldlichtung. Vier Tage Toben, Tanzen, Lachen, fernab vom Alltag.

Dahlienfest Bad Sülze, 2. Wochenende im Sept. Volksfest, der Star ist die Dahlie.

Hafenfest in Ribnitz-Damgarten, Mitte August. Maritimes Familien- und Sommerfest mit Drachenbootrennen, Buden und Bühne. www.ribnitz-damgarten.de

Bodden-Therme, Körkwitzer Weg 15, Tel. 03821/3909961. Sport- und Erlebnisbad: Sport- und Wellenbecken, Strömungskanal, 60 m lange Rutsche, Kinder- und Babybecken, Saunabereich. www.bodden-therme.de

Marlower Kanu- & Bootsverleih, Stralsunder Str. 38, Marlow, Tel. 0174/6789343; April–Okt. tgl. 9–19 Uhr. Paddeln auf der Recknitz: Vom Wanderrastplatz bei Marlow bis zur Recknitz-Mündung in den Saaler Bodden bei Ribnitz-Damgarten (23 km). Vorbei an naturbelassenen Ufern und umgeben von Bruchwald. www.kanuverleih-marlow.info

Boddenschifffahrt, Fahrten nach Wustrow und Boddenrundfahrten. www.boddenschifffahrt.de

Wochenmarkt Ribnitz-Damgarten, Am Markt; Do 8–14 Uhr. Grüner Markt mit regionalen Erzeugnissen und Bioprodukten.

Schaumanufaktur Ostsee-Schmuck, An der Mühle 30, Tel. 03821/88580; Mo–Fr 9.30–18, Sa 9.30–16 Uhr. Größte Auswahl an Bernsteinschmuck europaweit. Werksverkauf, auch Onlineshop. www.ostseeschmuck.de

Bernstein Galerie E, Neue Klosterstr. 8, Tel. 03821/815261; Mo–Fr 10–18, Sa 10–14 Uhr. Moderner Bernsteinschmuck regionaler Künstler, hauseigene Bernsteinschleiferei und Goldschmiede, Ausstellung zum Thema Fischlandschmuck. www.bernstein-galerie.de

Hofladen des Landhotels Zum Honigdieb, Bäderstr. 6a, OT Klockenhagen, Tel. 03821/706737. Produkte aus eigener Herstellung wie regionaler Honig, Fruchtaufstriche, Fruchtweine und -Liköre, Metwein, Kosmetik, Tee, Kräuter und Gewürze, Senfsorten, Sanddornprodukte, Schafskäse, Wildfleischerei. www.zum-honigdieb.de

Infozentrum Wald & Moor und Naturlehrpfad, Ribnitzer Landweg 3, Ribnitz-Damgarten/OT Neuheide, Tel. 38206/14444; April–Okt. tgl.10–17 Uhr. Der Naturlehrpfad ist ganzjährig begehbar, individuell oder im Rahmen einer geführten Wanderung. www.moorinfo.ribnitz-damgarten.de

Natur-Schatzkammer Neuheide, Ribnitzer Landweg 2, Ribnitz-Damgarten/OT Neuheide, Tel. 38206/79921; tgl. 9–18 Uhr. Im Museumsshop: Bernsteine, Edelsteine, Opale, Deko-Elemente, Schätze der Natur. www.naturschatzkammer.m-vp.de

Bernstein – das Gold des Baltischen Meeres

Tränenreich ist die Legende, die der römische Dichter Ovid (43 v. Chr.–18 n. Chr.) niederschrieb: Phaeton, der Sohn des Sonnengottes Helios, raubte einst den väterlichen Sonnenwagen. Er hatte jedoch weder eine Fahrerlaubnis noch genügend Erfahrung mit dem vierspännigen Gefährt. So endete die Spritztour im Fluss Eridanos. Unbarmherzig verwandelte daraufhin der Göttervater Zeus seine über den Diebstahl informierten Schwestern, die Heliaden, in Pappeln. Dicke Tränen flossen bald die Bäume hinab und versteinerten auf der Erde. So wurden die ›Tränen der Heliaden‹ zu funkelnden Bernsteinen. Zumindest ähnlich begab es sich tatsächlich: Vor 40 bis 45 Millionen Jahren war ganz Nordeuropa von riesigen Nadelwäldern bedeckt, von der ausgestorbenen Kiefernart Pinus succinifera. Diese Bäume produzierten reichlich Harz, das ins Wasser oder ins Erdreich floss. Dabei schloss die zähe Flüssigkeit alles ein, was ihr zu nahe kam: Insekten, Blätter, Moos, Samen, Mineralien, Wassertropfen. Solche Steine mit Einschlüssen (Inklusen) sind besonders hoch geschätzt. Die Umgestaltung des Baumharzes zum Stein war von komplizierten Prozessen begleitet, unter anderem von Oxydation, von Verdunstung und Fermentation (Gärung). Bei der Verbreitung des baltischen Bernsteins haben vor allem die eiszeitlichen Verschiebungen eine große Rolle gespielt. Der Name ›Bernstein‹ ist vom mittelhochdeutschen Börnsten abgeleitet und bedeutet ›brennbarer Stein‹. Echter Bernstein schwimmt in stark salzhaltiger Lösung. Er lädt sich zudem statisch auf, wenn man ihn an Wolle oder Seide reibt.

Die Schönheit dieser Steine sowie ihre einfache Bearbeitung veranlassten schon in der Jungsteinzeit (ca. 4000–1700 v. Chr.) Stämme am Baltischen Meer, aus dem schönen Stein Schmuckgegenstände und Talismane herzustellen. Nachweislich betrieben bereits zu Beginn der jüngeren Eisenzeit, also etwa 700 v. Chr., Völkerschaften der baltischen Pomorze-Kultur einen regen Handel mit den hoch zivilisierten europäischen Kulturen. Bei denen stand der Bernstein hoch im Kurs, er wurde gegen Schmuck und Grabbeilagen aus Italien und den griechischen Kolonien am Schwarzen Meer getauscht. Zu einem organisierten Bernsteinexport von der Ostseeküste ans Mittelmeer, bis nach Syrien und Ägypten, kam es ab den ersten nachchristlichen Jahrhunderten. Vier große Handelswege, die berühmten Bernsteinstraßen, führten dorthin und passierten zahlreiche Marktplätze in Schlesien, Böhmen und Mähren, in Österreich und auf dem Balkan. Sie führten nach Byzanz/Konstantinopel, dem heutigen Istanbul, und nach Bagdad, aber auch entlang der Oder und Neiße über mehrere Stationen nach Westen und bis nach Rom. Neben Schmuck diente das Ostseegold sogar als Arznei. Der römische Gelehrte Plinius d. Ä. (23-79) schwor auf Bernsteinamulette gegen Geistesstörung und Prostataweh. Entzündete man den Stein, befreite sein Qualm angeblich von Herzbeklemmung und Rheumatismus.

Im Barock, zu Beginn des 18. Jahrhunderts, erlebte die Bernsteinkunst eine neue Blütezeit. Man begnügte sich nun nicht mehr mit der Herstellung von Schmuckstücken, sondern stattete komplette Inneneinrichtungen mit Bernstein aus. Das berühmteste Beispiel dafür ist das legendäre Bernsteinzimmer, wohl das phantastischste Bernsteinkunstwerk überhaupt. Es wurde 1701 vom preußischen König Friedrich I. in Auftrag gegeben, 1713 erstrahlten schließlich die Wände des Kabinetts im Weißen Saal des Berliner Stadtschlosses im Glanz des Ostseegoldes. Aber schon 1717 schenkte es ausgerechnet sein Nachfolger, der sprichwörtlich geizige preußische ›Soldatenkönig‹ Friedrich Wilhelm I., dem russischen Zaren Peter I. für dessen Sommerresidenz in Zarskoje Selo, dem Katharinenpalast bei Sankt Petersburg. Im Zweiten Weltkrieg raubten deutsche Soldaten den kostbaren Schatz. ›Heim ins Reich‹ sollte auch er. Im April 1945 wurde er, in Kisten verpackt, zum letzten Mal im Königsberger Schloss gesehen. Dann verliert sich seine Spur. Eine meisterliche originalgetreue Nachbildung durch russische Bernsteinkünstler befindet sich seit 2003 wieder im Katharinenpalast.

An der südlichen und südöstlichen Ostseeküste liegt das Gelobte Land für alle, die nach den schönen Steinen suchen – ob als Strandläufer im Schneckentempo mit kleinen Stöcken in Tang und Muscheln stochernd, ob mit Keschern in den Fluten watend oder ganz unromantisch mit schweren Baggern, die im Tagebau die Erde umwühlen. So geschieht es im Gebiet des russisch-samländischen Jantarny, dem ehemaligen Palmnicken, wo riesige Bernsteingruben liegen. Die besten Bedingungen fürs privat-beschauliche Bernsteinsammeln sollen übrigens dann gegeben sein, wenn ein Sturm, der nach Norden blies, plötzlich nach Süden dreht.

Bernsteinvariationen an einem mobilen Verkaufsstand

Graal-Müritz

Auch Graal-Müritz ist eine Doppelstadt, im Gegensatz zu Ribnitz-Damgarten aber eine rein mecklenburgische. Die Kleinstadt erstreckt sich mit ihren beiden Ortsteilen über eine Länge von vier Kilometern entlang der Ostseeküste. Sie hat rund 4000 Einwohner und besitzt kaum bauliche Glanzpunkte und Sehenswürdigkeiten. Der einflussreiche Berliner Schriftsteller und Theaterkritiker Alfred Kerr bemerkte 1914 trotzdem kurz und bündig über die eher unscheinbare Ortschaft: »Scheint mir das schönste Ostseefleckchen - hier will ich bleiben.«

Graal-Müritz ist Ostseeheilbad und Seebad, seine wichtigsten Trümpfe sind eindeutig die natürlichen Gegebenheiten: Meer und Strand, Wald und Moor. Das Gemisch aus See- und Waldluft erzeugt das einzigartige natürliche und lungenfreundliche Heilklima des traditionsreichen Kurortes. Sicherlich war das auch ein Grund, warum so auffallend viele Literaten und Maler das kleine Seebad bevorzugten und sich hier gern einquartierten. Zu ihnen zählten Erich Kästner und Lyonel Feininger. Der bekannteste Feriengast war wohl der tuberkulosekranke Dichter Franz Kafka, der sich im Sommer 1923 im Kurort aufhielt und sich dabei in die junge Kindergärtnerin Dora Diamant verliebte. Die Liaison war nur von kurzer Dauer, schon ein Jahr später starb Kafka. In dieser Zeit, in den 1920er Jahren, entstanden zahlreiche Erholungsheime, Sanatorien und Kurkliniken, vor allem im weitaus größeren Graal. Eini-

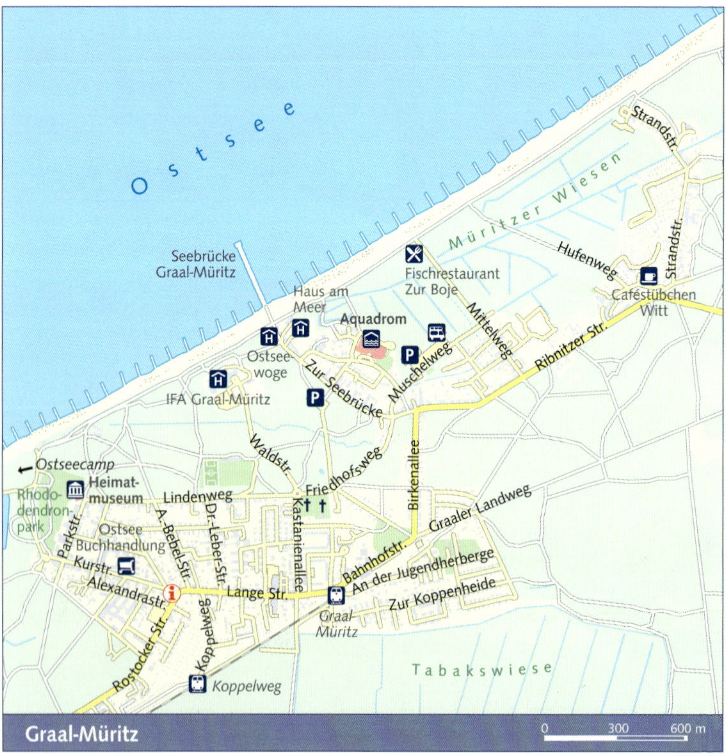

ge Strandvillen in typisch norddeutscher Bäderarchitektur des ausgehenden 19. Jahrhunderts erinnern noch an die Anfänge des Bädertourismus. Auch ein paar hübsche historische Fischerkaten aus der Zeit, als das Meer für die Einheimischen noch ausschließlich als Erwerbsquelle durch Fischfang diente, blieben erhalten. Der offizielle Zusammenschluss der beiden Ortschaften Graal und Müritz erfolgte erst 1938. Die Entwicklung beider Orte zum Seebad und Kurort begann aber letztlich schon im frühen 19. Jahrhundert, im Jahr 1819 trafen die ersten Badegäste ein. Einen erheblichen Aufschwung nahm der Bade- und Kurbetrieb 1877, als Carl von Mettenheimer, der damalige Leibarzt des mecklenburgischen Großherzogs, die gesundheitlichen Vorzüge des Bioklimas mit Wald, Ostsee und Moor an diesem Küstenabschnitt werbewirksam betonte. Ein Kinderhospital eröffnete bereits 1884, im Jahr 1900 zählte man schon über 1000 Bade- und Kurgäste. Die vielfältigen Therapieangebote gegen Atemwegserkrankungen und Allergien reichen heute von Thalassotherapien, Inhalationen von Meerwasser und Trinkkuren bis hin zu Moor- und Strandwanderungen. Der **Nordic Walking Park** weist vier Strecken mit drei Startpunkten aus, die miteinander kombiniert werden können. Zusammen sind sie etwa 20 Kilometer lang.

Neben den Reha-Kliniken gibt es auch das beliebte Erlebnis- und Erholungsbad **Aquadrom** (→ S. 73), eine moderne Wellnessoase mit Kur- und Gesundheitsangeboten. Beliebt sind die einstündigen und informativem Rundfahrten mit der **Tuki-Bahn**, die von April bis Oktober durch das Ostseeheilbad tuckert.

Zu den Hauptattraktionen von Graal-Müritz gehört der denkmalgeschützte **Rhododendronpark** im Westen des Kurorts. Er wurde zwischen 1955 und

Im weitläufigen Rhododendronpark

1961 angelegt und zählt mit seinen 4,5 Hektar zu den größten Parks seiner Art in Europa. Er besitzt rund 2500 bis zu sechs Meter hohe Stauden, die während der Blütezeit im Mai/Juni in vielen verschiedenen Farben erstrahlen und einen bezaubernden Duft verströmen. Das Rhododendron-Parkfest findet jährlich im Mai statt, der Konzertpavillon im Park ist Schauplatz von Musik- und Kulturveranstaltungen.

Vom Park aus verläuft die windgeschützte **Promenade** in östliche Richtung, durch den Küstenwald vom fünf Kilometer langen **Strand** des Seebads getrennt. Der ist äußerst feinsandig und breit, flach am Ufer und damit ideal für Familien mit Kindern. Es gibt auch FKK-Bereiche. Die heutige 350 Meter lange **Seebrücke** wurde 1993 erbaut. Freizeitdampfer starten am Brückenkopf von April bis Oktober zu Fahrten Richtung Fischland/Darß und nach Warnemünde.

Die Umgebung

Viel zauberhafte Natur ist um die Stadt herum: Nordöstlich von Graal-Müritz liegt das **Naturschutzgebiet Ribnitzer**

Großes Moor. Es ist 274 Hektar groß, das Infozentrum ›Wald & Moor‹ gibt interessante Erläuterungen zur Entstehung und Entwicklung des Moores, ein Naturlehrpfad führt durch das ökologisch intakte Feuchtgebiet. Zahlreiche vom Aussterben bedrohte Pflanzenarten gedeihen hier, darunter der Sumpfporst, der Königsfarn und der fleischfressende Sonnentau. Das Schutzgebiet ist auch vom Seebad Dierhagen und von Ribnitz-Damgarten aus einfach zu erreichen.

Die **Rostocker Heide** erstreckt sich mit herrlichen Reit-, Wander- und Radwegen südöstlich des Seeheilbads. Sie ist mit ihrer Gesamtfläche von 6000 Hektar der größte geschlossene Küstenwald in Deutschland. Ein 26 Kilometer langer **Radrundweg** erschließt das Gebiet ab Graal-Müritz über Klockenhagen.

Am Südrand der Heide liegt der **Forst- und Köhlerhof Wiethagen**. Er informiert über alte Waldberufe und besitzt als ungewöhnliches Schauobjekt zwei Teeröfen, mit denen man auch Terpentin herstellen kann. Der Köhlershop verkauft unter anderem Holzkohle, für Kinder wurde ein Märchengarten gestaltet. Eingebettet in das Waldgebiet der Rostocker Heide und acht Kilometer von Graal-Müritz entfernt steht das **Jagdschloss Gelbensande**. Das 1887 im englischen Landhausstil vollendete Schloss diente der Schweriner Herzogsfamilie als Sommerresidenz. Es besitzt sichtlich auch einige Elemente russischer Architektur wie etwa die hölzerne Überdachung des Haupteingangs. Denn Großherzogin Anastasias Vater, der Großfürst Michail Nikolajewitsch Romanow, spendete so manchen Rubel für die Finanzierung des Schlosses. Heute beherbergt das restaurierte Jagdschloss, dem später das berühmte Potsdamer Schloss Cecilienhof nachempfunden wurde, ein **Museum** mit originalgetreu eingerichteten Räumen.

Graal-Müritz und Umgebung

PLZ: 18181; **Vorwahl**: 038206

Tourist-Information Haus des Gastes, Rostocker Str. 3, Ostseeheilbad Graal-Müritz, Tel. 038206/7030. www.graal-mueritz.de

IFA-Graal-Müritz Hotel (€€€), Waldstr. 1, Tel. 038206/730. Vier-Sterne-Superior-Hotel mit 150 Zimmern direkt am Strand. Schwimmbad, Wellness- und Fitnessbereich, Restaurant. www.ifa-graal-mueritz-hotel.com

Haus am Meer (€€), Zur Seebrücke 36, Tel. 038206/7390. Familiäres Drei-Sterne-Superior-Hotel am Strand. Restaurant ›Buhne 36‹: Anspruchsvolle mecklenburgische Küche mit frischem Fisch und regionalen Spezialitäten, seit 2022 unter der Leitung des Sternekochs Pierre Nippkow. www.ham-ostsee.de

Hotel Ostseewoge (€€), An der Seebrücke 35, Tel. 038206/710. Am Seebrückenvorplatz, strandnah, alle 40 stilvollen Zimmer mit Ostseeblick. Strandrestaurant ›Achterdeck‹. Fahrräder. www.ostseewoge.com

Ostseecamp Ferienpark Rostocker Heide, Wiedortschneise 1, Tel. 038206/77580. Direkt am Meer, familienfreundliche Anlage, auch Bungalows. Surf- und Segelschule. www.ostseecamp-ferienpark.de

Fischrestaurant Zur Boje, Mittelweg 3, Tel. 038206/14926. Super Lage direkt hinter den Dünen. Frische Fischgerichte. Außenterrasse. www.zurboje.de

Caféstübchen Witt, Am Tannenhof 2, Tel. 038206/77221. Traditionsreiches Café nahe der Rostocker Heide. Hausgebackene Torten, schöne Gartenterrasse. Restaurant mit guten Fisch- und Fleischgerichten. Auch Pension. www.cafestuebchen-witt.de

▸ Karte S. 70/vordere Umschlagklappe

Heimatmuseum, Parkstr. 21, Tel. 038206/74556. Das Themenspektrum der Ausstellung: ›Vom Fischerdorf zum Seeheilbad‹ ist vielfältig, besondere Aufmerksamkeit wird dabei dem ›Künstlerdomizil‹ Graal-Müritz geschenkt. Dem Museum ist eine Galerie des einheimischen Malers Joachim Weyrich angeschlossen.

Forst- und Köhlerhof Wiethagen, Tel. 038202/2035; April–Mitte Dez. Der historische und noch funktionstüchtige Teerschwelofen von 1837 ist ein beliebtes Ausflugsziel für Familien. www.koehlerhof-wiethagen.de

Jagdschloss Gelbensande, Am Schloss 1, Gelbensande, Tel. 038201/475. www.jagdschloss-gelbensande.de

Rhododendron-Parkfest, Ende Mai. Kulturelle Veranstaltungen inmitten des Blütenmeers der 2500 Rhododendren.

Seebrückenfest mit Feuerwerk, Juli. Live-Musik, Tanz und Unterhaltung.

Fest der Moorgeister, September. Der gute Moorgeist Murmann, Hexen und Nymphen halten Einzug in das Ostseeheilbad. Gruselwanderung durchs angrenzende Hochmoor. Festumzug, Moorparty mit Live-Musik, Gruselpartys.

Feiner, fünf Kilometer langer Sandstrand, bis zu 40 Meter breit, Standkörbe, Flachwasserbereich. FKK möglich.

Aquadrom, Buchkampenweg 9, Tel. 038206/87900; tgl. 9.30–21.30 Uhr. Meerwasser-Schwimmbad Indoor und Outdoor, , Sport-, Gesundheits- und Wellnesszen-trum mit großer Saunalandschaft. http://www.aquadrom.net

Ausflugsfahrten mit der ›MS Baltica‹ nach Warnemünde mit 3 Std. Landgang, zweistündige Rundfahrten auf der Ostsee in Richtung Fischland/Darß. www.msbaltica.de

Ostsee Buchhandlung, Kurstr. 22, Tel. 038206/79918. Gut sortierte Buchhandlung, auch regionale Geschenkartikel.

Kleinod abseits ausgetretener Pfade: Jagdschloss Gelbensande

Vineta – das Atlantis des Nordens

An der Odermündung lag Legenden und Quellen zufolge einst eine superreiche Riesenstadt. Adam von Bremen, deutscher Geschichtsschreiber und Geograph, schildert im späten 11. Jahrhundert das Leben in der sagenumwobenen, märchenhaften Stadt Vineta, die er Jumne nennt: »Jumne wird von Slawen, aber auch von anderen Völkern, so von Griechen und Barbaren bewohnt. Auch Sachsen erhalten dort das Recht zur Niederlassung. Es gibt dort einen Leuchtturm, den die Einwohner griechisches Feuer oder die Lampe Vulkans nennen.« Der Reichtum der Stadt soll angeblich so groß gewesen sein, dass die Kinder beim Murmeln auf der Straße mit Gold- und Silbertalern spielten, die Mädchen auf goldenen Spindeln sponnen, die Einwohner mit goldenem Besteck aßen und selbst die Schweine aus goldenen Trögen fraßen. »Die Stadt ist wirklich die größte von allen Städten, die Europa birgt. Sie ist angefüllt mit Waren aller Völker des Nordens: nichts Begehrenswertes oder Seltenes fehlt.« Den Untergang der Stadt schob man in späteren Jahrhunderten der maßlosen Eitelkeit ihrer Bewohner zu, die Gott schließlich mit einer verheerenden Sturmflut bestrafte. Die einst bewunderte pommersche Metropole versank daraufhin mit all ihrem Reichtum, mit Mann und Maus im Meer.

Mit der Erfindung des Buchdrucks im 16. Jahrhundert, als die Schriften von Adam von Bremen einer größeren Leserschaft zugänglich wurden, erfolgte ein

Vineta, modern interpretiert

wahrer Fantasy-Boom um Vineta. Nun entdeckte man die zerborstene goldene Stadt auf dem Grund des Meeres, hörte die Glocken aus der Tiefe herauf läuten und erkannte die Gassen und Giebel der Wunderstadt bei klarem, ruhigem Wasser direkt vor der Insel Usedom, zwischen Zinnowitz und Koserow, am Vineta-Riff. Doch im 18. Jahrhundert entpuppten sich die angeblichen Stadtsteine des Riffs als ordinäre, eiszeitliche Findlinge aus Skandinavien, die man danach etwa zum Molenbau in Swinemünde bestens nutzen konnte. Doch das Vineta-Fieber ebbte keineswegs ab. Das baltische Atlantis lieferte reichlich Stoff für Opern, Erzählungen, Gedichte, Märchen, Lieder und Vergleiche. Johann Gottfried Herder nannte Vineta ›das slawische Amsterdam‹, Gerhart Hauptmann verpflanzte die pommersche Legende auf seinen Sommersitz auf Hiddensee, und Heinrich Heine reimte in seinem Gedicht ›Seegespenst‹ wenig respektvoll über die Marotte des deutschen Tief-Sinns. Und die schwedische Literaturnobelpreisträgerin Selma Lagerlöf lässt in ihrer bezaubernden Erzählung ›Nils Holgerssons wunderbare Reise mit den Wildgänsen‹ (1906) den kleinen Nils auf dem Rücken des Gänserichs Martin nach Pommern fliegen, um dort die verwunschene Stadt Vineta von ihrem Fluch zu erlösen, nur alle 100 Jahre für eine Stunde auftauchen zu dürfen. Doch gab es die mittelalterliche Traumstadt an der Odermündung wirklich?

Nach der Reichsgründung 1871 meldete sich neben der Kunst auch die Wissenschaft zu Wort – und nahm ganz praktisch den Spaten zur Hand. Erste archäologische Grabungen führte in der zweiten Hälfte des 19. Jahrhunderts der in Pommern geborene Pathologe, Archäologe und Politiker Rudolf Virchow (1821–1902) durch. Er fand bei Wollin, am östlichen Mündungsarm der Oder, Überreste von Friedhöfen mit reichlich Grabbeigaben, Utensilien einer wendisch-slawischen Siedlung. Polnische Archäologen begannen in den 1950er Jahren mit Ausgrabungen und untersuchten in der seit 1945 polnischen Stadt Wollin systematisch die Spuren der Vergangenheit. Władisław Filipowiak, damals Direktor des Nationalmuseums in Szczecin (Stettin), entdeckte auf der Sandbank der Dziwna (Dievenow) bei Wollin die Überreste einer slawischen Siedlung mit 50 000 Fundstücken. Darunter befanden sich Reste von Schmuckgegenständen aus dem Baltikum und der Ukraine, Glasperlen aus arabischen Ländern, wertvolle Stoffe aus Ostasien und Bronzekessel aus dem Rheinland. Aber auch vier Häfen, drei Vorstädte und mehrere Gewerbegebiete konnten lokalisiert werden. Die frühesten Hafenkonstruktionen stammen aus dem 8. Jahrhundert. Unter dem heutigen Marktplatz identifizierte man schließlich 15 übereinander gelagerte Schichten, die unteren zwölf weisen auf eine mittelalterliche Großstadt mit um die 10 000 Einwohner hin. 1974 fand man eine Statuette, die die altslawische Hauptgottheit Svantevit darstellt, den Gott mit den vier Gesichtern. Das Alter der nur 92 Millimeter großen Statue wird auf 1100 Jahre geschätzt. Vineta, die sagenhafte Stadt am Baltischen Meer, bekam ein Gesicht mit realen Konturen.

Die meisten Archäologen und Historiker sind sich heute einig, dass das reiche Vineta auf der Insel Wollin lag. Spätestens im 12. Jahrhundert sank der Stern der frühen Handelsmetropole. Eine mögliche Ursache war das Versanden der Dievenow, wodurch die Verbindung Vinetas zum Meer verlorenging. Vielleicht ist die ruhmreiche Hafenstadt aber auch, so mutmaßt man heute, in der Zeit um 1160 endgültig durch einen schweren Überfall der Dänen untergegangen.

Vinetastadt Barth

Die beschauliche Kleinstadt Barth mit knapp 9000 Einwohnern liegt am südlichen Ufer des Barther Boddens und östlich des Flusses Barthe. Sie ist das östliche Tor zur Halbinselkette Fischland-Darß-Zingst und vor allem zu den touristischen Badeorten des Darß und Zingst. Aber auch Barth selbst ist ein hochinteressantes Städtchen mit einer bedeutenden Geschichte und seit 2015 ein staatlich anerkannter Erholungsort. Ein Feuchtgebiet mit kleineren Seen prägt die leicht hügelige östliche und die nördliche Umgebung der Halbinsel zwischen Barther Bodden und Barther Strom. Es wird Kuhwiese genannt. Westlich des Stadtgebiets erstreckt sich ein größeres schönes Waldgebiet, das Barther Stadtholz.

Die deutsche Marktsiedlung entstand im frühen 13. Jahrhundert im Zuge der deutschen Ostkolonisation auf einem Moränenhügel, ihr Stadtname ist der westslawischen Sprache entlehnt und bedeutet ›kleine Erhebung‹. Zwei slawische Burganlagen in unmittelbarer Nähe wurden auf Betreiben der Barther Neubürger damals abgebrochen. Die deutsche Ostbesiedelung zwischen 1200 und 1400 führte meist zur Assimilierung der ansässigen slawischen Bevölkerung, neue Siedlungs- und Rechtsstrukturen entstanden. Die Kolonistendörfer wurden sämtlich nach deutschem Recht angelegt.

Die Verleihung des Lübischen Stadtrechts in Barth erfolgte 1255. Zur gleichen Zeit begann man wie in allen größeren Neusiedlungen östlich der Elbe mit dem Bau eines Gotteshauses im Zentrum der Ortschaft. Aus rotem Backstein, spätgotisch im Baustil, in der Regel mit hohem Glockenturm als Landmarke oder wie hier am Bodden auch als Seezeichen. Die mittelalterlichen Kirchen aus der Kolonistenzeit sind bis heute charakteristisch für viele Städte und Dörfer – und lugen oft weit über sie hinaus. Das gilt auch für Barth. Die mittelalterliche Hochzeit des Boddenstädtchens begann um 1315, als der letzte Rügenfürst des Ranengeschlechts Wizlaw III. in Barth ein Schloss errichten ließ. Barth wurde Residenzstadt, zunächst noch einige Jahre für das Rügensche Fürstenhaus, dann bis 1603 für die pommerschen Herzöge. Mit dem kurz darauf folgenden Dreißigjährigen Krieg und der schwedischen Herrschaft endete die Blütezeit Barths. An der Stelle des verfallenen Schlosses entstand 1733 das barocke Adlige Fräuleinstift. Einen neuen wirtschaftlichen Aufschwung nahm die Stadt im späten 18. und 19. Jahrhundert durch den Schiffbau und die Segelschifffahrt. In der Mitte des 19. Jahrhunderts waren in Barth 67 Handelsschiffe beheimatet, Werften prosperierten, ebenso die Fischerei; Barth war zweitgrößter Segelschiffhafen Preußens. Doch noch vor dem Ersten Weltkrieg war auch diese Boomzeit zu Ende. Zu DDR-Zeiten waren größere Industriebetriebe ansässig, darunter der VEB Landmaschinenbau, eine Fischfabrik, eine Brauerei sowie eine Bootswerft. Die marktwirtschaftliche Abwicklung der Unternehmen nach der Wende in den 1990er Jahren führte wie andernorts in Ostdeutschland zu hoher Arbeitslosigkeit und zur Abwanderung vieler Einwohner. Da kam in dieser wirtschaftlich schwierigen Zeit die von vielen Wissenschaftlern eher als verwegen geltende These eines Berliner Frühgeschichtlers und eines Berliner Publizisten gerade recht, die sagenumwobene Handelsstadt Vineta draußen im Schlamm des Barther Boddens zu lokalisieren. Mit dem Mythos Vineta, jener vor rund 900 Jahren vom Meer verschlungenen Stadt ›an der Odermündung ins Skythenmeer‹ (Adam von Bremen, 1070), profitierten schließlich schon die Usedom-Seebäder

▸ Karte S. 77

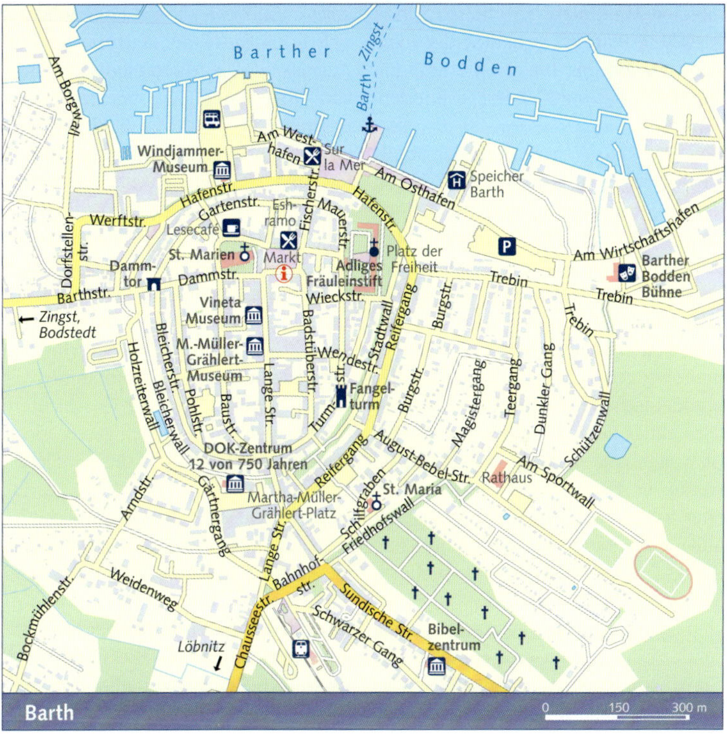

Zinnowitz und Koserow sowie Wollin auf der gleichnamigen polnischen Insel. In Barth begann 1997 eine weit über die Landesgrenze hinaus wirkende Vermarktungskampagne. So deklarierte man Barth 1998 kurzerhand offiziell zur ›Vinetastadt‹ und ließ sich den wohlklingenden Beinamen als Marke schützen. Obendrein gründete man in den Räumen eines ehemaligen Kaufmannshauses aus dem 18. Jahrhundert ein Vineta-Museum, und seit 2000 finden auf der Barther-Bodden-Bühne die alljährlichen Vineta-Festspiele statt (→ Extra S. 74).

Altstadt und Hafen

Nach der Wende wurde der historische Stadtkern mit seinem kreisförmigen Grundriss gründlich saniert, darunter mehrere historische Bürgerhäuser aus dem 18. und 19. Jahrhundert. Von der mittelalterlichen Befestigungsanlage sind noch Wälle, der **Fangelturm** aus dem 16. Jahrhundert sowie der quadratische Backsteinbau des **Dammtors** aus dem 15. Jahrhundert am Westrand der Altstadt erhalten. Dieses Stadttor ist 35 Meter hoch, die Durchfahrt 4 Meter breit, der Einstieg befindet sich in 7 Metern Höhe. Hier traf das Tor einst auf die Stadtmauer. Hoch oben ist das Dammtor mit Trauf-Erkern geschmückt, die einst als Pechnasen dienten. Heute bilden sie für eine geschützte Dohlenkolonie die Zugänge zu deren Nistplätzen.

Passiert man den historischen Stadtzugang, befindet man sich schnell im Zentrum der Altstadt, auf dem verkehrsberuhigten **Marktplatz**. Der hübsche, neu gestaltete Platz ist sicherlich der ideale Ausgangspunkt für einen Stadtbummel durch das mittelalterliche Boddenstädtchen.

Hier ragt das Wahrzeichen der Stadt, die weithin sichtbare **Marienkirche**, in die Höhe. Stattliche 80,7 Meter hoch ist ihr markanter Turm. Mit dem Bau der Stadtkirche wurde etwa um 1250 begonnen, aus dieser Zeit stammt der Chor mit Kreuzrippengewölben. Erst 200 Jahre später waren die Arbeiten an der dreischiffigen Hallenkirche im Stil der norddeutschen Backsteingotik beendet. Die heutige Gestaltung des Innenraums ist weitgehend neugotisch geprägt, sie wurde von 1857 bis 1863 von dem Berliner Schinkelschüler Friedrich August Stüler auf Veranlassung des preußischen Königs Friedrich Wilhelm IV. ausgeführt. St. Marien bekam einen Altar mit Baldachin und die Bilder im Altarraum zeigen seitdem die Geburt und Himmelfahrt Christi sowie die zwölf Apostel – alles Werke des Malers Carl Gottfried Pfannschmidt (1819–1887), Barths Michelangelo. Im südlichen Seitenschiff befinden sich noch Reste der mittelalterlichen Ausmalung. Die frühromantische Orgel von 1821 stammt von der berühmten Berliner Orgelbaufirma Buchholz und besitzt mit ihren 42 originalen Registern und 2939 Pfeifen eine besondere Klangschönheit, zu genießen bei den regelmäßig stattfindenden Orgelkonzerten. Das älteste Ausstattungsstück des Gotteshauses ist das Taufbecken unter der Kanzel. Das achteckige Becken aus dem 14. Jahrhundert ist das einzig erhaltene bronzene Taufbecken in Vorpommern. Es ist mit Motiven biblischer Geschichten, mit Aposteln und Heiligen geschmückt. Die Kirchenbibliothek in der nördlichen Turmseitenhalle umfasst 4000 Bände, ist aber nicht öffentlich zugänglich. Zugänglich über 180 Stufen dagegen ist die **Aussichtsplattform** des Turmes in 55 Metern Höhe. Fantastisch ist von dort oben der Panoramablick über die Stadt und den Hafen, den Barther Bodden und die Halbinsel Fischland-Darß-Zingst. Den Schlüssel für den Aufstieg bekommt man gegenüber der Kirche, im **Lesecafé St.**

Der Marktplatz mit der markanten Marienkirche

▶ Karte S. 77

Marien. Das interessante und gemütliche Café ist ideal für eine Kaffee- oder Lesepause, hier gibt es auch nützliche Informationen und natürlich Bücher.

Von dort ist es nur ein Katzensprung zum **Vineta-Museum**. Es wurde 1997 in einem schmucken zweigeschossigen Kaufmannshaus aus dem 18. Jahrhundert eröffnet. Die zentrale Dauerausstellung zeigt eine stadtgeschichtliche Sammlung mit hochwertigen Exponaten zu Seefahrt und Fischerei, mit Dokumenten, Plänen und Urkunden seit der Stadtgründung. Eine kleine Abteilung ist dem Barther Künstler Louis Douzette (1834–1924) gewidmet. Berühmt wurde der Maler mit seinen spätromantischen Stimmungsbildern von mondbeleuchteten Nachtlandschaften. Das brachte ihm den Namen ›Mondschein-Douzette‹ ein. Er war der Künstlergruppe in Ahrenshoop verbunden. Eine eigenständige Abteilung informiert über den Mythos Vineta, in Quellen und Literatur zur versunkenen Stadt, in wissenschaftlichen und pseudowissenschaftlichen Abhandlungen. Interessant ist die Ausstellung ›Under Water‹ im Kellergewölbe des Hauses. Hier wird Leben und Werk des in Barth gestorbenen Erfinders, Kapitäns und Reeders Peter Kreeft (1739–1811) gewürdigt.

In unmittelbarer Nachbarschaft, im ehemaligen Druckhaus des ›Barther Tageblatts‹, befindet sich ein weiteres Museum, das kleine **Martha-Müller-Grählert-Museum**. Die vorpommersche Dichterin des berühmten Ostseewellenliedes wurde in Barth 1876 geboren. Sie starb 1939 und ist in Zingst begraben.

Wo die Ostseewellen trecken an den Strand,
wo de geele Ginster bleuht in´n Dünensand,
wo de Möven schriegen grell in´t Sturmgebrus,
dor is mine Heimat, dor bün ick tau Hus.

Hübscher Barock: das Adlige-Fräulein-Stift

(Das ›Ostseewellenlied‹ wurde später auf die Nordsee übertragen und auch zum ›Nordseewellenlied‹).

Das **Adlige-Fräulein-Stift** am Ostrand der Altstadt erreicht man vom Marktplatz aus über die Klosterstraße. Es ging aus der Schlossresidenz des letzten Rügenfürsten und der ihnen folgenden Pommernherzöge hervor und wurde von der schwedischen Königin Ulrike Eleonore gegründet. Der barocke Gebäudekomplex entstand zwischen 1733 und 1741, die dreiflügelige Anlage besteht aus einstöckigen Gebäuden mit Mansardendach und einem zweigeschossigen Mittelbau. Auch wenn die zeitgenössische Bezeichnung ›Adliges Jungfrauenkloster‹ war, handelte es sich jedoch nicht um ein Kloster, sondern um eine Einrichtung zur Versorgung unverheirateter Töchter aus vorwiegend pommerschen Adelsfamilien. Die herrschaftlichen Damen konnten das Stift jederzeit verlassen.

Heute dient das hellgelbe Stift mit dem schwedischen Königswappen am rundbogigen Zugangsportal von 1741 als Seniorenheim.

Nur wenige Schritte vom Stift entfernt, am Südufer des Barther Boddens, liegt der eindrucksvolle und touristisch attraktive **Stadthafen**. Er wurde seit der Wende ausgebaut und ist heute der größte Hafen der Boddengewässer an der Halbinselkette Fischland-Darß-Zingst. Die moderne Marina bietet rund 100 Liegeplätze für Jachten und Sportboote. Die Hafenpromenade hat sich inzwischen zu einer bunten maritimen Flaniermeile mit Cafés, Restaurants und netten Geschäften entwickelt, einige mächtige Getreidespeicher erinnern noch an ehemalige Hochzeiten des Barther Hafens. Aus einem dieser Gebäude ist nach sehenswertem Umbau das Hotel ›Speicher Barth‹ mit reizvollem Boddenblick hervorgegangen. Ein modernes Ambiente besitzt auch der Glaspavillon mit Sitz des Hafenmeisters und des **Touristenbüros**. Vom Stadthafen verkehren während der Saison regelmäßig Fahrgastschiffe nach Zingst und Hiddensee. Am Hafen, im ehemaligen Kulturhaus der Zuckerfabrik, befindet sich außerdem eine Spielstätte der Vorpommerschen Landesbühne, das **Theater Barther-Bodden-Bühne**, das während des Theater-Sommer-Spektakels unter anderem mit den phantasievoll inszenierten ›Vineta-Sagen‹ die Zuschauer verzaubert (→ S. 74).

Außerhalb des Zentrums

Das **Bibelzentrum Barth** – vormals Niederdeutsches Bibelzentrum St. Jürgen – liegt etwa 800 Meter südlich der Altstadt. Es befindet sich an der Stelle vor den Toren der Stadt, an der ab dem 13. Jahrhundert ein Hospital für Leprakranke eingerichtet und 1390 die gotische Kapelle St. Jürgen gebaut wurde. Von der ist nur noch der Chorbereich erhalten. Die Einweihung des neuen Bibelzen-trums mit Museum und Bildungsstätte fand 2001 statt. Ein besonderer Hingucker ist der **Barther Bibelgarten** mit 150 Pflanzen, darunter welchen mit so passenden Namen wie Gottesauge, Judassilberling und Jakobsleiter.

Das Herzstück der Ausstellung des Zentrums ist zweifellos die berühmte **Barther Bibel**, eine Dauerleihgabe der Barther Kirchenbibliothek St. Marien. Die sehr aufwendig und prächtig gestaltete Bibel mit 99 handkolorierten Holzschnitten wurde 1588 von dem in Barth residierenden pommerschen Herzog Bogislaw XIII. in Auftrag gegeben. Sie erschien in einer Auflage von 500 Stück in niederdeutscher Sprache und wurde in der Fürstlichen Druckerei in Barth gedruckt. Als Vorlage diente die Lübecker Bibel, die 1533 von dem pommerschen Reformator Johannes Bugenhagen ins Niederdeutsche übersetzt worden war. Weltweit existieren heute noch rund 70 Exemplare der Barther Bibel.

Während der Nazi-Diktatur gab es in Barth das KZ-Außenlager Ravensbrück unter dem Kommando der SS sowie das Kriegsgefangenenlager Barth/Vogelsang Stalag Luft I, in dem sowjetische, amerikanische und englische Offiziere einsaßen. Die Insassen des KZ-Außenlagers mussten in den Flugzeugwerken des Heinkel-Konzerns unter unmenschlichen Bedingungen Zwangsarbeit verrichten. An diese schreckliche Zeit erinnern an der Ausfallstraße nach Süden ein **Mahnmal** und ein **Gedenk- und Lernpfad** auf dem Gelände des ehemaligen KZ-Außenlagers. Zur 750-Jahr-Feier der Vineta-Stadt Barth im Jahr 2005 wurde am Bleicherwall im westlichen Teil des Stadtzentrums eine ständige **Ausstellung** in vier Räumen eröffnet, die sich mit der Nazi-Geschichte des Boddenstädtchens befasst.

▸ Karte S. 77

Am malerischen Bodstedter Hafen

Bodstedt

Wenige Kilometer westlich von Barth liegt das **Hafenstädtchen Bodstedt** direkt am gleichnamigen Bodden. Der Traditionshafen gilt als Heimat der Zeesenboote, der traditionellen Holzboote mit ihren charakteristischen rotbraunen Segeln (→ Extra S. 83). Eine kleine Flotille von Zeesenbooten ist im Hafenbecken westlich der Hafeneinfahrt vertäut. Immer im September findet seit den 1960er Jahren die Zeesenbootregatta statt. In den Sommermonaten sind besonders bei Radlern die Fährverbindungen mit Fahrradtransport über den Bodstedter Bodden nach Born und nach Prerow beliebt. Auf diese Weise kann man sich für Radtouren die Anfahrt auf die Halbinsel sparen sowie eine Radtour mit einer Schifffahrt verbinden (→ S. 129).

Im 15. Jahrhundert war Bodstedt ein viel besuchter Wallfahrtsort für christliche Seefahrer. Aus dieser Zeit stammt die spätgotische **Wallfahrtskapelle St. Ewald**.

Bresewitz

Idyllisch eingebettet zwischen dem Barther Bodden im Osten und dem Bodstedter Bodden im Westen ist das Kranichdorf Bresewitz. In den Herbstmonaten ist es ein idealer Platz für Kranichbeobachtungen, wenn die scheuen Vögel zu Abertausenden ihre Nachtquartiere auf den beiden Vogelschutzinseln Oie und Kirr (→ S. 29) anfliegen.

Der alte **Bahnhof Bresewitz**, in dem heute moderne Ferienwohnungen eingezogen sind, ist von der weiten flachen Boddenlandschaft umgeben. Am Bahnhofsgelände erinnern noch Gleise der nach dem Krieg stillgelegten Darßbahn, fünf Eisenbahnwaggons und andere originale Gegenstände an alte Eisenbahnzeiten. Im Sommer finden hier Musik- und Kunstveranstaltungen statt. Direkt vor dem Bahnhofsgelände verläuft ein Radweg entlang der alten Bahnstrecke südlich nach Barth, nördlich zu den Darßer Boddenortschaften und dem Seebad Prerow mit seinen berühmten Stränden.

Barth und Umgebung

PLZ: 18356
Vorwahl: 038231
Tourist-Information im Vineta Bürgerhaus, Papenstr. 8, Tel. 038231/37400. www.stadt-barth.de

Hotel Speicher Barth (€€), Am Osthafen 2, Tel. 038231/63300. Designhotel in einem ehemaligen Getreidespeicher direkt am Jachthafen. Saunapark, Fahrradverleih. Restaurant. www.speicher-barth.de
Pension Boddenblick (€-€€), Zur Oie 9, Bresewitz, Tel. 038231/81758. Familiengeführtes Haus im Kranichdorf Bresewitz. Helle, funktional eingerichtete Zimmer mit Miniküchen. www.pension-boddenblick.de
Bahnhof Bresewitz (€-€€), Bahnhofstr. 11, 18356 Pruchten. Individuell eingerichtete Ferienwohnungen im alten Bahnhof an den Gleisen der stillgelegten Darßbahn. www.bahnhof-bresewitz.de
Restaurant Eshramo, Markt 13, Tel. 038231/450004. Am Marktplatz, große Sommerterrasse auf dem Platz. Mediterrane Küche. Pension. www.eshramo.com
Sur la Mer, Am Westhafen 24, Tel. 038231/499720. Fisch- und Fleischgerichte. Außenterrasse mit Boddenblick. Kleine, familiäre Pension. www.sur-la-mer.de

Lesecafé St. Marien im Lila Haus, Papenstr. 6, Tel. 038231/2785; Mo–Do 12–17, Fr 12–14, Sa 10–17 Uhr, So nach dem Gottesdienst bis 13 Uhr. Gegenüber der Kirche, Schlüssel für die Turmbesteigung. Kaffee, Tee, selbst gebackenen Kuchen, viele Bücher, Eine-Welt-Laden mit Produkten aus dem fairen Handel, Kinderecke.

Vineta-Museum, Lange Str. 16, Tel. 038231/81771; Di–Fr 10–17, Sa/So 11–17 Uhr. www.vineta-museum.de
Martha-Müller-Grählert-Museum, Lange Str. 30, Tel. 038231/77388; tgl. 11–15 Uhr.
Windjammer-Museum, Hafenstr. 22, Tel. 038231/400140; Apr.-Okt. Di–So 10–18 Uhr, Dez.-März Sa/So 11–17 Uhr. Die Ausstellung berichtet von den ›letzten Königinnen der See‹, von Segelschulschiffen und Frachtseglern, von Salpeterfahrten und dem Mythos Kap Hoorn. Café und Douzette-Stube. www.windjammer-museum.de
Bibelzentrum Barth, Sundische Str. 52, Tel. 038231/77662; Di–Sa 10–18, So 12–18 Uhr. www.bibelzentrum-barth.de
Ausstellung 12 von 750 Jahren. Barth im Nationalsozialismus 1933–1945, Förderverein Dokumentations- und Begegnungsstätte Barth e.V., Papenstr. 8 (im Vineta Bürgerhaus), Tel. 038231/37450; Voranmeldung für Führungen nötig, in der Saison (ab Mai) Mi und Do 10–14 Uhr. www.dok-barth.de

Reederei Rasche, Auf dem Ende 8, Tel. 038231/210. Fährverkehr mit dem MS Heidi auf der Strecke Born–Bodstedt–Prerow. Fahrradtransport. www.fahrgastschiff-darss.de

Zeesenbootregatta Bodstedt, 1. Sa im September.
Barther Kinderfest, Juni. Das ›Bortsche Kinnerfest‹ wird seit über 190 Jahren gefeiert und gehört seit 2016 zum Immateriellen Kulturerbe der UNESCO.
Kunst auf Schienen, Sommerkonzerte und andere Kulturveranstaltungen an den Waggons am alten Bahnhof Bresewitz. www.kunstaufschienen.de

Barther Boddenbühne/Vorpommersche Landesbühne, Trebin 35a; Theaterkarten Di 14–16, Do 16–18 Uhr und in der Tourist-Information, telefonischer Kartenservice Mo–Fr 03971/2688800. Schauspiel, Kinder- und Jugendtheater, Kabarett, Konzerte. http://www.boddenbuehne.de

▸Karte S. 77/vordere Umschlagklappe

Zeesenboote – unter rotbraunen Segeln

Rund 600 Jahre waren die Zeesenboote, plattdeutsch Zeesboote, zwischen dem Saaler Bodden und dem Stettiner Haff im Einsatz. Aber in erster Linie sind die Boote typisch für die vorpommersche Boddenküste. Hier gehören sie bis heute ganz einfach zum Landschaftsbild. Mit Zeesenbooten wurde noch bis in die 1970er Jahre nach einem speziellen Grundschleppnetzverfahren auf den seichten vorpommerschen Boddengewässern gefischt, vor allem Aal, Hecht und Barsch. Da Zeesenboote keinen Kiel haben, sondern stattdessen ein versenkbares Schwert, konnten sie sich samt ihrem Netz, der sogenannten Zeese, quer vor dem Wind treiben lassen. Das Schlepp- beziehungsweise Treibnetz gab dem Boot seinen Namen. Zum Offenhalten des Netzes wurden ›voraus und achtern‹ lange Driftbäume ausgeschoben. Zeesenboote sind zwischen 7 und 14 Meter lang, 3 bis 4,20 Meter breit, ihr Tiefgang reicht von nur 60 Zentimetern bis zu 1,70 Metern. Das macht sie für die flachen Boddengewässer besonders tauglich. Bis zu fünf Segel können bei den zweimastigen Booten gesetzt werden. Charakteristisch für die Zeesenboote sind neben dem dickbauchigen, nussschalenartigen Schiffsrumpf vor allem ihre rotbraunen Segel. Die Farbe erhalten die Baumwollsegel durchs Imprägnieren mit Lohe, einer Brühe aus Teer, Holzrinde, Ocker, Rindertalg und Lebertran.

Nach dem Niedergang der Zeesenfischerei vor etwa 40, 50 Jahren takelte man die Boote ab, versah sie mit einem Ruderhaus und nutzte sie als Kleinkutter. Heute liegen die noch erhaltenen Zeesenboote als beliebte Ausflugsboote in allen Darßer Boddenhäfen. Insgesamt sollen es noch über 100 sein, die als ›unter Segeln‹ stehend registriert sind. Viele ihrer Besitzer wurden inzwischen zu Freizeitskippern. Sie schippern in ihren traditionellen Fischerseglern aus Holz im Sommer regelmäßig Touristen zu den schönsten Stellen der schilfumwucherten Bodden. Beliebt sind auch die Ausfahrten im Herbst zum Kranichzug. Zu den sommerlichen Highlights der Boddenhäfen – zwischen Juni und September – gehören die eindrucksvollen Zeesenbootregatten. Sie finden schon seit 1909 statt, offiziell und als touristische Attraktion seit 1965 in den Häfen von Barth und Bodstedt, in Dierhagen und Althagen sowie in Wustrow und Zingst. Bei diesem Spektakel lässt sich auch erkennen, wie schnell und erstaunlich wendig diese Boote sind.

Vertrautes Bild auf den Boddengewässern

Das Fischland

Wer die zwischen Ostsee und vorpommerschen Boddengewässern gelegene Halbinselkette erkunden will, beginnt am besten in ihrem südwestlichen Teil, dem Fischland. Der schmale Landstreifen ist nur wenige Kilometer lang, bei Wustrow erreicht er eine Breite von 2,5 Kilometern, südlich davon sind es kaum 400 Meter. Das historische Fischland war eine Insel, die bis ins 14. Jahrhundert von zwei Strömungsrinnen, sogenannten Seegatten, begrenzt wurde. Die heutige Bucht Permin im Saaler Bodden bildete damals einen offenen, allerdings von akuter Versandung bedrohten Zugang zur Ostsee und trennte somit das Fischland vom Festland. Der Darßer Kanal im Norden der ehemaligen Insel, auch Loop genannt, trennte das Fischland vom Darß. Die beiden schiffbaren Durchfahrten dienten lange Zeit dem Handel, sie sollen darüber hinaus auch regelmäßig von dem legendären Seeräuber Klaus Störtebeker und seinen Vitalienbrüdern in Anspruch genommen worden sein, die im unübersichtlichen Saaler Bodden beste Unterschlupfmöglichkeiten vorfanden. Zu dieser Zeit hieß die Insel Svante Wustrow. Der slawische Name bedeutet ›heilige Insel‹ und sehr wahrscheinlich befand sich hier ein Heiligtum der vierköpfigen slawischen Gottheit Svantevit.

Erst im 16. Jahrhundert kam der heutige Name ›Fischland‹ auf. Da hatte das schmale Ländchen auch schon längst seinen Inselcharakter eingebüßt – auf wenig natürliche Weise: Die handelsstrategisch bedeutsame Lage der Insel ließ die Ribnitzer und Wustrower von lukrativen Handelshäfen träumen, was die benachbarten Hansestädte Rostock und Stralsund auf den Plan rief. Sie wollten sich ihre hansischen Geschäftsprivilegien von den Fischländern nicht nehmen lassen, zerstörten zwischen 1392 und 1400 kurzerhand den Darßer Kanal und versenkten in der Permindurchfahrt drei unbrauchbar gewordene Koggen, um die Versandung zu beschleunigen. Ihren kriegerischen Einsatz ließen sie unter dem Deckmantel ›Piratenbekämpfung‹ von angeblich 1000 Mann durchführen. Heute dominiert im Fischland wie auf der gesamten Halbinselkette der Tourismus als hauptsächliche Einkommensquelle. Auf der Seeseite erstreckt sich ein

▲ Karte: vordere Umschlagklappe

Weit erstreckt sich der Strand in Dierhagen

Die Fischerwiege in Ahrenshoop, ein schönes Beispiel für traditionelles Bauen

kilometerlanger feiner Sandstrand, an der Innenküste liegen einige verträumte kleine Häfen, von denen aus in den Sommermonaten Ausflugsschiffe und die traditionellen Zeesenboote über die Bodden tuckern und gleiten: Dändorf, Dierhagen Dorf, Wustrow, Althagen. Gut ausgebaute Radwege an der See- und Boddenseite führen in nordöstliche Richtung zum Darß und über die gesamte Halbinselkette.

Dierhagen

Das seit 1998 staatlich anerkannte Seebad wird meist bereits dem Fischland zugeschrieben. Es liegt aber geographisch noch vor der Halbinsel, vor der Verengung zwischen der Ostsee und dem Saaler Bodden, wo einst der Permin die beiden Gewässer verband. Historisch gehört die bereits 1311 erstmals erwähnte Ortschaft zu Mecklenburg. Die ursprüngliche Erwerbsquelle des von deutschen Siedlern gegründeten Ortes lag sehr wahrscheinlich in der Tierhaltung. Womöglich gab es eine Pferdezucht für die ›heilige Insel‹. Spätestens seit dem Ende des Dreißigjährigen Krieges lebte man vorwiegend von der Fischerei, der Fischräucherei, der Segelschifffahrt und sicherlich auch von der Piraterie. Im Jahr 1880 begannen der Badebetrieb und die Entwicklung des Fremdenverkehrs.

Die heutige Gemeinde Dierhagen hat gut 1500 Einwohner und besteht aus sechs auseinander liegenden Ortsteilen: Dierhagen Strand, Dierhagen Neuhaus und Dierhagen Ost liegen an der Ostsee, Dändorf, Hof Körkwitz und Dierhagen Dorf am Saaler Bodden. Die drei Küstenorte Dierhagens sind durch einen Rad- und Fußweg verbunden. Er verläuft unmittelbar hinter den Stranddünen und zum Teil durch Kiefernwald.

Zentrum des Seebads ist **Dierhagen Strand** mit Hotels, Pensionen, Ferienappartements, Gaststätten, einem großen Campingplatz und einer Windsurfstation. Der Ortsteil ist gänzlich auf den schönen weiten Sandstrand ausgerichtet. Hier steht auch das berühmte ›Strandhotel Fischland‹, das zu DDR-Zeiten Urlaubsresidenz für die Politprominenz aus Ostberlin war und nach der politischen Wende zum exklusiven und facettenreichen Wellnesstempel wurde.

Dierhagen Dorf am Bodden ist die Wiege der Siedlung. Mehrere Kapitänshäuser und alte Fischerkaten säumen die Wege. Auch das älteste Haus Dierhagens steht hier, das urgemütliche Restaurant ›Schipperhus‹. Die neuromanische **Pfarrkirche** hat seit 1850 mitten im Dorf ihren Platz. Am Saaler Bodden liegt der historische **Hafen**, der 2002 zum Wasserwanderrastplatz mit 54 Liegeplätzen ausgebaut wurde. Zeesenboote starten im Sommer zu Boddenrundfahrten, während der Saison findet hier dienstags und freitags der **Sommerfrische-Markt** statt.

Ein weiterer **Hafen** befindet sich in **Dändorf** am Bodden. Er ist klein, gemütlich und ein beliebter Rastplatz für Wasserwanderer. Im 18. Jahrhundert führte die Salzstraße im Norden Mecklenburgs teils auf dem Land, aber vor allem auf dem Wasser von Bad Sülze nach Wismar und Schwerin – direkt über den Hafen von Dändorf, damals ein profitabler Umschlagplatz für Salz. Der lebenswichtige Salzbedarf wurde mit 20 Meter langen und sehr flachen Booten, den Prahnen, auf der Recknitz und dem Saaler Bodden zum Hafen von Dändorf befördert und von dort mit Fuhrwerken an die Küste zum Weitertransport gekarrt. Dieser gepflasterte Teil der Salzstraße ist als **Dorfstraße** noch erhalten und steht unter Denkmalschutz.

Südwestlich des stillen Seebads, nahe Dierhagen Neuhaus, dehnt sich das 274 Hektar große **Naturschutzgebiet Ribnitzer Großes Moor** aus. Das küstennahe Hochmoor wurde 1939 unter Schutz gestellt. Die Vermoorung begann am Ende der letzten Eiszeit vor etwa 11 000 Jahren. Über Jahrhunderte, bis 1950, baute man dort Torf ab und entwässerte dabei das Moor. Seit den 1990er Jahren werden Renaturierungsprogramme gegen die Verlandung durchgeführt. Umfangreiche Informationen zur Renaturierung und zum Ribnitzer Großen Moor bekommt man im **Informationszentrum Wald und Moor** (→ S. 67) im Ribnitzer Ortsteil Neuheide. Ein Lehrpfad mit Info-Tafeln und markierte Wanderwege führen durch das noch zu großen Teilen mit Kiefern und Birken bewaldete Naturschutzgebiet. Als Totalreservat ist das **Naturschutzgebiet Dierhäger Moor** zwischen Dierhagen Strand und Dierhagen Dorf ausgewiesen; es darf nicht betreten werden. Großer Beliebtheit erfreut sich – ebenfalls im Ortsteil Neuheide – die privat geführte **Natur-Schatzkammer** (→ S. 67) mit elf Ausstellungen und Museumsshop. Die Ausstellungen zeigen insgesamt 60 000 Exponate zu den Themenbereichen Bernstein, Edelsteine, Perlen, Fossilien und Mineralien. Bestaunen kann man 250 Pilzarten, präparierte Schmetterlinge, Vögel und Säugetiere sowie Tausende Muscheln. Im Sommer lockt der Blütenduft der Rosen und Stauden.

i Dierhagen

PLZ: 18347
Vorwahl: 038226
Haus des Gastes/Kurverwaltung Dierhagen, Ernst-Moritz-Arndt-Str. 2, Dierhagen-Strand, Tel. 038226/201.
www.ostseebad-dierhagen.de

Strandhotel Fischland (€€€), Ernst-Moritz-Arndt-Str. 6, Dierhagen-Strand, Tel. 038226/520. Luxuriöses Ferienparadies mit 56 Zimmern und Suiten sowie 9 Ferienhäusern inmitten eines 12 Hektar großen Wald- und Dünenareals. Drehort der ZDF-Serie ›Ella Schön‹.
www.strandhotel-fischland.de

Ostseehotel Dierhagen (€€), Wiesenweg 1, Tel. 038226/510. Ferienhotel in der ehemaligen ›Ostseeklinik‹. Strandnah, Schwimmbad, Wellnessbereich, Restaurant. www.ostseehotel-dierhagen.de

Parkresidenz Dierhagen (€€), Ernst-Moritz-Arndt-Str. 2, Dierhagen-Strand,

▶ Karte: vordere Umschlagklappe

Tel. 038226/80762. Komfortable Appartementanlage in Strandnähe und am Kurpark.
www.parkresidenz-dierhagen.de
Haus Windhook (€–€€), Amselweg 4, Dierhagen-Ost, Tel. 038226/80495. Rohrgedecktes Aparthotel, mehrere Ferienhäuser, Appartements, Gaststätte. Top Lage hinter der Stranddüne, allergikerfreundliche Zimmer, bestens geeignet für Familien mit Kindern. www.haus-windhook.de
Ostseelounge, Ernst-Moritz-Arndt-Str. 6, Dierhagen-Strand, Tel. 038226/52666. Gourmetrestaurant auf dem Dach des ›Strandhotels Fischland‹ (s.o.). Erstes und bisher einziges Sterne-Restaurant auf der Halbinsel. Nordische Küche mit regionalen Genüssen auf höchstem Niveau.
www.strandhotel-fischland.de
Restaurant Strandhaus Orange Blue, Am Plateau 10, Dierhagen-Strand, Tel. 038226/53784. Mischung aus Restaurant, Eiscafé und Cocktailbar. Frühstück, Fischgerichte, auch tgl. frisch geräuchert, Steaks, vegetarische Angebote, Kinderkarte. Meerblickterrasse.
www.strandhaus-orange-blue.de
Strandläufer, Birkenallee 20, Dierhagen-Strand, Tel. 038226/5010. Restaurant im Hotel ›Dünenmeer‹. Regionale, saisonale Küche. Direkt am Strand. www.duenenmeer.com
Pfannkuchenhaus, Waldstr. 4, Dierhagen-Strand, Tel. 038226/80464. Eierpfannkuchen in zahlreichen Variationen, Sommerterrasse, Ferienwohnungen.
www.pfannkuchenhaus-dierhagen.de
Schipperhus, Strandstr. 6, Dierhagen-Dorf, Tel. 038226/80211. Gemütliches Gasthaus in einem rohrgedeckten Bauernhaus im Fachwerkstil. Das Gebäude stammt aus der Mitte des 18. Jahrhunderts und ist damit das älteste erhaltene Haus Dierhagens. Abwechslungsreiche Speisekarte mit frischen Fischgerichten und Mecklenburger Hausmannskost. Maritimes Ambiente, kleine Sommerterrasse, auch Kaffee und Kuchen.
www.schipperhus-dierhagen.de

OstseeCamp Dierhagen, Ernst-Moritz-Arndt-Str.1a, Dierhagen-Strand, Tel. 038226/80778; Mitte März–Mitte Okt. Sonniges Wiesen- und schattiges Waldgelände. Rabatte bei Langzeitmietung, Fahrradverleih von Ostern bis Mitte Oktober.
www.ostseecamp-dierhagen.de

Sunset Piano Concert, Juli/Aug. Romantisches Event mit sanften Pianoklängen am Strand vor dem Hotel ›Fischland‹. An den Pianos Ulrike Mai und Lutz Gerlach von der Ahrenshooper Klanggalerie ›Das Ohr‹.

Fast sieben Kilometer weitläufiger, feinkörniger Sandstrand. Südlich des Hauptstrandes gibt es einen FKK-Bereich. Strandkorbverleih, Gastronomie. Hundestrand in Dierhagen-Ost.

Segelschule Boddenskipper, Dorfstr. 27, Dierhagen-Dorf, Tel. 0170/4512671. Tretboot- und Ruderbootverleih, Segelschule und Segeltouren zum Boddenhafen von Ahrenshoop-Althagen, Zeesenboot-Touren über die Boddenlandschaft.
www.boddenskipper.de
Loop In, Dierhagen-Strand. Windsurfschule in Dierhagen Strand am Strandaufgang 17, Kiteschule am Hafen in Dierhagen-Dorf. www.loop-in.net

Reiterhof Lange, Zur Bockwiese 3, Tel. 038226/80679. Hier sind große wie kleine Urlauber willkommen, zum Ausritt oder zum Ponyreiten, zur Kutsch- oder Kremserfahrt und außerhalb der Saison auch zum Strandreiten. www.reiterhof-lange.de

Sommerfrische-Markt am Hafen Dierhagen-Dorf; Mai–Okt. Di u. Fr 9–14 Uhr. Bio-Lebensmittel, Kunsthandwerk.
http://www.ostseebad-dierhagen.de

Wustrow

Das Ostseebad Wustrow zählt kaum 1200 Einwohner. Das reicht aber schon, um die größte Ortschaft auf Fischland zu sein. Die aus einem ehemaligen Fischer- und Seefahrerdorf hervorgegangene Gemeinde liegt knapp nördlich der schmalsten Stelle der Halbinsel; von der See zur Boddenbucht Permin sind es gerade mal um die 400 Meter. Bis zum Bau der Fischlandchaussee zwischen Ribnitz und Wustrow 1929 war der Wasserweg die unbeschwerlichere und sicher auch schnellere Verbindung mit der ›Außenwelt‹.

Zum Seebad entwickelte sich Wustrow – fast notgedrungen – ab 1880, als die Dampfschiffe – die ›Stinkbüdel‹ – endgültig die Ära der Segelschiffe ablösten. Ein gemeinnütziger Verein zur Förderung des Fremdenverkehrs sorgte damals für die Umstellung der Haupterwerbsquelle der meisten Wustrower: von der Arbeit auf hoher See zur touristischen Vermarktung des weitläufigen Strandes.

■ ›De Hüppers‹ vom Wustrower Strand

Im Jahr 1908 gründete die preußische Gymnastiklehrerin und Tanzpädagogin Dora Menzler (1874–1951) in Leipzig eine der ersten Gymnastikschulen in Deutschland. Ab 1919 verlegte sie das Sommersemester an die Ostsee ins Seebad Wustrow, wo sie ein Haus erworben hatte. Hier veranstaltete sie in ihrem großen Garten und am Strand Tanzseminare mit ihren Studentinnen. Die jungen Damen bewegten sich bei diesen Sommerkursen zeitweise leicht bekleidet, meistens nackt. Die Einheimischen nannten die rhythmisch hüpfenden Tänzerinnen sicher ein bisschen spöttisch, aber augenzwinkernd als ›de Hüppers‹. In ihrem Buch ›Die Schönheit deines Körpers‹ von 1924 setzte Dora Menzler ihre Nacktgymnastik und den Nackttanz deutlich gegen den gerade aufgekommenen Nudismus ab. Es ging ihr um eine ›gesundheitlich-künstlerische Körperschulung‹, um ›körperliche Harmo-

Endlos und feinsandig: der Strand bei Wustrow

▲ Karte S. 89

nie‹ und Würde. Dora Menzler wurde 1933 als ›Halbjüdin‹ von den Nazis gezwungen, die Leitung ihrer Tanzschule aufzugeben. Sie lebte fortan zurückgezogen in ihrem Wustrower Haus in der Strandstraße. 1951 fand sie ihre letzte Ruhe auf dem Friedhof von Wustrow.

Sehenswürdigkeiten

Der 18 Meter hohe Turm der neugotischen **Dorfkirche** von 1873 ermöglicht es, das Ortsbild und die Umgebung aus der Vogelperspektive zu überblicken. Von der Aussichtsgalerie schweift der herrliche Panoramablick westlich zur Ostsee mit der Seebrücke und den weiten Stränden, landeinwärts zum Saaler Bodden, der von der Recknitz gespeist und von der Halbinselkette fast völlig von der offenen See abgeriegelt wird. In der Perminbucht auf der Boddenseite liegen der sagenumwobene ›Störtebekerhafen‹ und der historische Wustrower **Hafen**, wo Zeesenboote zu Törns starten und Ausflugsschiffe über die Bodden nach Ribnitz-Damgarten und Dierhagen, nach Ahrenshoop und bis nach Zingst tuckern. Die zentrale Lage der Kirche lässt aber auch weit in die Geschichte des Ortes zurückblicken.

Die Seebrücke, einer der Hauptanziehungspunkte in Wustrow

Denn zur Zeit der Völkerwanderung ab dem späten 4. Jahrhundert siedelte hier der slawische Stamm der Wirzen, der auf dem künstlich angelegten Hügel, auf dem heute das christliche Gotteshaus thront, ein heidnisches Tempelheiligtum errichtete. Es war wahrscheinlich der slawischen Gottheit Svantevit geweiht, dem vierköpfigen Kriegs- und Stammesgott, der die vier Himmelsrichtungen und den Kosmos überblickt. Daher hieß der Ort und die ganze damalige Insel Swante Wustrow, heilige Insel.

Der Turm der roten Backsteinkirche hatte früher auch als Seezeichen Bedeutung. Nach dem Willen des Großherzogs Friedrich Franz II. von Mecklenburg-Schwerin sollten die zahlreichen Wustrower Seefahrtsschüler an einem natürlichen Horizont das Navigieren lernen. Schließlich wurde 1846 in Wustrow die berühmte Großherzogliche Mecklenburgische Navigationsschule gegründet. Man benannte sie später in Seefahrtschule um (→ S. 94), baute sie 1969 zur Ingenieurhochschule für Seefahrt Warnemünde-Wustrow aus und schloss sie 1992, gleich nach der Wende. Zur Blütezeit der Segelschifffahrt in der Mitte des 19. Jahrhunderts umfasste die Wustrower Flotte bis zu 240 seetüchtige Segler. In der zweiten Hälfte des 19. Jahrhunderts beendete die sich rasant entwickelnde Dampfschifffahrt die bedeutende Erwerbsquelle vieler Wustrower Familien. An die große Zeit der Segelschifffahrt erinnert heute hier auf Fischland kaum noch ein Wirtschaftsgebäude, viele wurden in den 1990er Jahren abgerissen.

Vom einstigen Wohlstand zeugen aber noch die schmucken **Kapitänshäuser** in der Park- und Lindenstraße – mit Bullaugen und Schiffsporträts auf den Giebeln und Wetterfahnen. Auch die zahlreichen **Fischerkaten** mit ihren tief herabgezogenen Kapuzendächern und bunten Vorgärten, in denen Astern, Kaiserkronen, Aurikeln und Levkojen blühen, erinnern an die maritime Vergangenheit Wustrows. In der Mitte des 19. Jahrhunderts lebten in der kleinen Fischland-Ortschaft 125 Seefahrerfamilien und 50 Schiffer.

Zu den schönsten und interessantesten Gebäuden Wustrows zählt das **Fischlandhaus**. Es steht in der Neuen Straße. Der Straßenname ist etwas trügerisch, denn hier befinden sich die ältesten noch erhaltenen Büdnereien des Ostseebades. Das ehemalige Kapitänshaus wurde schon um das Jahr 1800 als Büdnerei gebaut. Zur 775-Jahr-Feier 2010 wurde das Hochdielenhaus mit rohrgedecktem Krüppelwalmdach und Fachwerk gründlich saniert. Heute beherbergt es eine Bibliothek sowie Räumlichkeiten für Konzerte, Lesungen und Ausstellungen. Das älteste erhaltene Gebäude der Gemeinde steht ebenfalls in der Neuen Straße und gleich gegenüber der Kirche: die **Schifferwiege**. Den Namen bekam das Haus, weil hier viele Jahre eine über die Halbinsel hinaus bekannte Hebamme gewohnt hat, die zahlreichen späteren Fischland-Kapitänen und Schiffern half, das Licht ihrer wasserreichen Heimat zu erblicken. Am nördlichen Ende der Neuen Straße werden auf dem dörflichen Gottesacker sicherlich etliche von ihnen auch zu Grabe getragen worden sein. Auf dem **Wustrower Friedhof** finden sich zudem mehrere Gräber von Künstlern und Künstlerinnen, die am Bodden lebten und arbeiteten, darunter die norddeutsche Schriftstellerin Käthe Miethe (1893–1961, → S. 98) und die Hamburger Malerin und Bildhauerin Hedwig Jaenichen-Woermann (1879–1960). Letztere wohnte ab 1919 in dem hübschen rohrgedeckten Hochdielenhaus in der Parkstraße 6 (›Storchenhaus‹). Die Tanzpädagogin Dora Menzler wurde 1951 hier bestattet.

Der **Wustrower Kulturpfad**, markiert mit blauen nummerierten Steinen, führt seit 2008 zu sehenswerten Orten, an denen Persönlichkeiten aus Kunst, Kultur sowie aus dem maritimen Leben wirkten, zu Menschen also, die die Geschichte des Seefahrerortes mitgeschrieben haben. Zu ihnen gehört auch Gerhard Vetter (1918–1971), einer der renommiertesten Natur- und Aktfotografen der DDR. Er wohnte in der Neuen Straße 6.

Denkmalgeschützt ist das einstige **Kaiserliche Postamt** von 1895 in der Ernst-Thälmann-Straße. Es ist seit 2003 Sitz der **Touristeninformation**. Einen Katzensprung von dort entfernt, am südlichen Ortseingang, steht Am Kuhleger 21 das **Runenhaus**. Das schöne rohrgedeckte Gebäude von 1750 diente der 1970 gestorbenen Malerin Hedwig Holtz-Sommer als Atelier. Berühmte Künstler

Weithin sichtbar: die neogotische Kirche

▶ Karte S. 89

wie Otto Dix und Wolf-Otto Herbig waren hier zu Besuch. Heute wird ein Teil des Hauses mit der charakteristischen Rune am Dachfirst und dem idyllischen Garten als Ferienwohnung vermietet. Ebenfalls Am Kuhleger befindet sich ein besonderes Unikat, das **Hotelschiff Stinne**. Der 1919 in Dänemark gebaute Küstenschoner war 1965 bei einem Sturm gestrandet und fand am Boddenufer in Wustrow seinen letzten, nun trockenen Ankerplatz. Seit 1993 dient der umgebaute Schoner als ganz besondere Ferienunterkunft mit sechs Kajüten.

Während die Ernst-Thälmann-Straße den Ort in die See- und die Boddenseite teilt, ist die mit Linden gesäumte **Strandstraße** mit ihren eklektizistischen Villen und Kapitänshäusern, geschmückt mit Türmchen, Balustraden, farbenfrohen Türen und Vorgärten, die Hauptflaniermeile des Badeortes. Sie führt zur 1993 gebauten **Seebrücke** am kilometerlangen weißen **Sandstrand** mit schier endlosen Buhnenreihen. Die Brücke über den Ostseewellen ragt 240 Meter ins Meer hinaus. Von dort radelt man auf gut ausgebauten Wegen südlich nach Dierhagen und nördlich nach Ahrenshoop.

Einer der schönsten Flecken im Ort ist nahe der Dorfkirche der beschauliche **Boddenhafen** mit Restaurant, Fischräucherei und seinen Zeesenbooten, die während der Saison regelmäßig ihre rotbraunen Segel hissen und zu Boddentörns einladen. Hier am schmalen Hafenbecken zweigt die Hafenstraße zum denkmalgeschützten Ortsteil **Barnstorf** ab. In diesem idyllischen Winkel, direkt am Saaler Bodden, stehen vier wunderschöne **Bauerngehöfte** aus dem 18. Jahrhundert, typisch niederdeutsche Hallenhäuser. Barnstorf ist eine Welt für sich, eine Welt, die aus der Zeit gefallen scheint. In der **Kunstscheune Barnstorf** von Gabi und Peter Eymael stellen seit

Kunst im Vorgarten: denkmalgeschütztes Bauerngehöft in Barnstorf

1985 norddeutsche und internationale Künstler ihre Arbeiten aus. Der reizvolle **Bodden-Wanderweg** mit kleinen **Boddenstränden** zwischen im Wind raschelndem Schilf führt von dort am Saaler Bodden entlang bis nach Ahrenshoop (ca. 7 km). Unterwegs liegen die Ortschaft Niehagen und der kleine Boddenfischerhafen von Althagen. Die beiden Mecklenburger Dörfer sind seit 1950 Ortsteile des vorpommerschen Ahrenshoop. Der Bodden-Wanderweg lässt sich bestens zur **Rundwanderung** Ahrenshoop – Hohes Ufer – Wustrow – Barnstorf – Ahrenshoop/OT Althagen erweitern (→ S: 107).

i Wustrow

PLZ: 18347, **Vorwahl**: 038220

Haus des Gastes/Kurverwaltung Wustrow (im ehemaligen Kaiserlichen Postamt von 1895), Ernst-Thälmann-Str. 11, Tel. 038220/251; in der Hauptsaison Mo–Do 10–16, Fr–So 10–13 Uhr. www.ostseebad-wustrow.de

Dorint Strandresort & Spa (€€–€€€), Strandstr. 46, Tel. 038220/650. Nahe der Seebrücke. First-Class-Anlage mit familienfreundlichem Angebot. Badelandschaft, Saunen, Whirlpool. Kinder-Club, Bar, Restaurant ›Das Quarterdeck‹. www.dorint.com

Schimmel`s (€–€€), Parkstr. 1, Tel. 038220/66500. Kleine Pension in Hafennähe. Drei individuell und sehr liebevoll eingerichtete Zimmer. Nette Atmosphäre, perfektes Frühstück. www.schimmels.de

Landhaus Schlunt (€€), Osterstr. 30, Tel. 038220/80515. Behagliche Appartements und Zimmer in norddeutschem Klinkerbau. Wellnessoase mit sibirischer Erdsauna. www.landhaus-schlunt.de

Hotelschiff Stinne (€–€€), Am Kuhleger 13, Tel. 038220/336. Den umgebauten Zweimaster, 1965 bei einem Sturm im Permin gestrandet, hat man zum Hotel umgebaut – mit sechs Doppelkabinen, Kapitänskajüte und einem gemütlich-maritim eingerichteten Restaurant im ehemaligen Laderaum. Bar, Garten, kostenfreies WLAN, Privatparkplätze. Direkt am Bodden. www.hotelschiff-stinne.de

Ostseehotel Wustrow (€€), Fischländer Weg 35, Tel. 038220/6250. Familienfreundliche Drei-Sterne-Superior-Unterkunft in Ostseenähe, direkt am Radweg. Geräumige, moderne Zimmer. Umfangreiches Frühstücks- und Abendbuffet. Maritim geprägtes Restaurant. http://www.ostseehotel-wustrow.de

Strandperlen (€€), Weidenhof 1 b, Tel. 038220/610. Moderne Ferienhäuser und Ferienwohnungen, zentrale Lagen und strandnah. www.strandperlen.de

Zwei Wasser-Die Alte Seefahrtschule (€€), Direktor-Schütz-Weg 15, Tel. 03991/7788228. Große Ferienanlage mit komfortablen Appartements in Haupthaus, Strandhaus und Torhäusern. Fitness- und Wellnessbereich. Teilweise mit Bodden- und Ostseeblick. www.zwei-wasser.de

Runenhaus (€€), Am Kuhleger 21, Tel. 0171/6488460. Schöne Ferienwohnung für max. 3 Personen ingeschichtsträchtigem Rohrdachhaus.www.runenhaus-ostseebad-wustrow.business.site

Schimmel`s, Parkstr. 1, Tel. 038220/66500. Feine regionale Landhausküche, 3–5-Gänge-Menüs mit Fisch aus der Region oder Wild aus der Rostocker Heide. Oder regionale Klassiker wie Blutwurst mit Linsen und gebackenem Räucheraal. Weinkarte mit zwölf offenen und zahlreichen weiteren Weinen. www.schimmels.de

Strandrestaurant Swantewit, Strandstr. 56, Tel. 038220/82550. Einmalige Lage in der Stranddüne mit Blick auf Ostsee und Seebrücke. Frische regionale und saisonale Küche. Frühstück, Kuchen und Torten. Von der Sommerterrasse genießt man die fantastischen Fischländer Sonnenuntergänge. Fremdenzimmer. www.swantewit.com

Schifferwiege, Karl-Marx-Str. 30, Tel. 038220/80336. Beliebtes Fischrestaurant in ehemaligem Kapitänshaus, frischer Fisch aus Ostsee und Bodden, auch Mecklenburger und vegetarische Gerichte, Steaks vom Lavasteingrill. Pension mit Appartements und Gästezimmern. www.pension-schifferwiege.de

Moby Dick, Strandstr. 54, Tel. 038220/6680. Wunderbare Lage an der Düne neben der Seebrücke. Herzhafte, saisonale Fischgerichte, auch vegetarische Angebote. Terrasse mit Meerblick. Moderne Appartements. www.restaurant-moby-dick.de

Kapitänshaus Am Unterfeuer, Hafenstr. 8, Tel. 038220/80980. Fischrestaurant mit großer Außenterrasse am Hafen. Regionale Küche, Räucherfisch aus der eigenen Räucherei. Auch vegetarische und vegane Gerichte. www.kapitaenshaus.net

Café Reise Reise, Ernst-Thälmann-Str. 22, Tel. 038220/82137; Mi–Mo 12–18 Uhr. Liebevoll gestaltetes Café, es gibt eine Vielzahl an Tee- und Kaffeesorten sowie

▶ Karte S. 89

hausgemachten Kuchen, Suppen und kleine Snacks. Lauschiger Garten mit schattigen Walnuss- und Apfelbäumen.
www.reisereise-wustrow-de

Fischlandhaus Wustrow, Neue Straße 38, Tel. 038220/80465; tgl. 10–16 Uhr. Kunst und Literatur in einem 200 Jahre alten Hochdielenhaus: Bibliothek, Lesungen, Konzerte.
www.ostseebad-wustrow.de

Kunstscheune Barnstorf, Barnstorf 1, Hufe IV, Tel. 038220/201; Mai–Mitte Okt. tgl. 10–13 u. 15–18 Uhr, Ostern und Weihnachten tgl. 11–17 Uhr.
www.kunstscheune-barnstorf.de

Fast weißer bis zu 30 Meter breiter Sandstrand im Seebrückenbereich. Kinderfreundliches flaches Ufer durch Wellenbrecher. FKK-Bereich, Strandkörbe, Surfschule, Hundeabschnitt. Barrierefreie Toiletten an einigen Strandzugängen. Kleine Badebuchten am Bodden.

Wustrower Zeesenbootregatta, erstes Juliwochenende. Wettkampf mit traditionellen Zeesenbooten, Hafenfest.

Seebrückenfest, letzter Sonntag im August. Markttreiben, Kulturprogramm, Tag der offenen Tür in der Seenotstation.

Tonnenabschlagen, 2. Wochenende im Juli. Abends Disco und Reiterball (→ S. 52).

Fahrgastbetrieb Kruse und Voß, Hafenstr. 7, Tel. 038220/588. Linien- und Rundfahrten ab/an Wustrow nach Ribnitz und Dierhagen inkl. Fahrradtransport. Boddenfahrten zu den Borner und Neuendorfer Bülten, kleinen Schilfinseln im Nationalpark. Abendfahrten, Charterfahrten, im Herbst auch Kranichbeobachtungstouren. Fahrkarten an Bord.
www.boddenschifffahrt.de

Zeesenbootsegeln, ab Hafen Wustow mit den Zeesenbooten ›Butt‹ und ›Bill‹; Mai–Okt. tgl. 11, 13, 15 u. 17 Uhr, Buchung-stel. bei Jochen Eymael 0151/28776273.

Fischländer Segelschule, Hafenstr. 10, Wustrow, Tel. 66365. Segelkurse für Erwachsene und Kinder. Vermietung von Ruderbooten, Segeljollen sowie führerscheinfreien und führerscheinpflichtigen Motorbooten.
www.fischlaender-segelschule.de

Surfcenter Wustrow, An der Nebelstation 2, Tel. 038220/80250. Anfänger- und Fortgeschrittenenkurse für Windsurfer, Kiter und für Stand-Up-Paddling (SUP) am Strand südlich des Seebades. Beachbar.
www.surfcenter-wustrow.de

Nordic-Walking-Park Wustrow: neun Routen mit insgesamt 50 km Länge, darunter eine 5 km lange Schnupperstrecke für Einsteiger und ein Kinder-Walking-Pfad. Alle Strecken sind gut ausgeschildert, einen Info-Flyer dazu gibt es in der Touristeninformation.

Fahrradverleih Shop 8, Strandstr. 4 a, Tel. 038220/864544, Service-Hotline 01525/3309243; tgl. 9–18 Uhr, Filialen in Ahrenshoop, Born, Prerow, Zingst.
www.fahrrad-shop-8.de

Sommerfrische-Markt, Strandstraße/An der Seenotstation; Mai–Okt. Mi 9–18 Uhr. Bio-Lebensmittel, Rohmilchkäse, frisches Gebäck aus dem Holzofen, Sanddornprodukte, Töpferwaren und vieles mehr.

Bücherstube Fischland, Ernst-Thälmann-Str. 10, Tel. 038220/407. Eine Institution in Wustrow, hier lässt sich bestens in Regional-, Kinder-, naturkundlicher Literatur und Belletristik stöbern.

EXTRA

Die Künstlerkolonie Ahrenshoop

Spätsommer 1889: Auf einer Wanderung von Wustrow über das Hohe Ufer erblicken die Malerfreunde Paul Müller-Kaempff (1861–1941) und Oskar Frenzel (1855–1915) erstmals das von der Welt noch völlig abgeschiedene Dorf Ahrenshoop. Sie sind tief beeindruckt, sowohl von dem kleinen einsamen Küstenort selbst als auch von der unberührten Landschaft. Später notiert Müller-Kaempff in seinen ›Erinnerungen‹ rückblickend: »Als wir die letzte Anhöhe erreicht hatten, zu

›Windmühle bei Ahrenshoop‹, Gemälde von Carl Malchin (1891)

unseren Füßen ein Dorf: Ahrenshoop. Wir hatten von seiner Existenz keine Ahnung und blickten überrascht und entzückt auf dieses Bild des Friedens und der Einsamkeit.« Und: »Kein Mensch war zu sehen, die altersgrauen Rohrdächer, die grauen Weiden und grauen Dünen gaben dem ganzen Bilde einen Zug tiefsten Ernstes und vollkommener Unberührtheit.«

Auch wenn schon 1882 der mecklenburgische Maler Carl Malchin erste Skizzenblätter von diesem schmalen Landstrich zwischen Ostsee und Bodden veröffentlichte, gelten der Oldenburger Landschaftsmaler Paul Müller-Kaempff und die Malerin Anna Gerresheim (1852–1921) als die Begründer der Ahrenshooper Malerkolonie. Drei Jahre nach seiner ›Entdeckung‹ ließ sich der Maler in dem Fischlanddorf nieder, in dem »nirgends ein öder Nützlichkeitsbau mit Pappdach« den Gesamteindruck störte. Das entsprach ganz dem Ideal, das bereits in den 1830er Jahren im französischem Barbizon seinen Ausgang genommen hatte: unter freiem Himmel die mannigfaltigen Impressionen der Natur einzufangen und auf Leinwand zu bannen. Müller-Kaempff hatte sein Künstlerparadies gefunden, auf dem Land, fernab der öden, rußgeschwärzten großen und dekadenten Industriezentren. Auch Anna Gerresheim fand hier in dem naturnahen, einfachen Leben ihre künstlerische Freiheit. Sie blieb bis zu ihrem Lebensende, 1892 ließ sie sich ein Haus in der Ahrenshooper Dorfstraße 20 bauen. An der »breiten und sandigen Dorfstraße« gründete Müller-Kaempff 1894 eine Malschule. Er benannte das Pensions- und Atelierhaus nach dem Schutzpatron der Maler ›St. Lucas‹. In die Malschule strömten damals und noch bis 1914 vor allem Malschülerinnen, denn Frauen war in dieser Zeit die Ausbildung in Kunstakademien verwehrt. Als ›Malweiber‹ verhöhnt, hatten die kunstsinnigen, von Hause aus wohlbehüteten Frauen einen schweren Stand in der von Männern dominierten Künstlerwelt der Jahrhundertwende. Für die Malerinnen war die Schule ein Akt der Emanzipation, die Anerkennung als Künstlerin unabhängig vom Geld und der Macht ihrer Gatten und Väter. 1919 verkaufte Müller-Kaempff das ›Haus der Kunst‹ schließlich an Bernhard Saatmann, der in Sankt Lucas einen Friseursalon eröffnete, aber gleichzeitig die Pension auch für bildende Künstler und für Schriftsteller weiterführte. Nach dem Zweiten Weltkrieg übernahm das DDR-Ministerium für Kultur das Gebäude, in den 1960er Jahren diente es als Erholungsheim für ›Kulturschaffende‹. Das heutige Künstlerhaus Lukas in der Dorfstraße 35 (→ S. 110) zählt zu den ältesten Künstlerhäusern Deutschlands.

Bekannt wurde Müller-Kaempff in den 1890er Jahren durch seine Gemälde wie ›Dünenwald auf dem Fischland‹, ›Schifferfriedhof in den Dünen‹ und ›Sommer-idyll‹. Zu Gerresheims frühen Werken gehören die Bilder ›Weiden am Abendhimmel‹ (1890) und ›Fischerkaten am Bodden‹ (1895). Den beiden folgten schnell weitere namhafte Künstler und Künstlerinnen ins ›Paradies‹ zwischen Meer und Bodden: die Liebermann-Schülerin Eva Stort, die expressionistische Malerin Dora Koch-Stetter, zudem Elisabeth Büchsel, Hugo Jaeckel, Martin Körte, Fritz Grebe, Friedrich Wachenhusen, Rudolf Eichstädt, Heinrich Schlotermann und der Barther Maler Louis Douzette (→ S. 79). Auch der Dekorationskünstler des Jugendstils und Kunstmaler des Naturalismus Arnold Lyongrün (1871–1935) gehörte mehrere Jahre der Künstlerkolonie an. Zeitweilige Gäste waren die herausragenden expressionistischen Maler Alexej Jawlensky und Marianne von Werefkin (›Die Steilküste von Ahrenshoop‹, 1911), die der Neuen Künstlervereinigung München angehörten und in Prerow wohnten. Weit hatten sie es alle nicht, um ihre Staffeleien aufzubauen. Die einmaligen Naturmotive liegen schließlich direkt vor der Haustür des einstigen Schifferdorfes: Meer, Strand, die graugelben Dünen, die Boddengewässer mit ihren idyllischen Häfen, die schilfgedeckten Fischerkaten, das schroffe Steilufer, die krummbuckligen pittoresken Windflüchter und die weidenden Schafe auf den Boddenwiesen, die ungeheuere Weite des Himmels und nicht zuletzt die ursprüngliche, melancholische und herb-schöne Landschaft mit ihrem grandiosem Licht. Zu den bedeutendsten Malerinnen der Kolonie gehörte Elisabeth von Eicken (1862–1940). Ihre Waldlandschaften mit Bäumen, Moosflechten und Farnen bestechen durch großartige Farbenkraft, herausragend sicherlich ist ›Regenstimmung – in Ahrenshoop‹. Ihr Wohn- und Atelierhaus dient heute als Kunsthotel (→ S. 108). Im Jahr 1909 eröffnete der tiefblau gestrichene Kunstkaten, in dem die Künstler der Malerkolonie ihre Werke ausstellten. Das von Müller-Kaempff und Theobald Schorn (1866–1913) entworfene Ausstellungshaus unter dunklem Schilfrohrdach diente als Begegnungsstätte zwischen den Ahrenshooper Künstlern und kunstinteressierten Besuchern – jenseits des kommerziellen Kunsthandels. Die ungewöhnliche Populationsdichte von Malern im Dorf verführte so manchen Zeitgenossen zu spöttischen Kommentaren. Der Berliner Schriftsteller Heinz Tovote witzelte 1906 in seinem satirischen Roman ›Hilde Vangerow und ihre Schwester‹, dass in der Kolonie inzwischen sämtliche Motive zwischen Bodden nummeriert und registriert seien. Wenn ein Maler doch noch eine nicht registrierte wild wachsende Blume als Motiv entdecken sollte, schlussfolgerte Tovote, müsste er sie sofort vor Nachahmern schützen oder gleich ausreißen.

Spätestens am Vorabend des Ersten Weltkriegs ging die ›goldene Zeit‹ der Künstlerkolonie zu Ende, viele Maler der Gründergeneration verließen Ahrenshoop. Aber es dauerte nicht lange, und eine neue Künstlergeneration ließ sich von der herrlichen Landschaft inspirieren (→ S. 47). Schon im Jahr 1919 zog die Malerin Hedwig Woermann (1879–1960) nach Studien in Worpswede sowie bei einem Schüler Auguste Rodins nach Wustrow. Sie wurde in Europa und in Südamerika durch die Nutzung der alten Technik japanischer Seidenmalerei berühmt. Die Schriftstellerin Käthe Miethe (1893–1961) siedelte 1936 von Berlin in die Büdnerei B 54 des Ahrenshooper Stadtteils Althagen, die dem Maler Hugo Jaeckel gehörte. Miethe veröffentlichte neben Kinder- und Jugendbüchern vor allem Werke über ihre Wahlheimat wie das 1949 erstmals erschienene Buch ›Das Fischland‹. Es zählt zu den bekannten Werken der norddeutschen Heimatliteratur (→ S. 169).

Nach dem Zweiten Weltkrieg fanden neben zahlreichen Badegästen auch Schauspieler, Regisseure, Musiker, Wissenschaftler und Schriftsteller wie Anna Seghers, Bertolt Brecht, Gerhart Hauptmann, der DDR-Kulturminister Johannes R. Becher und später auch Christa Wolf den Weg auf den Vordarß – gern sommers zur Urlaubszeit. Aus der einstigen feinsinnigen Künstlerkolonie entwickelte sich nun der feine Künstlerort Ahrenshoop. Die Zahl der Galerien und Kunsthäuser ist mittlerweile kaum noch zu überblicken. Seit 1994 gehört Ahrenshoop zur euroArt, der Vereinigung der Europäischen Künstlerkolonien.

›Fischer auf dem Bodden bei Ahrenshoop‹,
Gemälde von Elisabeth von Eicken (um 1895, Ausschnitt)

Ahrenshoop

›Powersdörp‹, armes Dorf, nannte man über Jahrhunderte geringschätzig den unscheinbaren Schiffer- und Fischerort auf dem Vordarß, bevor er sich Ende des 19. Jahrhunderts zum wohl berühmtesten Künstler-Hotspot an der deutschen Ostseeküste mauserte. Doch fast wäre die 1311 erstmals urkundlich als Arneshop erwähnte Ortschaft schon am Ende des 14. Jahrhunderts zu einer veritablen Handelsniederlassung geworden. Aber eben nur fast: Im Jahr 1390 wollte der pommersche Herzog Bogislaw VI. den damals noch am Meeresarm Loop gelegenen Ort zu einer größeren Handelsstadt ausbauen, zu einem bedeutenden Seehafen des pommerschen Herzogtums. Damit wäre er in unmittelbare Konkurrenz zur mächtigen Hansestadt Rostock geraten. Das konnte nicht gutgehen, denn die reichen Rostocker ›Pfeffersäcke‹ sahen in einem solchen Seehafen vor ihrer Haustür ihre vitalen Handelsprivilegien empfindlich eingeschränkt. Angeblich eine 1000 Mann starke hansische Streitmacht zerstörte daraufhin um 1395 die bereits angelegte Ahrenshooper Festung

Eine Station des Kunstpfades

▶ Karte S. 101

und schüttete den Loop, den Darßer Kanal zur Ostsee, vollständig zu.

Erst rund 200 Jahre später, 1591, tauchte der Ort wieder in den Annalen auf. Da wurde die Fischereiniederlassung als Grenze zu Mecklenburg erklärt. Seitdem verläuft hier die historische Grenze zwischen Pommern und Mecklenburg: Ahrenshoop gehört zu Vorpommern, das Fischland südlich davon zu Mecklenburg. Ahrenshoop wurde ab 1648, nach dem Dreißigjährigen Krieg, wie ganz Vorpommern schwedisch und blieb es bis 1815, bis zum Wiener Kongress. Dann kam es zu Preußen. Ahrenshoop verbuchte in der zweiten Hälfte des 19. Jahrhunderts kurzzeitig einen Aufschwung durch die Segelschifffahrt, aber die meiste Zeit blieb es ›dat powere Dörp‹.

Ende des 19. Jahrhunderts jedoch kamen die ersten Künstler. Diese Jahre, so schrieb der Chefredakteur des politisch-satirischen ›Kladderadatsch‹ Johannes Trojan (1837–1915), waren die ›goldene Zeit‹ für den Ort: »Die Maler fuhren mit den Fischern auf den Flundernfang, lagen im weißen Sande oder rollten sich die Dünen hinunter und arbeiteten dabei auch fleißig und mit Erfolg.« Doch die Eroberung des von der Welt verwaisten Dorfes durch die **Künstlerkolonie** (→ Extra S. 96) lockte schnell das kapitalkräftige Bürgertum an. Neben und anstelle der bescheidenen Fischer- und Schifferkaten wuchsen nun vornehme Villen aus dem Dünensand, die nicht so recht in die Landschaft passen wollten. »Mit jedem Jahr ging das Zerstörungswerk weiter«, prangerte der damalige Bestsellerautor Heinz Tovote (1864–1946) das Spekulantentum an. Als Vollendung dieser Entwicklung avancierte der kleine Ort bald zum beliebten Seebad der preußischen Hautevolee. Viele der etablierten Künstler verließen noch vor dem Ersten Weltkrieg ihre Ostsee-Idylle, eine zweite

Ahrenshoop
1 Kunstkaten
2 Künstlerhaus Lukas
3 Galerie im Dornenhaus
4 Galerie Schnepel III
5 Galerie Lardon
6 Neues Kunsthaus
7 LGM-Klanggalerie Das Ohr
8 Atelier Carola Pieper
0 250 500 m
Saaler Bodden
Ostsee
Ahrenshooper Holz
Prerow, Zingst
Dorfstr.
Schifferberg
Der Fischländer
The Grand Ahrenshoop
Romantik Hotel Namenlos
Schifferkirche
Haus Nordlicht
Elisabeth von Eicken
Herr Hoshi
Achtern Strom
Kaffeemühle
Feldweg
Pieni
Bernhard-Seitz-Weg
Räucherhaus
Yachthafen Althagen
Althagener Born
Hafenweg
Althagener Str.
Am Strom
Der Charlottenhof
Grenzweg
Fischkaten
Malchens
Dora-Koch-Stelter-Weg
Paul-Müller-Kempf-Weg
Weg zum Hohen Ufer
Kunstmuseum Ahrenshoop
Nienhagen, Wustrow, Restaurant Am Kiel

Einer der Hauptanziehungspunkte in Ahrenshoop: der Kunstkaten

Generation von jungen Künstlern folgte nach dem Krieg. Auch Intellektuelle und Prominente aus der Kulturszene der Reichshauptstadt Berlin zeigten sich gerne im populären Künstlerbad. Nach dem Zweiten Weltkrieg wurde Ahrenshoop zum ›Seebad der Kulturschaffenden‹, wo sich die kulturelle Elite der DDR erholen konnte. Auch der Dramatiker Bertolt Brecht war in den Sommern 1950 und 1951 hier. Am Strand wurde er nie gesichtet, vom Nachkriegs-Ahrenshoop hielt er offenbar nicht viel. Die neu gebauten Häuser im Dorf kamen ihm vor ›wie freche behauptungen, im grunde haltlos, von der landschaft verachtet.‹

Nach der politischen Wende, im Jahr 1990, wurde Ahrenshoop mit Niehagen und Althagen zu einer Gemeinde zusammengefasst. Heute wird das Seebad mit seinem ungebrochenen Künstlerflair von rund 70 000 Urlaubsgästen jährlich besucht. Die offenbar recht ungezügelte Bautätigkeit, so hat man den Eindruck, verändert leider nach und nach das großteils noch dörflich geprägte Ortsbild. Das ist schade und auch unverständlich. Nach wie zuvor gehört dagegen der breite Sandstrand zu den schönsten vorpommerschen Ostseestränden. Überwältigend und am eindrucksvollsten vom Hohen Ufer aus zu genießen ist auch der ›Fischländer Sonnenuntergang‹. Die Wanderung entlang des Hohen Ufers von Ahrenshoop nach Wustrow beziehungsweise die Fischland-Rundwanderung (→ Tour S. 107) gehört sicherlich zu den Highlights des Halbinselbesuchs.

Die weit über die Grenzen des Künstlerdorfes hinaus bekannte ›Ahrenshooper Kunstauktion‹ findet jeweils am ersten Samstag im August statt – mittlerweile nicht mehr im Kunstkaten, sondern gegenüber, in der Strandhalle (Dorfstr. 16 b). Unter den Hammer kommen Kunstwerke des 19. und 20. Jahrhunderts, Werke der Maler aus der Künstlerkolonie und der klassischen Moderne sowie der zeitgenössischen Kunst. Ein Sommernachtstraum mit Kunst und Performance ist die ›Lange Nacht der Kunst‹ im August. Dann öffnen rund

▲ Karte S. 101

20 Galerien, Keramikwerkstätten sowie Kunst- und Veranstaltungshäuser ihre Türen zu einem abwechslungsreichen Kulturprogramm.

Am FKK-Strand: Der Minister und die ›alte Sau‹

Einer der ersten Strände, an dem in der DDR die Freikörperkultur gepflegt wurde, war der von Ahrenshoop. Vor allem Künstler und Intellektuelle tummelten sich in den frühen 1950er Jahren freizügig auf dem feinkörnigen Sand. Auch Johannes R. Becher, Texter der DDR-Hymne und DDR-Kulturminister, liebte die ›sozialistische Ostsee‹ und fand früh Wohlgefallen an Ahrenshoop, das er gerne zu einem ›Intelligenz-Sammelpunkt‹ machen wollte. Nur die vielen FKKler am schönen Strand ärgerten ihn zutiefst, schon im ›Interesse der Ästhetik‹, wie er sagte. Als er sich an einem warmen Sommertag des Jahres 1951 auf seinem täglichen Strandspaziergang befand, kam ihm eine splitternackte Frau um die fünfzig unter die Augen, nur ihr Antlitz hatte sie vor der Sonne mit einem Exemplar des ›Neuen Deutschland‹ geschützt. Offenbar verlor Becher bei diesem Anblick völlig die Contenance und schrie die nackte Dame unflätig an: »Schämen Sie sich nicht, Sie alte Sau?« Die Ansprache ging bald in den Anekdotenschatz der Weltliteratur ein, denn peinlicherweise war die Angesprochene keine Geringere als Anna Seghers, die Grande Dame der DDR-Literatur, Verfasserin unter anderem des berühmten Romans ›Das siebte Kreuz‹. Als Becher einige Wochen später Anna Seghers den Nationalpreis erster Klasse der DDR in der Deutschen Staatsoper überreichen musste, begann er seine Ansprache mit einem lieblichen »Meine liebe Anna«. Schlagfertig und für alle hörbar konterte Seghers: »Für dich immer noch die alte Sau.«

Sehenswürdigkeiten

Ahrenshoop mit seinen 650 Einwohnern, gern verglichen mit dem berühmten und weit größeren Worpswede bei Bremen, ist heute ein charmanter und vornehmer Badeort, aber vor allem auch ein kreativer Künstlerort mit einer ganz besonderen Ausstrahlung. Seit über 130 Jahren stehen hier Kunst und Kultur hoch im Kurs. Wo die Kunst so dominant das tägliche Leben prägt, ist erfahrungsgemäß der Kommerz nicht weit. Ahrenshoop ist als Urlaubsziel eine sehr anspruchsvolle Adresse, nicht erst seit vor einigen Jahren die für Fischland-Verhältnisse einige Nummern zu große und eher wie ein Fremdkörper wirkende Fünf-Sterne-Luxusherberge ›The Grand‹ den historischen Ort eingenommen hat, wo einst das Kurhaus thronte und noch früher das legendäre Hotel ›Bogislav‹ stand. Aber etwas hat sich bis heute nicht geändert: Nahezu alle Ahrenshooper Sehenswürdigkeiten haben einen unmittelbaren Bezug zur ehemaligen Künstlerkolonie. Die Ortschaft auf dem Vordarß besitzt seit 2013 ein repräsentatives **Kunstmuseum**. Das Gebäude am Weg zum Hohen Ufer ist schon architektonisch ein Hingucker: Eindrucksvoll als Mischung

Blick vom Hohen Ufer

aus Tradition und Moderne errichtet, mit Messingflächen statt Reetdach, golden glänzend in der Sonne. Das Museum von europäischem Rang besteht aus vier fast fensterlosen Ausstellungsräumen und einem Multifunktionalraum. Die sehenswerten Sammlungen mit mehr als 800 Exponaten reichen von der Gründerzeit der Künstlerkolonie bis zu zeitgenössischer Kunst, nahezu alle Stilarten des 20. Jahrhunderts sind vertreten. Die ausgestellten Werke stammen von Künstlern, die in Ahrenshoop und Umgebung gelebt, gearbeitet oder wiederkehrend als Sommergäste gewirkt haben. Anlässlich des 125-jährigen Jubiläums der Künstlerkolonie weihte man 2017 den 6,5 Kilometer langen **Kunstpfad Ahrenshoop** ein, der wunderbar zum Museum passt. Der Rundwanderweg führt zu zehn Standorten, an denen stimmungsvolle Werke namhafter Ahrenshooper Maler entstanden sind. Auf diese Weise lässt sich Ahrenshoop eindrucksvoll mit den Augen der Künstler aus der ›Kolonie-Zeit‹ entdecken. Einige der Gemälde sind im Original im Kunstmuseum zu finden, den Kunstpfad-Flyer bekommt man bei der Kurverwaltung. Der Pfad beginnt nahe der Steilküste, wo der Maler Hugo Jaeckel 1910 sein frühexpressionistisches Gemälde ›Hohes Ufer‹ zu malen begann. Es wurde erst 1915 fertiggestellt, das Original hängt im Kunstmuseum. Weitere Stationen des Kunstpfades, der sich auch mit dem Fahrrad bestens erkunden lässt, sind etwa Paul Müller-Kaempffs ›Blick auf Ahrenshoop‹, Anna Gerresheims ›Küste im Morgenlicht‹ und Carl Malchins ›Boddenblick mit Mühle‹. Der Wanderweg endet in Althagen an der Stelle, an der Elisabeth von Eickens Gemälde ›Stille Stimmung an der Fulge‹ von 1893 entstand.

Der kobaltblaue **Kunstkaten** am Strandweg war das Mekka der Gründergeneration der Ahrenshooper Künstlerkolonie. Der Ausstellungspavillon in regionaltypischer Bauweise stammt aus dem Jahr 1909 und ist heute die wohl bekannteste Galerie am Platz. Die nur wenige Schritte davon entfernte **Bunte Stube** an der Dorfstraße wurde 1929 von Walter Butzek mit breiten Fenstern und ›runder Ecke‹ im Bauhausstil umgestaltet. Der markant rot-weiß gestaltete Laden ist die traditionsreichste Ahrenshooper Verkaufsstätte für anspruchsvollere Mitbringsel aus dem Fischland, eine Fundgrube für regionale Literatur, Kunsthandwerk, Naturprodukte und Keramik.

Folgt man der Dorfstraße in nordöstliche Richtung, stößt man auf den **Radweg** zum Weststrand und in den Darßwald (→ Tour S. 129). Die kapellenartige und sehr eigenwillig gestaltete **Schifferkirche** am Paetowweg erinnert mit ihrem Tonnengewölbe aus Holz an ein kieloben schwimmendes Boot. Baumeister der Kirche von 1951 war Hardt-Waltherr Hämer (1922–2012), für die Inneneinrichtung benutzte die ortsansässige Bildhauerin Doris Oberländer-Seeberg zum Teil das Holz der mächtigen Pappel, die für das kleine Gotteshaus gefällt worden war. Die vier von der Kirchendecke herabhängenden Votivschiffe, vom Ahrenshooper Kapitän Heinrich Voss gebaut und gestiftet, symbolisieren die christlichen Tugenden Glaube, Hoffnung, Frieden und Liebe. Erst 2005 vollendete der streitbare Architekt, ›Vater der behutsamen Stadterneuerung‹ genannt, sein Erstlingswerk mit dem separaten Glockenturm neben der Kirche. Im Jahr 2013 wurde die Wegscheider-Orgel aus Dresden geweiht. Seither erklingen auf ihr Stücke aller Epochen der Orgelmusik. Das Besondere: Die aus Holz gebaute Kirche nimmt den Klang des Instruments auf und lässt ihn in den Wänden mitschwingen - eine vollendete Einheit

▲ Karte S. 101

Romantisch: der Hafen in Althagen

von Intonation und Architektur. Die jährlichen Orgeltage Ahrenshoop finden Ende April statt.

Der 1873 angelegte und noch großteils naturbelassene **Schifferfriedhof** daneben schmiegt sich an den fast 15 Meter hohen Schifferberg. Hier fanden viele Schiffer, Kapitäne und Künstler ihre letzte Ruhestätte, darunter auch der Kirchenarchitekt Hämer, die Mitbegründerin der Künstlerkolonie Anna Gerresheim sowie die Malerin Elisabeth von Eicken. Erst 2017 bettete man die Urne von Paul Müller-Kaempff und die seiner Frau vom Berliner Waldfriedhof Stahnsdorf auf den Schifferfriedhof um.

Etwa knapp ein Kilometer nördlich der Kirche erstreckt sich das 55 Hektar große und fast urwaldähnliche **Naturschutzgebiet Ahrenshooper Holz** mit dichten Beständen wild wachsender Stechpalmen, stattlichen Stieleichen und alten Rotbuchen mit Torfstandorten. Die Unterschutzstellung erfolgte 1958. Ein Wanderweg führt von Ahrenshoop aus in das Waldgebiet hinein. Diesen Weg ging im Herbst 1945 vielleicht auch der bedeutende Landschaftsmaler Alfred Partikel. Er verschwand damals beim Pilzesammeln spurlos im Ahrenshooper Holz und gilt seitdem als verschollen. In den 1920er Jahren wohnte der ostpreußische Künstler und Freund des Bildhauers Gerhard Marcks längere Zeit in Ahrenshoop. Kunstwerke Partikels sind unter anderem auch im Kunstmuseum Ahrenshoop zu finden. Der Ostseekrimi ›Ahrenshooper Todholz‹ von Tilman Thiemig thematisiert das Verschwinden Alfred Partikels als fiktive Geschichte mit zahlreichen existierenden Ahrenshooper Schauplätzen (→ S. 169).

Althagen

Das **Dornenhaus** im Ortsteil Althagen gehört zu den ältesten Rohrdachhäusern von Ahrenshoop, es wurde bereits um 1660 erbaut. Seinen Namen erhielt es wegen der beeindruckenden Weißdorn-Windflüchter, die neben dem Haus standen und heute wieder dort wachsen. Das Dornenhaus diente zunächst als Bauern-,

In der Holländerwindmühle sind heute Café und Galerie untergebracht

Seefahrer- und dann als Zollhaus, denn hier befindet sich der historische Grenzgraben zwischen Mecklenburg und Vorpommern. Viel später – zu DDR-Zeiten – wurde es zum Kulturbundhaus, in dem viele berühmte Zeitgenossen wie etwa Bertolt Brecht und Helene Weigel bei Fischlandbesuchen ihre Herberge fanden. Seit 1998 ist das grundlegend restaurierte Dornenhaus eine Galerie mit angeschlossenem Keramikatelier der Eheleute Löber, wo man auch deren dekorative Gebrauchskeramik im typischen blaugrauen Fischlanddesign erwerben kann. Jedes Stück Fischlandkeramik präsentiert sich als Unikat, Motive der Region werden frei geritzt und gemalt – etwa Fische, Windflüchter, Blüten, Zeesen, Kraniche oder Mücken. Im schönen Vorgarten vor dem Haus stehen etliche reizende und sehenswerte Plastiken. Hier befindet sich die achte Station des Ahrenshooper Kunstpfades: An dieser Stelle entstand 1893/94 en plein air Elisabeth von Eickens Gemälde ›Dornenhaus im winterlichen Tauschnee‹.

▲ Karte S. 101

Nur ein paar Schritte entfernt eröffnete 2016 der Neubau der **Holländerwindmühle**. Das alte Wahrzeichen Ahrenshoops aus dem Jahr 1880 hatte man 1968 abgerissen. Die an gleicher Stelle und nach alten Plänen wieder aufgebaute Mühle besitzt neben Café, Galerie und Atelier eine Maisonette-Ferienwohnung.

Auch die Nationalsozialisten im Umfeld von Hermann Göring und einiger Direktoren der I. G. Farben wussten, wo es schön ist. In Althagen ließen sie schmucke Rohrdachvillen mit grandiosen Aussichten bauen. In der DDR stellte man die luxuriösen Sommerhäuser hochrangigen Genossen sowie Wissenschaftlern und Ärzten zur Verfügung – als Anreiz dafür, dass sie nicht das Land in Richtung Westen verlassen. ›Millionenhügel‹ nannten Alteingesessene damals das Areal der realsozialistischen Schickeria. Vom idyllisch am Bodden gelegenen **Althäger Hafen** mit seinen typischen ins

Unterwegs am Hohen Ufer

Wasser gebauten Bootshäusern und dem beliebten Restaurant ›Räucherhaus‹ starten zur Saison traditionelle Zeesenboote zu Törns auf den Bodden. Fahrgastschiffe legen nach Ribnitz-Damgarten, Born, Bodstedt und Zingst ab. In frostigen Wintern gilt der zugefrorene Bodden bei Althagen als eines der besten Eissegelreviere Deutschlands. Sehr populär ist der Boddenradweg nach Born.

Fischland-Rundwanderung/Radtour

Route: Ahrenshoop – Hohes Ufer – Wustrow – Barnstorf – Bodden-Wanderweg – Ahrenshoop/OT Althagen
Start: Kunstmuseum am Weg zum Hohen Ufer
Ziel: Hafen im OT Althagen
Länge: ca. 14 Kilometer

Die Fischland-Rundtour ist zu Fuß oder mit dem Fahrrad möglich. Auf dem Boddenweg zwischen Barnstorf und Niehagen gibt es einige sandige Flächen, wo Radler unter Umständen absteigen müssen. Günstiger Ausgangspunkt ist das 2013 eröffnete **Kunstmuseum** in Ahrenshoop. Der ›Weg zum Hohen Ufer‹ führt von dort leicht bergan zur Steilküste hoch. Oben verläuft der Hochuferweg über 3,2 Kilometer südlich bis zur Wustrower Seebrücke – mit atemberaubenden Ausblicken unterwegs. Es ist, als öffne sich hier oben der Vorhang eines Naturtheaters: Von nun an hat das Meer seinen großen Auftritt, die Ostsee zeigt sich von ihrer rauen, wilden Seite. Das **Hohe Ufer**, eine bis zu 18 Meter hohe und ›aktive‹ Kliffküste, gehört zu einer Stauchendmoräne. Sie ist ein Überbleibsel der Eiszeit, ihre Seeseite wurde von der hier sehr starken Meeresbrandung in eine zerklüftete Abbruchküste verwandelt. Seit tausenden Jahren wird das Hohe Ufer unaufhörlich bearbeitet, stetig verlagert sich die Küstenlinie weiter nach Osten. Direkt neben den steilen Abbrüchen windet sich der **Saumpfad** mit abwechslungsreicher Vegetation. Er führt über Dünenketten, durch kleine Waldstücke, vorbei an wild wachsenden Kartoffelrosen, Sanddornbüschen und Rapsfeldern. Die Schilder, die vor den Gefahren an den Abbrüchen warnen, müssen dabei unbedingt beachtet werden. Sollte die Tour oder der Spaziergang am Hohen Ufer zeitlich mit dem alljährlichen Abschlusskonzert der Konzertreihe ›Naturklänge im September‹ zusammenfallen (→ S. 111), ist ein grandioses Musik-Natur-Erlebnis garantiert: Musikgenuss mit Meerblick und vielleicht sogar mit einem unvergesslichen ›Fischland-Sonnenuntergang‹.

Ein kleiner Wanderweg schlängelt sich unterwegs vom Hohen Ufer zum **Bakelberg** hoch. Hier steht zur Rast eine Picknickbank. Die mit 17,9 Metern höchste Erhebung der Halbinsel ist von Wiesen und Feldern umgeben. Der weite Panoramablick schweift vom ›Gipfel‹ über das Fischland, westlich zur Ostsee, östlich zum Saaler Bodden. Die fünf Meter hohe Wegmarke ›Schreitender Paul Müller-Kaempff‹ wurde Ende 2020 abgebaut. Nun steht die Figur des Künstlers Moritz Götze en miniature vor der Alten Schule. Hier oben auf dem vorpommerschen Berg wanderte der Maler an einem Sommertag 1889 und entdeckte das weltentrückte Ahrenshoop für sich und seine Malerkollegen. An der Steilküste haben Tausende von Uferschwalben ihre Nisthöhlen bis zu einem Meter tief in den weichen, gelb schimmernden Lehm gegraben haben. Bei den geselligen Koloniebrütern handelt es sich um die kleinste Schwalbenart in Europa. Die im Gegensatz zu anderen Schwalbenarten recht unstet flatternden Vögel kommen Ende April aus ihren afrikanischen Winterquartieren und bleiben bis etwa Ende September hier an der Küste. Unten, am schmalen und steinigen Ufer, fallen kubisch geformte Bunkerteile auf, einige ragen aus dem Wasser, von Wellen umspült. Sie stammen von der Nationalen Volksarmee der DDR und dienten damals der Seeüberwachung. Da

standen sie noch hoch oben. Hier am Kliff nagt unübersehbar die Erosion. Der Küstenabbruch beträgt jährlich durchschnittlich 60 Zentimeter. Daran können auch die zahlreichen Buhnenreihen gleich neben den rostigen Ruinen nichts ändern. Bis vor kurzem verband hier eine Saisontreppe von April bis Oktober das Hohe Ufer mit dem Strand. Die Treppe wurde inzwischen von einem Sturm zerstört und wird wohl nicht wieder aufgebaut.
Danach fällt der Weg nach Wustrow hin allmählich ab und geht in ein Dünenfeld über. Von der Seebrücke in **Wustrow** (→ S. 92) führt die kerzengerade und von Linden gesäumte Strandstraße durch den einstigen Seefahrer- und Schifferort bis zur Ernst-Thälmann-Straße, der Wustrower Hauptverkehrsstraße. Rechter Hand passiert man zunächst die Touristeninformation im ehemaligen Kaiserlichen Postamt (→ S. 92), dann die rote neugotische Backsteinkirche, von deren Aussichtsplattform sich die gesamte Rundwanderung gut überblicken lässt. Nur wenige Meter entfernt liegt der Wustrower Hafen. Hier legen im Sommer regelmäßig Zeesenboote zum Segeltörn auf dem Saaler Bodden ab. Mit dem Fischrestaurant ›Kapitänshaus am Unterfeuer‹ (→ S. 94) liegt ei ein perfekter Einkehr- und Rastplatz auf der Tour. Über einen gepflasterten Weg erreicht man nach 10 bis 15 Gehminuten den denkmalgeschützten Ortsteil **Barnstorf** mit der Kunstscheune (→ S. 92) und seinen alten rohrgedeckten Bauernhäusern. Zwischen weiten Wiesen auf der einen Seite und dichtem hohem Schilf am Boddenufer mit kleinen Badebuchten verläuft der Weg weiter Richtung **Niehagen**. Hier muss man kurz auf die Bäderstraße ausweichen. Dann geht es wieder weiter auf dem Bodden-Wanderweg bis zum **Althäger Hafen** (→ S. 106).

Ahrenshoop

PLZ:18347, **Vorwahl**: 038220/
Kurverwaltung Ahrenshoop, Kirchnersgang 2, Tel. 038220/666610; in der Hauptsaison Mo–Sa 10–17, in der Nebensaison Mo–Fr 10–16, Sa 10–15 Uhr. www.ostseebad-ahrenshoop.de
Zimmervermittlung Ahrenshooper Ferien, Dorfstr. 4, Tel. 038220/82535. www.ahrenshooper-ferien.de

The Grand Ahrenshoop (€€€), Schifferberg 24, Tel. 038220/678100. Moderner Fünf-Sterne-Luxustempel mit großem Wellnessresort, Fitnessstudio, Edelrestaurant, Café, Bar, Kursaal sowie schönem Blick auf den Strand und die Dünenlandschaft. Galerie Peters-Barenbrock. Das Haus in Form eines Kreuzfahrtschiffes wirkt in dieser naturdominanten Gegend aber eher wie ein Fremdkörper. www.the-grand.de
Romantik Hotel Namenlos/Fischerwiege (€€–€€€), Schifferberg 9a/Dorfstr. 44 und Schifferberg 9a, Tel. 038220/6060. Vier rohrgedeckte Häuser mit stilvoll-eleganten Zimmern. Schwimmbad, Wellnessbereich, Saunen, Bibliothek. Berühmtes Café-Restaurant mit Ostseeblick. www.hotel-namenlos.de
Hotel Elisabeth von Eicken (€€€), Dorfstr. 39, Tel. 038220/67970. Kleines Kunst-Hotel im 1894 erbauten Domizil der namensgebenden Malerin, einer der Mitbegründerinnen der Künstlerkolonie. Sieben individuell von verschiedenen Künstlern eingerichtete Zimmer. Vorzügliches Café-Restaurant ›Ginger‹: regionale Tapas, Fisch und Steaks, frische Salate, vegetarische Gerichte. www.seezeichen-hotel.de
Der Charlottenhof (€€), Grenzweg 3, Tel. 038220/302. Kleines, feines Boutique-Hotel, 2012 entstanden aus der ältesten Pension der Künstlerkolonie von 1855. Zwölf geschmackvoll eingerichtete Doppelzimmer, Studios und Suiten, alle mit persönlicher Note. Ruhig gelegen, die Ostsee direkt vor der Nase. Variantenreiches Frühstück, Café-Restaurant mit regionaler und saisonal ausgerichteter Küche, Außenterrasse. Sauna, strandnah. www.charlottenhof-ahrenshoop.de

▸ Karte S. 101

Fischländer (€€), Dorfstr. 47e, Tel. 038220/6950. Familiengeführtes Vier-Sterne-Haus in Strandnähe und mit ortstypischem Rohrdach. Viele Zimmer mit Balkon und Meerblick. Spa-Bereich mit Sauna, Solarium, Kneipp-Fußbecken und Whirlpool. Cocktail- und Tanzbar ›Tute‹. www.hotelderfischlaender.de

Haus Nordlicht (€–€€), Dorfstr. 34, Tel. 038220/69610. Schöne Lage am Ortsrand nahe Strand und Hochufer. Eigener Strandzugang, Zimmer mit Meerblick, alteingesessene Familienpension. www.nordlicht-ahrenshoop.de

Landhäuser Morgensünn und Susewind (€–€€), Ahrenshoop/OT Nienhagen, Bauernreihe 4 d, Tel. 038220/6410. Vier rohrgedeckte Häuser direkt am Bodden, Zimmer, Appartements, Ferienwohnungen. Schwimmbad, Whirlpool, Sauna. www.hoteluntermreetdach.de

Töpperhus (€€), Bauernreihe 8a, Ahrenshoop/OT Nienhagen, Tel. 80116. Das reetgedeckte Fachwerkhaus ist eine Augenweide. Es liegt sehr ruhig in einer Bauernreihe. Vier gemütliche Ferienappartements verschiedener Größe sind ganzjährig zu mieten. Der weitläufige Garten grenzt direkt an das Ufer des Saaler Boddens. Parkplatz, Fahrradabstellmöglichkeiten. http://www.toepperhus.de

Räucherhaus, Hafenweg 6, Ahrenshoop/OT Althagen, Tel. 038220/6949. Beliebte Fischgaststätte mit Blick auf den kleinen Althäger Hafen. Wild aus eigener Jagd, Fisch aus eigenem Fang, gefangen vom Hausherrn und Fischer Andreas Schönthier. Hauseigenes Bier der Fischland-Brauerei. Räucherei ›Zur Reuse‹, tgl. Verkauf ab Ofen und ab 11.30 Uhr. http://www.raeucherhaus.com

Restaurant Am Kiel, Boddenweg 12, Tel. 038220/669721. Gehobene regionale und frische Landhausküche. Frischer Fisch von einheimischen Fischern, Wildgerichte, erlesene Weine. www.hoteluntermreetdach.de

Nordlicht, Dorfstr. 34 (im gleichnamigen Hotel), Tel. 038220/69610. Kreative Küche aus heimischen Produkten, Sommerterrasse mit Meerblick, hausgebackener Kuchen, gute Weine. www.nordlicht-ahrenshoop.de

Herr Hoshi, Dorfstr. 22 (im Hotel ›Künstlerquartier Seezeichen‹), Tel. 038220/678260, tgl. ab 17 Uhr. Asia meets Ostsee: Kulinarische Mischung der beiden Welten aus panasiatischen Spezialitäten und regionalen Gerichten von der Ostseeküste, auch vegetarisch. www.seezeichen-hotel.de

Achtern Strom, Dorfstr. 4, Tel. 038220/82601. Authentisches norddeutsches Fischlokal. Zu den Spezialitäten des Hauses gehören der ›Fischteller Achtern Strom‹ und Heilbutt auf Spinat. Auch Wild- und Fleischgerichte. Herzhaft süß: die Mecklenburgische Götterspeise. **Fischkaten**, Grenzweg 17 a, Tel. 038220/66278. Die angesagteste Fischtheke im Ort: Frischer und geräucherter Fisch, Suppen und für viele die besten Fischbrötchen der Halbinsel. Vom ›Feinschmecker‹ mit dem ›Goldenen Burger‹ ausgezeichnet.

Kaffeemühle Ahrenshoop, Feldweg 7, Tel. 038220/668343. Nettes Café in der wieder errichteten Holländerwindmühle: Fairtrade-Kaffee, Bio-Tees, Mühlenbrot, selbstgebackener Kuchen vom Blech, Suppen und Aufläufe. Schöne Gartenterrasse. Im Mahlwerk: Werkstatt-Nachlass des Malers Theodor Schultze-Jasmer (→ S. 126), Kunst- und Lyrikkurse. www.muehle-ahrenshoop.com

Café Pieni, Dorfstr. 1a, Tel. 038220/661178. Freundliches Café und Bistro mit hausgemachtem Kuchen, sehr leckerem Frühstück und köstlichen Suppen. Picknickkorb für den Strand. http://www.cafe-pieni-ahrenshoop.de

Malchens Café, Bernhard-Seitz-Weg 17 (im Aparthotel Saatmann), Tel. 038220/6070. Familienbetrieb seit 1910. Ein gemütlicher, stilvoll eingerichteter Raum mit Malerei, Plastiken und allerlei Kunstgegenständen. Hier verkehrten einst Maler wie Paul Müller-Kaempff und Schriftsteller wie Uwe Johnson und Bertolt Brecht sowie gerne und oft die Fischlandchronistin Käthe Miethe. Heute: Urlaubsfrühstück (auch für Nichthotelgäste), Kuchen nach alten Rezepten, kulinarische Kleinigkeiten, Weine und viel Kunst: Lesungen, Literaturstammtische, Musikabende. www.saatmann.net

Tute, Dorfstr. 47e, Tel. 038220/6950. Cocktailbar mit Kultstatus (im Hotel ›Der Fischländer‹). Tolles Getränkeangebot im bekanntesten Szene- und Partytreff der Halbinsel. Ab und an Live-Musik, kleine Tanzfläche. www.hotelderfischlaender.de

Bar Weitblick, Schifferberg 24 (im 5. Stock des Hotels ›The Grand‹), Tel. 038220/678164. Cocktail oder ein Glas Wein mit Weitblick aufs Meer. www.the-grand.de

Kunstmuseum, Weg zum Hohen Ufer, Tel. 038220/66790; April–Okt. Di–So 11–18 Uhr, sonst Di–So 10–17 Uhr. Über 800 Gemälde und Grafiken der Sammlung ›Stiftung Kunstmuseum Ahrenshoop‹. Hochkarätige Wechselausstellungen. www.kunstmuseum-ahrenshoop.de

Kunstkaten, Strandweg 1, Tel. 038220/80308; Ausstellungen und Veranstaltungen ganzjährig. Das kobaltblau gestrichene Haus von 1909 geht auf den Gründer der Künstlerkolonie, Paul Müller-Kaempf, zurück. Heute wird das schmucke Gebäude im ›Fischlandstil‹ von der Kurverwaltung betrieben. In den Ausstellungen – vorrangig zu den Themen Natur, Mensch, Meer – finden Arbeiten aus der Anfangszeit der Malerkolonie und nachfolgender Generationen ebenso Beachtung wie zeitgenössische Kunst. www.kunstkaten.de

Künstlerhaus Lukas, Dorfstr. 35, Tel. 038220/6940. Malschule und Internat. Stipendienplätze für angehende Künstler, im Rahmen einer internationalen Begegnungsstätte und als Ort für künstlerische Arbeit. Jeweils am letzen Sonntag im Monat finden Atelierbesichtigungen, Ausstellungen, Lesungen, Performances und Konzerte statt. www.kuenstlerhaus-lukas.de

Galerie im Dornenhaus, Bernhard-Seitz-Weg 1, Tel. 038220/80963; tgl. 10–19 Uhr. Kunstgalerie in 350 Jahre altem Rohrdachhaus: Töpferhandwerk, Fischlandkeramik des Keramikers Friedemann Löber, Einzelausstellungen meist zeitgenössischer Künstler, Lesungen und Konzerte. www.dornenhaus.de

Galerie Schnepel III, Weg zum Kiel 2, Tel. 038220/679575. Kunsthandwerk aus 14 Ländern, von ›Marokko bis Osteuropa‹: Gebrauchskeramik, Schmuck, Lederwaren, Spielzeug. Malerei und Bildhauerei von Nana Vossen, Keramikwerkstatt von Rüdiger Vossen, Mitmachkurse. www.galerie-schnepel.de

Galerie Lardon, Weg zum Kiel 16, Tel. 038220/668535. Fotogalerie und Weinverkauf von Promi-Weingütern. www.lardon-media.com

Neues Kunsthaus, Bernd-Seitz-Weg 3 a, OT Althagen, Tel. 038220/80726. Ausstellungen von Kunstwerken aus der Region, Skulpturengarten, Lesungen, Konzerte. www.neues-kunsthaus-ahrenshoop.de

Galerie Alte Schule, Dorfstr. 16, Tel. 038220/66330. In der einstigen Dorfschule wechselnde Ausstellungen: Werke der Vertreter der Künstlerkolonie, der klassischen Moderne und der Postmoderne. www.gelerie-alte-schule-ahrenshoop.de

LGM-Klanggalerie Das Ohr, Hans-Brass-Weg 2, Tel. 038220/66700. Der Berliner Komponist Lutz Gerlach entwarf das Haus mit einem Grundriss in der Form eines Ohrs. Besucher können Klang-Licht-Installationen erleben und die Welt audiovisuell entdecken. www.lutz-gerlach.de

Atelier Carola Pieper, Althäger Straße 40, Tel. 038220/80619. Die Malerin betreibt eine Atelier-Werkstatt, kreative Urlauber können bei ihr ganzjährig Kurse im Malen, Zeichnen und Drucken belegen. www.carolapieper.de

▶ Karte S. 101

Schifferkirche, Paetowweg; Juni–Sept. Di–Do 10–16 Uhr, Okt.–Mai Do–So 10–16 Uhr, Gottesdienst So 9 Uhr. www.schifferkirche-ahrenshoop.de

Käthe-Miethe-Bibliothek, Bernhard-Seitz-Weg 3, Tel. 038220/337. Ca. 5000 Bücher, zahlreiche DVDs und CDs, der Dachboden wird für Lesungen genutzt. Im Bestand auch mehrere Werke der 1961 verstorbenen Schriftstellerin und Namensgeberin der Bibliothek (→ S. 98).

Ahrenshooper Jazzfest, 4. Juniwochenende. Jazzbands machen Live-Musik auf verschiedenen Bühnen, auch Open-Air.

Ahrenshooper Tonnenabschlagen, 3. So im Juli (→ S. 52).

Strandfest, Mitte Juli. Partystimmung am Strandübergang 7.

Filmnächte, im September.

Lange Nacht der Kunst, 3. Sa im August. Verschiedene Kulturveranstaltungen, alle Galerien und Kunsthäuser haben bis Mitternacht geöffnet.

Althäger Zeesenbootregatta, 3. Wochenende im September. Die letzte der Zeesenboot-Regatten auf dem Bodden.

Ahrenshooper Literaturtage, Anfang Oktober in der Strandhalle. Größte Buchmesse Mecklenburg-Vorpommerns.

Naturklänge in Ahrenshoop, Anfang September. Alljährliches Abschlusskonzert der Konzertreihe Naturklänge am Hohen Ufer (nahe Wustrow an der Saisontreppe). Die Konzerte finden an landschaftlich reizvollen Orten rund um den Nationalpark Vorpommersche Boddenlandschaft statt, so etwa auch vor dem Schlösschen Sundische Wiese Zingst. Veranstaltung mit Kultstatus. www.naturklaenge.net

Reederei Oswald, Darß-Boddentour, Mühlenstr. 13, Tel. 038232/16677. Mit dem MS ›Swantevit‹ Rundfahrt Zingst–Bodstedt–Born–Ahrenshoop/Althagen–Ribnitz. In der Saison Abfahrt Mo–Sa 12 Uhr am Hafen Althagen, Vor- und Nachsaison nur an 3–4 Tagen. Fahrradtransport. www.fahrgastschifffahrt-fischland-darss-zingst.de

Feiner, fast weißer Sandstrand, im Ortsbereich bis zu 100 Meter breit. Im Uferbereich ist das Wasser kinderfreundlich flach. Von unzähligen Buhnenreihen geschützt, barrierefreier Strandzugang, Strandkörbe, Hundestrand. FKK-Bereiche außerhalb der DLRG-Bewachung. An der Steilküste (Hohes Ufer) ist der Strand schmal und steinig.

Fahrradverleih Brilke, Niehäger Str. 1, Tel. 038220/80396. Auch Fahrradanhänger für bis zu zwei Kinder, Hundekörbe. www.fahrradverleih-ahrenshoop.de

Literarische Rundgänge: Die Schriftstellerin Kristine von Soden führt von Frühling bis Herbst mit fundiertem Wissen und in entspannter Atmosphäre durch die einstige Künstlerkolonie. Außerdem: Workshop ›Schreiben am Meer‹. Kontakt: Tel. 0172/5487272. www.vonsoden.de

Bunte Stube, Dorfstr. 24, Tel. 038220/238; Mai–Aug. Mo–Sa 10–18, So 12–17 Uhr, sonst eingeschränkte Öffnungszeiten. Kunsthandwerk, anspruchsvolles Büchersortiment, Naturprodukte und Feinkost, Andenken, Utensilien zum Malen, Schreibwaren, Schmuck und Kleidung. www.bunte-stube.de

Sommerfrischemarkt, Grenzweg 17 (Ortsmitte, Wiese neben dem großen Spielplatz); Mai–Okt. Do 9–14 Uhr. Regionale und ökologische Produkte, Bio-Gemüse, Öle, Räucherfisch, Ziegenfleisch, Kaffeespezialitäten.

Keramikwerkstatt Uta Löber, Althäger Str. 70, OT Althagen, Tel. 038220/295. Gebrauchsgeschirr in verschiedenen Dekoren, Werkstattverkauf tgl. 10–18 Uhr. www.utaloeber-keramik.de

Die Darßer Türen

EXTRA

Kunstvoll geschnitzt, farbenfroh bemalt und mit tiefsinnigen Ornamenten reich verziert zeigen sich die ›Darßer Türen‹ der ehemaligen Schifferhäuser. Sie sind ein echtes Markenzeichen der Halbinsel Darß und mittlerweile sogar patentrechtlich geschützt. Seit über 200 Jahren schmücken die hölzernen Kunstwerke viele Häuser zwischen Bodden und Meer. Denn die Türen sind eng mit dem Aufblühen der Darßer Segelschifffahrt im späten 18. Jahrhundert verbunden. Der Wohlstand etlicher Seemänner – ob Kapitän oder Matrose – fand damals seinen sichtbaren Ausdruck in stattlichen, stolzen Häusern und eben auch repräsentativen Türen. Sie wurden von der Straße aus für jedermann sichtbar zum zentralen Blickfang und dadurch zum zentralen Hauselement. Der dazu passende Werbeslogan würde vielleicht heute lauten: ›Mein Schiff, meine Rohrdachvilla, meine Darßer Tür‹. Kapitäne leisteten sich gern verzierte Doppelflügeltüren, die machten mehr her. Hier und da trifft man unterwegs auch noch auf sogenannte Klöntüren oder Snackdoers, bei denen sich die obere Türhälfte öffnen lässt, damit man mit Passanten ein bisschen klönen (schnacken) konnte. Zweifellos sind die bunten Haustüren ein bedeutender Bestandteil der traditionsreichen maritimen Kultur der Halbinsel. Und wunderschön sind sie, prächtige Visitenkarten der Häuser. Im Jahr 2018 wurden die Schmuckstücke aufgrund der seit über 200 Jahren erhaltenen traditionellen Handwerkstechnik in die Liste des Immateriellen Kulturerbes der UNESCO aufgenommen.

Drei schöne Beispiele: aus Prerow, ...

Die Ornamente an den Türen erzählen vom Seefahrerleben und vom Aberglauben der Halbinselbewohner. Man lebte abgeschottet vom fernen Festland, bedroht durch Stürme und Hochwasser. Vermeintlichen Schutz boten da Rituale und Zeichen. Auch böse Geister und magische Kräfte sollten durch die Ornamentik von Mensch und Haus abgewehrt werden. Zahlreiche Stilmittel lieferte zwischen 1790 und 1850 der Klassizismus, vor allem der Antike entlehnte Ornamente wie Mäanderbordüren und Säulen. Vielfach sieht man auf den Türen den Tulpenstrauß als Symbol für den Lebensbaum, als Symbol für das Wachsen und Gedeihen. Heute ist der Tulpenstrauß zum freundlichen Markenzeichen der Region geworden. Ein nach oben weisendes Pfeilmotiv soll für den Schutz vor Blitz und Unwetter sorgen. Das Diamant-Motiv steht für den Schutz vor bösen Geistern, ebenso verschlungene Pflanzenmotive.

Kaum eine Darßer Tür ist ohne ein stilisiertes Sonnenmotiv – von der aufgehenden Sonne über Sonnenovale bis hin zu den vorchristlichen Ornamenten Sonnenrad und Sonnenkreuz. Sie versinnbildlichen Leben, Wärme, Neuanfang oder ganz lebensnah die glückliche Heimkehr der Seeleute. Jede Tür ist ein Unikat. Vor 200 Jahren waren die Türen allerdings nur ein- oder zweifarbig gestaltet. Sie wurden grün, rotbraun oder grau gestrichen, jedoch niemals blau, denn Blau galt damals unter Seeleuten als Trauerfarbe. Etwa gegen 1850 kamen die Darßer Türen aus der Mode. Aus ihrem Dornröschenschlaf wiedererweckt wurden sie 1931 mit dem Bau des Gemeindeamtes in Prerow. Die schöne Darßer Tür als Amtseingang ist da noch heute mit Sonne, Tulpenstrauß und Blüten zu bewundern, nun als Eingang zur Tourismuszentrale. Seitdem wird tüchtig in den Farbtopf gegriffen. Die örtliche Kunsttischlerei Roloff entwirft, baut und restauriert in sechster Generation die heute kunterbunten Kunstwerke. Die Roloffs sind die letzten auf dem Darß, die diese Tradition lebendig halten. Gearbeitet wird immer noch in der Werkstatt von 1832, die ihr Ururgroßvater eröffnet hatte. Traditionelle Werkzeuge wie Schnitzeisen, Zollstock und Hobel und natürlich professionelle Handarbeit sind vonnöten, damit jede Tür ein Unikat wird. Bei den Restaurierungen ist es wichtig, dass die Spuren der Zeit erhalten bleiben. Eine kleine Sammlung historischer Darßer Türen besitzt das Darß-Museum in Prerow (→ S. 127).

nochmals aus Prerow…

und aus Ahrenshoop

Der Darß

Der Darß ist der mittlere Teil der Halbinselkette Fischland-Darß-Zingst, das breite Eckstück zwischen Fischland und Zingst. Auf der einen Seite leuchtet der meist ruhige Bodden, auf der anderen Seite glänzt die Ostsee. Während das Fischland historisch dem Landesteil Mecklenburg zugehört, ist der Darß Bestandteil von Vorpommern. Er erstreckt sich von Ahrenshoop bis zum Prerowstrom und umfasst die Dörfer Born a. Darß, Wieck und Prerow. Bis auf die Siedlungsgebiete ist der Darß vollkommen von Wald bedeckt, vom 5800 Hektar großen Darßwald – in der Vergangenheit ein beliebtes Jagdrevier erst pommerscher Herzöge, später von Nazigrößen wie Hermann Göring und noch später auch von etlichen DDR-Funktionären.

Der Darß lässt sich in drei Regionen gliedern. Sie sind Resultate der geologischen Entwicklungsgeschichte des Landstrichs, der etwa bis zum Jahr 1400 noch eine Insel war: Der äußerst flache Vordarß liegt zwischen Ahrenshoop und Born und ist ein weitgehend trockengelegtes Moor- und Sumpfgebiet. Er dient heute als Weideland. Die Endmoränenlandschaft des Altdarß entstand am Ende der letzten Eiszeit, also vor rund 12 000 Jahren. Er liegt im Zentrum der heutigen Halbinsel und ist der einstige Inselkern. Der Neudarß im nördlichen Teil der früheren Insel bildete sich über Jahrhunderte durch das stetige Anlanden von Sand und anderem Schwemmgut.

Die Ostsee formte den Darß und verändert ihn bis heute. Es ist eine berauschende Küstenlandschaft in stetem Wechsel. Hier wirken Wind, Strömungen, Wellen und gestalten fortwährend das Land neu. Fast die gesamte Darßer Halbinsel steht seit 1990 unter dem Schutz des Nationalparks Vorpommersche Boddenlandschaft (→ S. 27). Dazu gehört auch der urwüchsige Darßwald mit seinen bizarr geformten Bäumen am Weststrand, den sogenannten Windflüchtern, die ihre Äste und Zweige wie flatterndes Haar nach Osten hin strecken. Der Weststrand

Wirkt nobel: Peterssons Hof

▲ Karte: vordere Umschlagklappe

wird mittlerweile häufig zu den schönsten 20 Stränden gezählt – weltweit. Das Ostseebad Prerow besitzt den größten und feinsten Sandstrand der gesamten Halbinselkette. Weitere Highlights des Darß sind unter anderem der Leuchtturm Darßer Ort und das dem Turm angegliederte Natureum, die kleinen beschaulichen Boddenhäfen und Schifferkirchen sowie die wundervollen farbenfrohen Darßer Haustüren (→ Extra S. 112). Sie erinnern an die goldenen Jahre der Segelschifffahrt in der Mitte des 19. Jahrhunderts. Wo eine Tür ist, da ist auch ein Haus, oft ein typisches Darßer Haus mit Krüppelwalmdach, Giebelzeichen, Fledermausgaube und Veranda. Die Tradition des Rohrdachdeckens ist auf dem Darß noch lebendig und wurde 2014 sogar in das deutschlandweite Verzeichnis ›Immaterielles Kulturerbe‹ ausgenommen.

Der Darß ist ein Dorado für Wassersportler. Der Saaler Bodden bietet hervorragende Bedingungen für Windsurfer und Kiter, das flache Gewässer und Wind aus nahezu allen Richtungen sind ideal für Anfänger und für Fortgeschrittene. Erfahrene Surfer zieht es auch auf die Seeseite mit höherem Wellengang und stärkeren Winden. Wassersportzentren in Prerow, Born und Wustrow bieten Kurse im Surfen, Kiten, Stand-up-Paddeln (SUP) und Segeln an. Die gesamte Boddenkette ist ein beliebtes Seglerrevier.

Die Vielseitigkeit des Darß erkundet man am besten mit dem Fahrrad, zu Fuß, auf dem Rücken eines Pferdes oder ganz gemächlich mit der Pferdekutsche. Es gibt ein ausgezeichnet markiertes Netz an Rad-, Wander- und Reitwegen. Regelmäßig finden Führungen mit unterschiedlichen Themen in den Nationalpark statt. Das Auto kann man getrost an der Unterkunft stehen lassen, die Wege im Nationalpark-Gebiet sind für den motorisierten Verkehr sowieso gesperrt.

Born a. Darß

Das kleine ehemalige Fischer- und Segelschifffahrtsdorf Born a. Darß liegt an der Südküste des Darß, südöstlich erstreckt sich der Saaler Bodden, südwestlich der Bodstedter Bodden. Dazwischen befinden sich im Koppelstrom mehrere schilfbewachsene Inseln, die Neuendorfer Bülten. Die runden und langgestreckten Inselchen teilen den Koppelstrom vom Saaler Bodden ab. Unmittelbar neben der Ortschaft, sowohl am Bodden als auch an Land, verläuft die Grenze zum Nationalpark Vorpommersche Boddenlandschaft.

Rund 1100 Menschen wohnen heute in dem sehr weitläufigen und gepflegten Ort, knapp acht Kilometer von Ahrenshoop und dem Meer entfernt. In den Straßen und kopfsteingepflasterten Gassen stößt man allenthalben auf schöne rohrgedeckte Büdnereien, auf stattliche Kapitänshäuser mit üppig geschmückten Vorgärten und auf die traditionellen reich verzierten **Darßer Haustüren** (→ Extra S. 112). Sie prägen das Dorfbild Borns. Die ältesten Häuser stehen im

Am kleinen Borner Hafen

Die originelle Fischerkirche

westlichen Teil der Ortschaft, vor allem in der Nordstraße. Seit 2009 hat sich eine **Art Kulturstraat** entwickelt, die durch das Dorf führt: Tafeln auf schönen alten Buhnenpfählen erzählen Geschichten von Borner Häusern und ihren Bewohnern. Zurzeit gibt es auf dem historischen Spaziergang 26 Stelen.

Der mit drei Sternen klassifizierte **Hafen** verfügt über alle Standards eines modernen Wasserwanderrastplatzes. Anziehungspunkte sind die Zeesenboote, die sommerliche Fahrgastschifffahrt und das Café-Restaurant ›Walfischhaus‹.

Die Segelschifffahrt brachte, wie man noch heute sieht, einen nicht unbeachtlichen Wohlstand in das Dorf der Fischer und Bauern. Die Bevölkerung wuchs. Schon sehr früh, um 1700, besaßen die Borner 13 Handelsschiffe. Sie transportierten Hering nach Lübeck und Malmö, Holz nach Kopenhagen und Getreide nach Schweden, aber auch Pferde und Gänse, Salz, Getreide, Kartoffeln und Bohnen wurden als Handelsfracht verschifft. Einen Höhepunkt erreichte die sogenannte Dorfschifffahrt in der Mitte des 19. Jahrhunderts. Damals verdienten bis zu 90 Prozent der Männer ihren Lebensunterhalt auf See. Doch von da an ging es bergab. Der Niedergang der Segelschifffahrt in der zweiten Hälfte des 19. Jahrhunderts traf allerdings Born weit weniger hart als etwa die Nachbargemeinde Wieck, verfügte der Ort doch über bestes Acker- und Weideland. Nun betrieb man wieder verstärkt Landwirtschaft. In einem bekannten Darßer Bonmot heißt es: »Born hat das Land, Prerow den Strand und Wieck den Sand«. Die agrarische Tradition in Born setzt heute das Gut Darß mit Hofladen und Erlebnishof fort.

Die ersten Badegäste empfing Born erst sehr spät, etwa um 1930. Allerdings gab es bereits 1888 eine erste Logis für Urlauber am Bäckergang, zusammen mit Kolonialwarenladen und Tanzsaal. Sie hieß, benannt nach einem Darßer Kapitän, **Peterssons Hof**. Der Kolonialwarenladen wurde noch bis 1990 genutzt, in der DDR als ›Konsum‹. Das eindrucksvolle ›Capitänshaus von Petersson‹ am alten Lindengarten ist inzwischen detailgetreu rekonstruiert worden und dient wieder als Hotel. Zum Ensemble gehört auch eine rund 250 Jahre alte Fachwerkscheune mit Café und Restaurant. Der weite Platz fand schon im 17. Jahrhundert als Mittelpunkt des Dorfes Erwähnung. Aus dieser Zeit stammt noch die imposante, leider durch Blitzeinschlag ramponierte Linde im Garten.

Die **Fischerkirche** aus Holz steht gleich um die Ecke, am Kirchweg neben dem Friedhof. Sie stammt von 1935, der Entwurf von dem Hamburger Architekten Bernhard Hopp. Mit ihrem Rohrdach, dem Dachreiter und den gesprossten Fenstern bildet sie eine Einheit mit der traditionellen Bauweise Borns und des Darß. Bibelsprüche zieren die Längsbalken des Gewölbes, beeindruckend im Innern ist das hölzerne Tonnengewölbe. In der Saison finden regelmäßig hochkarätige

▲ Karte: vordere Umschlagklappe

Konzerte statt, die Akustik des kleinen Gotteshauses ist aufgrund ihres Gewölbes ausgezeichnet.

Zu weiteren Musik- und anderen Kulturveranstaltungen locken das **Darßer Sommertheater** an der Chausseestraße und die **Freilichtbühne**, seit 2010 Spielstätte der **Darß-Festspiele**. Sie liegt auf dem Gebiet des **Forst- und Jagdmuseums Ferdinand von Raesfeld,** ebenfalls an der Chausseestraße. Der 1855 im Münsterland geborene Mann, dem das Museum gewidmet ist, war preußischer Forstmeister, Jäger sowie Autor von Standardwerken der deutschsprachigen Jagdliteratur. Ferdinand von Raesfeld (→ S. 128) arbeitete von 1891 bis 1913 als Revierverwalter der Oberförsterei Darß. In diesen 23 Jahren forstete er gerodete Waldflächen naturnah auf und legte damit für den Darß den Grundstein des heutigen Nationalparks Vorpommersche Boddenlandschaft. Mit Prinz Eitel Friedrich von Preußen, dem Sohn des deutschen Kaisers Wilhelm II., legte er sich wegen dessen ›übermäßigen Abschusses alter Hirsche‹ auf dem Darß an. Das brachte ihm seine vorzeitige Pensionierung ein. Unter den vielen Ausstellungsstücken des Museums ist im ehemaligen Bansen (Lagerplatz) das wohl beeindruckendste Exponat der Scheune zu bestaunen: ein Ganzkörperpräparat zweier Hirsche, die sich im Brunftkampf verkeilten und in einem Wasserloch ertranken.

Zu den traditionellen Bräuchen des Ortes gehört der Borner Maskenball, der vor etwa 150 Jahren entstand. Borner Seefahrer sollen die Idee von ihren Reisen mitgebracht haben. Dazu werden an den langen Winterabenden Masken und Kostüme mit Fantasie und Spaß hergestellt, um sie auf dem dörflichen Ballabend möglichst lange unerkannt zu präsentieren. Köstüme vergangener Maskenbälle sind im **Borner Maskenhaus**, der ehemaligen Gutzmann-Schule in der Chausseestraße 90, über Gucklöcher an den Fenstern zu bewundern. Das Haus ist schnell ausgemacht. Davor hat man eine alte gelbe Telefonzelle plaziert, mit einem maskierten Phantom drinnen.

Born a. Darß

PLZ: 18375
Vorwahl: 038234
Kurbetrieb Born, Chausseeestr. 73 b, Tel. 038234/50421. www.darss.org

Capitänshaus von Petersson (€€), Bäckergang 12 b, Tel. 038234/55721. Fünf komfortable Ferienwohnungen von 72–130 qm. Ruhige Lage, kleiner Park. www.peterssonshof.de

Godewind (€€), An de Bäk 85, Tel. 038234/358. Komfortabel ausgestattete Ferienhäuser und -wohnungen in verschiedenen Größen und Preislagen. www.godewind-darss.de

Peterssons Hof-Café, Bäckergang 12 b, Tel. 038234/555760. In dem schön restaurierten Fachwerkhaus kann man lecker speisen: Regionale Frische-Küche, Frühstück mit Bioprodukten. Lindengarten. http://www.peterssonshof.com

Pension & Restaurant Walfischhaus, Chausseestr. 74, Tel. 038234/55786. Gästehaus mit acht geräumigen und individuell eingerichteten Zimmern am Boddenhafen. Ökolokal: Fisch aus nachhaltigem Fang, Bio-Fleisch vom Darß. Schöne Sommerterrasse. www.walfischhaus.de

Mühle Born, Nordstr. 25, Tel. 038234/472. Authentische Bio-Küche: frisch, regional, hausgemacht. Mühlenidylle mit Außenterrasse. www.muehle-born.de

Restautant Rieming, Chausseestr. 97, Tel. 038234/240; tgl. ab 11.30 Uhr. Frische Kost aus regionaler Küche. Gute Fleisch- und Pastagerichte, großartige Fischspezialitäten: Dorsch, Rotbarsch, Zander, Hering. Moderate Preise, freundliche Atmosphäre. http://www.restaurant-rieming.de

Regenbogen-Camp, in Boddennähe. Idealer Platz für Surfer, Kiter, Segler und Freizeitsportler. Fahrradverleih, Spielplatz. Surfer-Bar. www.regenbogen.ag

Forst- und Jagdmuseum Ferdinand von Raesfeld, Chausseestr. 64 (Alte Oberförsterei), Tel. 038234/30297; Mai–Ende Okt. Di–So 10–16 Uhr. www.darss.org

Galerie Born, Südstr. 22, Tel. 674804; Mi–So 11–17 Uhr. Zeitgenössische Kunst renommierter Künstler wie der Malerin Biene Feld, Oskar Manigk, Martin Assig oder Strawalde. www.galerie-born.de

Gut Darß, Am Wald 26, Tel. 038234/5060. Rinder, Pferde, Schafe, Ziegen und sogar exotische, als ›Landschaftspfleger‹ eingesetzte Wasserbüffel werden im Gut gezüchtet und gehalten. Der Hofladen und die Gutsküche verwöhnen die Besucher mit hofeigenen Bio- und Wildprodukten. Führungen. Erlebnishof mit Gutsküche, Kletterwald. Natur-Minigolf und Streichelgehege. www.gut-darss.de

Fischerkirche, Kirchweg; Mi u. Sa 10–16 Uhr, Gottesdienst in der Saison jeden Sa um 18 Uhr. Im Sommer wöchentlich hochkarätige Klassikkonzerte.

Darß-Festspiele, Juni–Sept., Chausseestr. 64, Tel. 038234/55812. Seit 2003, aufgeführt werden bekannte Komödien und Erzählungen mit Bezug zur pommerschen Küste, stets auf Plattdeutsch, zum Beispiel Episoden aus Ehm Welks ›Die Heiden von Kummerow‹. www.darss-festspiele.de

Tonnenabschlagen, 1. So im August.

Fastnachtstonnenabschlagen, 3. Sa im Februar. Bunter Zug kostümierter und maskierter Reitergruppen durch das geschmückte Dorf zum Festplatz. Dort findet das winterliche Tonnenabschlagen statt. Fastnachtstonnenball.

Borner Kinderfest, Mitte Juni. Auf der Borner Erlebniswiese, Tradition seit über 180 Jahren.

Elitekonzerte auf dem Darß, Klassikkonzerte zwischen April und Okt. Fischerkirche Born.
www.elitekonzerte.de

Darßer Kletterwald, Am Wald 26, Tel. 038234/5060; Mitte Juni–Ende Aug. tgl. 9–19 Uhr, Anfang Sept.-Anfang Nov. tgl. 11–17 Uhr, Mitte April–Mitte Juni tgl. 11–17 Uhr. Acht spannende Parcours mit über 70 Kletteraufgaben von 1,5 bis 9 m Höhe, Länge 46–123 m. Eingeteilt wird nach Alter und Körpergröße.
www.kletterwald-darss.de

Kitesurf und Kanu Born, Nordstr. 86, Tel. 038234/55582. Das Wassersportzentrum Born bietet Wind- und Kitesurfen, Stand Up-Paddeln. Besonders kinderfreundlich ist das Niedrigwasser des Surfreviers direkt am Regenbogen-Camp Born.
www.kiten-lernen.de

Reederei Rasche, Auf dem Ende 8, Tel. 038234/210. Fährverkehr mit der MS ›Heidi‹: Born–Bodstedt–Prerow. Fahrradtransport. Die Fahrten lassen sich perfekt mit einer Radtour rund um die Boddengewässer verbinden.
www.fahrgastschiff-darss.de

Fahrgastbetrieb Kruse und Voß, Hafenstr. 7, 18347 Wustrow, Tel. 38220/588. Linien- und Rundfahrten ab Born, Wustrow, Dierhagen und Ribnitz.
www.boddenschifffahrt.de

Konow Maritim, Chausseestr. 46, Tel. 038234/264. Peter Konow ist der Herr der Buddelschiffe. Seit mehr als 110 Jahren werden in seiner Familie Koggen, Zeesenboote, Briggs und Barken maßstabsgetreu nachgebaut. Seine Frau Viola entwirft und näht maritime Taschen aller Art aus Segeltuch.
www.konow-maritim.de

Karte: vordere Umschlagklappe

Wieck a. Darß

Das 700 Einwohner zählende Fischerdorf Wieck ist das erste deutsche Bio-Modelldorf. Es fördert nachhaltigen und ökologisch ausgerichteten Tourismus sowie ökologischen Landbau. Seit 2009 ist das Dorf Mitglied der in Italien gegründeten Vereinigung Cittá del Bio. Die Ortschaft schmiegt sich an den Bodstedter Bodden und ist von Wiesen, Weiden und dem Darßwald umgeben. Wieck, was im Niederdeutschen ›Bucht‹ bedeutet, ist ein schöner beschaulicher Ort, fernab vom sommerlichen Trubel in Prerow und den anderen Seebädern. Der alte Kern des Dorfes gruppiert sich um die Straße namens Bauernreihe, hier ist ein kleines **Dorfensemble** mit rohrgedeckten Fischerhäusern erhalten. Geradezu multinational zeigt sich die Geschichte der Ortschaft: Jahrhundertelang gehörte Wieck zum Herzogtum Pommern, es wurde 1648, nach dem Dreißigjährigen Krieg, schwedisch und unterstand von 1715 bis 1720 dem Königreich Dänemark. Im 19. Jahrhundert dann lag Wieck nahe der Grenze zwischen Vorpommern und Mecklenburg, die von der Recknitzmündung quer durch den Bodden nach Ahrenshoop verlief. Über Jahrzehnte profitierte das Boddenstädtchen von seiner Grenzlage – als Schmugglernest. Der nächtliche Warenaustausch erfolgte mit Booten auf dem Bodden, in der Nähe von Bliesenrade. Dort lagen die Gendarmen und Zöllner auf der Lauer. Doch der Borner Müller, so heißt es, gab von seiner Mühle rechtzeitig Lichtzeichen, wenn Gefahr drohte. Literarisch wurde das historische Geschehen von einem Mann beschrieben, auf den der Wiecker Johann-Segebarth-Weg verweist. Der in Wieck geborene Segebarth (1833–1919) arbeitete als Seemann, Kommunalpolitiker und als Heimatdichter. Er unternahm mit seiner Bark Fahrten ans Schwarze Meer und

Wieck liegt idyllisch

Zeesenboote am Wiecker Hafen

nach Nordamerika, war maßgeblich an der Entwicklung Prerows zum Badeort beteiligt und schrieb mehrere Erzählungen in niederdeutscher Sprache, darunter das Stück ›De Darßer Smuggler‹, das bei den Darß-Festspielen in Wieck und später in Born aufgeführt wurde.

Die Hauptattraktion des Dorfes ist die **Darßer Arche** am Bliesenrader Weg. Sie erfüllt mehrere Funktionen: Die Arche ist das Nationalpark- und Besucherzentrum mit einer sehenswerten Dauerausstellung, auch Sitz der Touristeninformation, hier findet der ökologische Frischemarkt statt, und hier befinden sich die Räume des Bio-Cafés ›Fernblau‹ sowie gleich nebenan die der Galerie ›Künstlerdeck‹. Das schönste Plätzchen Wiecks ist der pittoreske kleine **Boddenhafen** mit seinen Zeesenbooten, die sommers zu Boddentörns auslaufen, der Badestelle mit Rutsche und Holzsteg sowie der rollenden Fischkiste mit den leckersten Fischbrötchen weit und breit. Die Fischbrötchen von Tim Ehlert, Schauspieler am Hamburger Ohnsorg-Theater, sind kulinarische Spezialitäten mit exotischen Rezepturen. Auch Dampfer legen hier ab, zu Boddenrundfahrten oder nach Born, Althagen und Bodstedt. Hier am Hafen treffen sich auch viele Radler, die auf der Halbinsel oder zu den nahen Stränden von Prerow und Ahrenshoop unterwegs sind.

▶ Karte: vordere Umschlagklappe

Wieck a. Darß

PLZ: 18375, **Vorwahl**: 038233
Kur- und Tourist GmbH Darß, Bliesenrader Weg 2 (Darßer Arche), Tel. 038233/201. www.erholungsort-wieck-darss.de

Haferland (€€€), Bauernreihe 5a, Tel. 038233/68-0. Drei rohrgedeckte Häuser am Seglerhafen, 32 DZ, 14 Appartements. Schwimmbad, Gesundheitsscheune mit Dampfbad, Saunen. Restaurant ›Gute Stube‹ mit exzellenter regionaler Bio-Küche, tgl. ab 17.30 Uhr. www.hotelhaferland.de
Wirtshaus Tun Eikkoter, Hauptstr. 20, Tel. 038233/60146. Gutbürgerliche Küche, Fisch- und Wildspezialitäten. Gänse, Enten und Kaninchen aus der eigenen Hofhaltung. Eikkoter ist Plattdeutsch für ›Eichhörnchen‹. Ferienwohnungen. www.eikkoter.de
Café Freden, Müggenberg 15, Tel. 38233/701861; Mo–Sa ab 11 Uhr. In einer ehemaligen Fischerkate, eingerichtet wie in Omas guter Stube. Hausgemachte Kuchen und Torten vom Feinsten. Große Auswahl, auch umfangreiche Getränkekarte sowie herzhafte kleine Gerichte. Freundlicher Service. Außenterrasse.
Bio-Café Fernblau, Bliesenrader Weg 2 (in der Darßer Arche), regionale Kunst und Kulinarisches in Bioqualität, Ladenbereich.
Eiscafé und Restaurant Lange, Müggenberg 33, Tel. 038233/60258; tgl. ab 11 Uhr. Leckeres Eis, phantastischer Fisch. www.eiscafelange.de

Darßer Arche, Bliesenrader Weg 2, Tel. 038233/201; ganzjährig. Nationalparkzentrum. Besuchermagnet mit der Dauerausstellung ›Der Nationalpark von oben – Natur, die bewegt‹. Für Kinder führt eine Rallye durch die Ausstellung. Außerdem im Gebäudeensemble: Bio-Café ›Fernblau‹, Galerie Künstlerdeck der Wieckerin Gudrun Gottschalk, interessante Fossilien- und Bernsteinzimmer des Sammlerehepaars Petra und Dieter Jung im Dachgeschoss der Alten Schule. www.darsser-arche.de

Tonnenabschlagen, 4. So im Juni. Bezirkstonnenabschlagen an Pfingsten.
Darßer NaturfilmFestival, Oktober. Vergabe von Deutschlands höchstdotiertem Naturfilm-Preis, seit 2005. Wichtiger Treffpunkt der Filmschaffenden und Freunde des Genres. Hauptdarsteller des Festivals sind aber atemberaubende Landschaften, einzigartige Ökosysteme und wilde Tiere.
Darß-Marathon, Ende April. Sportliches Event der Extraklasse und ein buntes Fest für Einheimische und Urlauber. Start und Ziel an der Darßer Arche. www.darss-marathon.de

Kleiner Boddenstrand am Hafen mit Steg.

Zeesboottörn, Nordseite 4, Tel. 0174/4421750; Mai–Okt. nach telefonischer Absprache in der Regel um 11, 14 und 16 Uhr. Boddenrundfahrten mit dem Skipper Martin Rurik auf historischen Zeesbooten.

Neumanns Fahrradshop, Müggenberg 31, Tel. 0160/3500872. www.neumann-darss.de

Frischemarkt, an der großen Linde vor der Darßer Arche, Bliesenrader Weg 2; Mai–Okt. Mi und Sa 9–13 Uhr. Regionale Markthändler bieten frische und ökologische Delikatessen und Kunsthandwerk an: Fleisch-, Käse- und Gemüsespezialitäten aus biologischer Herstellung, Kräuter, Tees, Öle, Gewürze, Honig.
Darßer Manufructur, Kargweg 4, Tel. 038233/60609; Mo–Fr 9–16 Uhr. Hier wird der Sanddorn vor Ort zu leckeren Fruchtaufstrichen gekocht. Im Laden gibt es auch Gelees, Konfitüren und Kosmetik aus der Vitamin-C-reichen Frucht. Der Sanddornsaft kommt von eigenen Plantagen. http://www.darsser-manufructur-onlineshop.com

FKK – Die nackte Freiheit

Im Jahr 1898 wurde im rheinländischen Essen der erste FKK-Verein gegründet, 1920 öffnete auf der Insel Sylt der erste offizielle Nacktbadestrand Deutschlands. In den 1920er Jahren bekam die Bewegung sogar eine gewisse proletarische Note. Das Aufkommen der Lebensreform an der Schwelle vom 19. zum 20. Jahrhundert schuf wohl die weltanschauliche Voraussetzung für neuartige Strömungen wie die freie Körperkultur, den Ausdruckstanz, den Vegetarismus und andere ›naturgemäße Lebensweisen‹. Außerdem gab es Bezüge zu Künstlergruppen wie der ›Brücke‹, dem ›Blauen Reiter‹ und zu den Künstlerkolonien Worpswede und Ahrenshoop. Dort, an der Küste des Fischlands, machten 1950 Künstler und Intellektuelle den Anfang mit dem hüllenlosen Baden in der DDR. Es gab Anfang der 1950er Jahre zwar ein offizielles Nacktbadeverbot der Volkspolizei, aber man bot dem Staat hartnäckig Paroli – mit ›nackten Tatsachen‹: FKK galt in der SED-Führung als gleichbedeutend mit ›Verwilderung der Sitten‹ und wurde 1954 per Gesetz verboten, doch die FKKler straften dies beharrlich mit Ignoranz. Nacktbaden wurde im Arbeiter- und Bauernstaat immer beliebter und das FKK-Verbot wohl eines der wenigen, das die DDR-Oberen nicht durchsetzen konnten. Ab 1956 war das nackte Baden schließlich allgemein gestattet. So gab es damals zwischen den Inseln Poel und Usedom Strände mit einer Gesamtlänge von rund 50 Kilometern, die ausschließlich für FKK ausgewiesen waren. Es entstand eine regelrechte Massenbewegung an den DDR-Stränden, die meisten Beteiligten angezogen durch eine Besonderheit: Freikörperkultur. Möglicherweise war FKK auch ein Stück Opposition. In Prerow, auf dem berühmten Zeltplatz in den Dünen, entwickelte sich schon ab 1953 ein kleines Paradies für Naturisten aller Altersstufen. Prerow war ein reines FKK-Gebiet. Hier wurde alles nackt gemacht, am kilometerlangen Nordstrand spielte man nackt Volleyball, ebenso nackt ging man in die Kaufhalle, selbst in der Gaststätte wurde nackt gegessen. Das alles gab es nur in Prerow, an der Spitze des Darß. In den Sommermonaten kampierten am Nordstrand bis zu 10 000 Urlauber. Sie drängten sich in sechs Reihen mit ihren Zelten am Strand. Die Diskotheken ›Helgoland‹, ›Seestern‹ und ›Dünenhaus‹ waren in der ganzen DDR bekannt – Prerow, das ›Mallorca des Ostens‹, aber ohne ›Ballermann‹ und mit nur einem Dresscode: Textilfreiheit. Heute, mehr als 30 Jahre nach der Wende, heißt der legendäre Zeltplatz ›Regenbogen-Camp‹. Er ist kleiner geworden und begrenzt durch den Nationalpark Vorpommersche Boddenlandschaft. Hüllenlos gebadet wird jedoch immer noch. Eine Platzhymne wie einst gibt es auch heute wieder, den ›Regenbogen-Camp-Song‹, der morgens den Platz beschallt und die Camper weckt. Für viele langjährige Darß-Urlauber ist der FKK-Urlaub bis heute Tradition geblieben. FKK-Bereiche an den Stränden gibt es in allen Seebädern der Halbinsel, das Ostseeheilbad Zingst besitzt sogar gleich drei FKK-Strände. Textilfrei baden oder sich nahtlos bräunen kann man auch am Strand des Seebads Wustrow, hier liegt der FKK-Bereich etwas außerhalb in Richtung Dierhagen. Am Nordstrand von Prerow wechseln sich Textil- und FKK-Strände ab. Egal, ob ›mit‹ oder ›ohne‹, am herrlichen Weststrand zwischen Ahrenshoop und Darßer Ort vermischen sich die Badevorlieben. Der naturbelassene Weststrand gilt als schönster Nacktbadestrand Deutschlands.

Einladend: der Kulturkaten Kiek In

Prerow

Das Ostseebad Prerow (1500 Einwohner) an der Nordseite des Darß ist der touristische Hauptort der Halbinsel. Im Sommer herrscht hier seit vielen Jahrzehnten Hochbetrieb, kein Zufall: die Urlaubermetropole besitzt die wohl schönsten Sandstrände der gesamten Halbinselkette, den breiten Nordstrand und den völlig naturbelassenen Weststrand. In dessen unmittelbarer Nachbarschaft erstreckt sich der herrliche Darßer Urwald, von dem Wanderwege zum Leuchtturm Darßer Ort führen. Beim Spaziergang vom Ort zum Nordstrand und zur Seebrücke überquert man den pittoresken Prerowstrom, der über Jahrhunderte die Geschichte Prerows mitprägte: Im Jahr 1296 verkaufte der letzte slawische Rügenfürst Wizlaw III. den Mönchen des Zisterzienserklosters Neuenkamp die Insel Zingst. Wald wurde daraufhin gerodet, Höfe entstanden auf der Darßseite des Prerowstroms, und auf der Zingster Seite des Stroms wurde eine erste Holzkirche errichtet. Hier lag auch eine mittelalterliche Burganlage mit Ringwall, die Hertesburg. Sie war im 14. Jahrhundert mehrfach Schauplatz kriegerischer Auseinandersetzungen zwischen rügischen, mecklenburgischen und pommerschen Truppen. Ihre Lage war demnach von großer strategischer Bedeutung. Der Prerowstrom verband den Bodden mit dem Meer und trennte die Inseln Zingst und Darß. Er war eine wichtige Verbindung für die Schifffahrt und für die Fischerei, bereits im 14. Jahrhundert spielte er eine wichtige Rolle als Wasserstraße zwischen dem Hafenstädtchen Barth und der Ostsee. Der Meereszugang machte im 17./18. Jahrhundert den Ort am ›Durchbruch‹ (slawisch: Prerow) zu einem wohlhabenden Seefahrer- und Fischerort mit drei Segelschiff-Werften. Man baute Schoner, Briggs und Barken. Allerdings lieferte die Verbindung mit der Ostsee das Umland auch ständig Sturmfluten aus, die immer wieder Teile der Siedlung zerstörten. Nach der verheerenden Jahrhundert-Sturmflut von 1872, die ganz Prerow überschwemm-

te, wurde schließlich entschieden, den Prerowstrom seeseitig zu schließen. Der Mündungsbereich war zu dieser Zeit schon stark versandet, der Bau eines Deichs machte den Zugang zur Ostsee endgültig dicht. Aus dem Prerower Seehafen wurde ein Boddenhafen, aus dem Strom ein stillgelegter Wasserarm. Die logische wirtschaftliche Folge: Die Fischer verloren eine wichtige Erwerbsquelle und die Prerower Segelschifffahrt brach ein, bevor die Dampfkraft die traditionelle Schifffahrt endgültig ablöste. Aus dem Niedergang der Segelschifffahrt und der Not vieler Fischer- und Schifferfamilien erwuchs gleichzeitig eine neue zeitgemäße Chance: Die landschaftliche Schönheit des Darß und die herrlichen Strände Prerows legten die Gründung eines Seebads nahe. Der Darßer Volksmund sah das richtig: »Born hat das Land, Wieck den Sand und Prerow hat den Strand.« Ende des 19. Jahrhunderts entwickelte sich der Ort am toten Strom zum bedeutenden Bade- und Kurort, die ersten Pensionen entstanden. Im Jahr 1910, nach dem Bau der Darßbahn, kamen schon einige hundert Badegäste und – wie im nahen Ahrenshoop – auch Maler. Im Jahr 1911 waren etwa die beiden bekannten Blaue-Reiter-Maler Marianne von Werefkin und Alexej Jawlensky sowie der Brücke-Maler Erich Heckel hier zu Gast. Auch die Künstler sorgten dafür, dass der Tourismus in Prerow zum dominierenden Wirtschaftsfaktor wurde. In den Jahrzehnten der Deutschen Demokratischen Republik (DDR) entwickelte sich das Seebad zum

Mekka der Sonnenhungrigen und FKK-Anhänger (→ Extra S. 122), in den Sommermonaten zählte man bis zu 80 000 Urlauber. Prerow war damit das größte Ostseebad des Landes, riesig der legendäre Campingplatz am Nordstrand. Der heutige Zeltplatz ist immer noch groß, aber deutlich abgespeckt. Regenbogen-Camp heißt er jetzt.

Sehenswürdigkeiten

Beim Rundgang durch das ehemalige Seefahrer- und Fischerdorf trifft man auf mehrere historische Häuser und Relikte aus vergangenen Zeiten. Die Besiedlung Prerows erfolgte vom Hafengebiet aus, in Ost-West-Richtung und entlang der Dünenzüge. Unbebaut blieben die sogenannten Riegen, die feuchten Senken zwischen den Dünenhügeln. Sie standen vor allem im Frühjahr oft unter Wasser.

Die Prerower **Seemannskirche** am Kirchenort ist das älteste Gotteshaus auf dem Darß. Sie wurde von 1726 bis 1728 zunächst als Fachwerkkirche errichtet, aber bereits ab 1740 zur heutigen Backsteinkirche umgebaut. Sie steht jenseits des Stroms, also auf Zingster Boden. Bis zur Schüttung des Damms war sie von den Prerower Gläubigen nur mit der Fähre erreichbar. Ihren Namen erhielt sie, weil ihr hölzerner Westturm den Seeleuten über hundert Jahre lang den Weg von der Ostsee in die Mündung des Prerowstroms wies. Mit dem Bau des Leuchtturms Darßer Ort 1848 wurde der schindelgedeckte Kirchturm als Orientierungspunkt abgelöst. Sehenswert im Innern sind der reich verzierte spätbarocke Kanzelaltar von 1728 und die Taufkapelle von 1740 mit Engelskaryatiden, die das Gebälk tragen. Die sechs sogenannten Votivschiffe stammen aus der Zeit ab 1780. Sie sind jedoch hier an den Küsten des lutherischen Nordens in der Regel keine Dankes-, Bitt- oder Weihegaben wie die Votivgaben in katholischen Wallfahrtskirchen, sondern Modellschiffe und als solche Statussymbole wohlhabender Privatpersonen oder Gilden. Meist handelte es sich um Darstellungen ihrer Schiffe en miniature, also um Repräsentationszeichen, die die eigene Eitelkeit befriedigte und die anderen Kirchgänger beeindrucken sollten. Auf dem benachbarten **Friedhof** und um die Kirche herum stehen uralte, oft aufwendig gearbeitete Grabsteine von Kapitänsgräbern aus der Zeit um 1800.

In Sichtweite der Seemannskirche, am Prerowstrom, liegt der kleine **Hafen**. Er entstand nach der Schließung der Ostseemündung des Prerowstroms am Ufer der Ortsteile Drümpel und Krabbenort, den historischen Kernbereichen Prerows. Heute sind hier Fischerboote und Zeesenboote vertäut. Schifffahrtslinien verbinden den Ort mit Ahrenshoop und Barth, aber auch mit Vitte auf Hiddensee und Stral-

Kapitänsgrabstein an der Seemannskirche

Ausfahrt zur Boddenrundtour

sund. Ausflugsdampfer steuern den Bodden an, einen Hauch von Mississippi verströmt der Schaufelrad-Dampfer ›Baltic Star‹. Am Abfahrtskai raucht und riecht es verlockend aus dem Räucherofen. In Hafennähe befindet sich der ehemalige **Bahnhof**, der 1910 für die Darßbahn eröffnet wurde und heute ein Hotel mit Restaurant beherbergt. Von 1911 bis 1947 war Prerow über die Darßbahn an das Eisenbahnnetz angeschlossen. Die Gleise wurden nach dem Zweiten Weltkrieg als Reparationsleistungen für die Sowjetunion abgebaut.

In der Lentzallee erinnert ein architektonisch sehr auffälliges, fast verwunschen wirkendes Gebäude mit einem 18 Meter hohen, zinnenbekrönten Turm fast an eine kleine Burg. Der Name der stattlichen, mit einem Garten umgebenen und von wildem Wein umrankten Villa ist **Vogels Warte**. Denn der Bauherr war 1910 ein begüterter Berliner Gerichtsadministrator namens Vogel. Das Schlösschen diente ihm und seiner Familie als Sommerresidenz und Fremdenpension, der Turm als Wasserturm. Ein Förderverein kümmert sich heute um die Erhaltung und Belebung des denkmalgeschützten Hauses.

Ebenso wie in Born sind auch in Prerow noch etliche **Kapitänshäuser** mit den traditionellen, bunten Darßer Haustüren erhalten, geschmückt mit Tulpen, Sonnen, floralen und geometrischen Ornamenten (→ Extra S. 112). Auch die Kur- und Tourismuszentrale am Gemeindeplatz besitzt ein solches Schmuckstück.

Das 1779 erbaute **Eschenhaus** in der Grünen Straße 8 ist eines der ältesten erhaltenen Wohnhäuser Prerows und mit seinem tief heruntergezogenen Rohrdach, mit den Sprossenfenstern, der bunt verzierten Haustür und der holzverschalten Fassade ein charakteristisches Zeugnis der Darßer Baukultur. Der Maler und Grafiker Theodor Schultze-Jasmer erwarb das schöne Gebäude 1921 und lebte hier bis zu seinem Tod 1975. Sein Atelier befand sich im Nebengebäude, das 2014 abgerissen wurde. 1929 eröffnete Schultze-Jasmer am Hauptzugang zum Strand die Darßer Kunsthütte als Galerie. Sie existierte bis zum Wendejahr 1989. Seine Ölgemälden und Radierungen zeigen die typische Darßer Landschaft und dörfliche Idyllen. Der populäre Begriff ›Windflüchter‹ für die vom Westwind nach Osten hin geneigten Bäume am Weststrand stammt von ihm.

▲ Karte S. 124

Die vielseitige und umfangreiche Ausstellung des **Darß-Museums** an der Waldstraße 48 zeigt, welchen Kulturreichtum die von der Seefahrt geprägte Darß-Region vorzuweisen hat. Zu den Höhepunkten des Rundgangs durch das denkmalgeschützte Haus gehören die Sammlungen zur Segelschifffahrt und zur Fischerei. Zahlreiche Exponate des Museums verweisen auf die maritime Geschichte des heutigen Seebades: Schiffsmodelle, nautische Geräte, Erzeugnisse der einheimischen Volkskultur wie natürlich auch einige Exemplare der Darßer Haustüren. Selbst eine historische Seemannsküche samt Zimmer sowie kuriose Mitbringsel der Seeleute aus allen Winkeln der Welt sind zu sehen. Schön ist der Museumsgarten mit seinen mehrhundertjährigen Eichen. Hier sind alte Fischerboote ausgestellt. Zu bestimmten Zeiten zeigen dort Bootsbauer einstige Handwerkstechniken. Das Museum sieht sich zudem in der Verpflichtung, die vom Aussterben bedrohte plattdeutsche Mundart zu erhalten. Daher wird jeden Freitag Platt geschnackt und ›Klock 11 gift dat ne Führung up Platt.‹

Ebenfalls an der Waldstraße liegt das kulturelle Zentrum des Seebads, der **Kulturkaten Kiek In**. Und nur einen Katzensprung entfernt, unter dem Rohrdach eines Kapitänshauses von 1850 und auf der kleinen Gartenterrasse, darf man zwischen 80 Teesorten auswählen – die **Teeschale** serviert aber auch Kaffee und leckeren Kuchen. Zu DDR-Zeiten standen hier die Urlauber Schlange, denn in der damaligen Milchbar gab es das beste Eis an der Ostsee, wie man sagte.

Frühe Bäderarchitektur repräsentiert das heutige Restaurant ›Seeblick‹. Das Haus wurde 1895 als **Warmbadeanstalt** errichtet und steht nahe der 395 Meter langen **Seebrücke**. Sie wird zurzeit (2023) auf 720 Meter verlängert. Die Eröffnung der dann längsten Seebrücke an der gesamten Ostsee ist für das Jahr 2024 geplant, zusammen mit dem Neubau des hufeisenförmigen Inselhafens Prerow am Brückenkopf.

Der über fünf Kilometer lange und bis zu 100 Meter breite **Nordstrand** rechts und links der Seebrücke wird regelmäßig mit der Blauen Flagge prämiert, einer internationalen Auszeichnung für hohen Umweltstandard und hervorragende Wasserqualität. Er liegt geschützt in der Prerowbucht und war zu DDR-Zeiten der Hotspot des Camping-, Bade- und FKK-Urlaubs schlechthin. Von der Seebrücke blickt man über den feinkörnigen, fast

Der Darßer Weststrand: 13 Kilometer Naturstrand

weißsandigen Strand Richtung Westen bis zum Darßer Ort, Richtung Osten bei guter Sicht bis zur Insel Hiddensee. Der rund 13 Kilometer lange, wildromantische **Weststrand** besitzt ganz besondere natürliche Reize (→ Tour S. 129), der **Sportstrand** (Strandübergang 22) in Richtung Zingst bietet zwischen Juni und September die verschiedensten Wasser- und Strandsportarten. Hier, am östlichen Rand Prerows, erhebt sich die Stranddüne zu einer beachtlichen Höhe von 13 Metern. Sie heißt daher **Hohe Düne**. Von der Aussichtsplattform schweift der Blick bis zum Außenstrand von Darßer Ort und bis Zingst, auf der Südseite windet sich der Prerowstrom vom Bodstedter Bodden her bis zum Prerower Binnenhafen. Dort an der Hohen Düne verläuft der schöne **Damm-Radweg** zum Seebad Zingst (ca. 5 km) und verbindet den Darß mit dem Zingst.

■ Darßer Urwald

Der Darßwald ist Teil des Nationalparks Vorpommersche Boddenlandschaft und umfasst 4700 Hektar. Der nordwestliche Teil des Waldes und der Bereich um den Darßer Ort gehören zur Schutzzone 1. Hier darf keine menschliche Nutzung erfolgen und die vollständige natürliche Entwicklung der Flächen wird angestrebt. Das eindrucksvolle Waldgebiet mit seinem schummrigen Licht unter uralten knorrigen Rotbuchen, Stieleichen und Kiefern erstreckt sich im Süden in Richtung Ahrenshoop, im Norden bis zum Darßer Ort mit dem Leuchtturm und dem Natureum und im Osten bis zum Seebad Prerow. Man kann es nur zu Fuß, mit dem Rad oder mit der Pferdekutsche erkunden. Für Reiter sind eigene Pfade ausgewiesen. Radfahrer sollten sich bei ihrer Waldtour darauf einstellen, dass es vor allem auf den schmaleren Seitenwegen hin und wieder Unebenheiten und Engstellen geben kann, stellenweise sind Wege auch mit holprigen Betonplatten befestigt. Hoch zu Ross werden den Wald wohl einst der schwedische König, später Hermann Göring und noch später die SED-Oberen zu ihren beliebten Jagdausflügen durchquert haben. Noch heute ist der Wildbestand an Rehen und Rothirschen stark überhöht. Das streng schachbrettartige und sehr dichte Netz der Waldwege weist darauf hin, dass es sich um alte Arbeitswege handelt. Der Holzreichtum auf dem Darß verlockte viele Jahrhunderte zum Raubbau, Kahlschläge im Darßwald waren die Folge. Mal bedienten sich die pommerschen Herzöge, mal die dänischen, französischen und schwedischen Okkupanten, schließlich auch die Preußen. Als der kaiserliche Forstmeister Ferdinand von Raesfeld (1855–1929) 1891 auf dem Darß seinen Dienst antrat, lag ein Drittel der Fläche brach. Von Raesfeld sorgte für die naturnahe Aufforstung des Waldes sowie für eine damals fast revolutionäre Neuerung in der Hege und Jagd des Wildes. Nach seinen Ideen sollte nur minderwertiges Wild abgeschossen werden. Raesfelds Grab liegt inmitten des Darßwaldes, das Forst- und Jagdmuseum in Born ist ihm gewidmet.

Mitten im urwaldartigen Darßwald treffen Wanderer an einem steilen Abhang auf eine Tafel mit der Aufschrift: ›Altes Meeresufer‹. Und tatsächlich markiert der bis zu acht Meter hohe Geländesprung die Stelle, wo sich noch vor rund 2000 Jahren Fische tummelten. In vielen Jahrhunderten landete das Meer kilometerweit Land an, den Neudarß. Auf diesem nach und nach angeschwemmten sandig-lehmigen Gelände wechseln sich ungefähr 150 kleine trockene Hügel und feuchte Mulden stetig ab. Die bis zu drei Meter hohen Sandwellen verlaufen in West-Ost-Richtung und heißen Reffe und

▲ Karte S. 124

Riegen. Auf den höher gelegenen Reffen wachsen vorwiegend Rotbuchen, Kiefern und Stieleichen, in den tiefer gelegenen sumpfigen Riegen vor allem Erlen. Bäume wie im Märchen: verwunschen, moosig, wurzelig. Adlerfarn bedeckt große Teile des Bodens. Bis heute sind die markanten Ritzspuren, die die Rohharzgewinnung während der DDR-Jahrzehnte an den Stämmen vieler Kiefern hinterlassen hat, noch gut zu erkennen. Kurios: Da sich die Meeresströmung hier vor einigen Jahrhunderten geändert hat, frisst das Meer nun am Darßer Weststrand sozusagen seine eigenen Kinder und holt dort seine ehemaligen Anlandungen wieder ab, um sie jetzt weiter nördlich nach Darßer Ort zu transportieren.

Radtour von Prerow zum Weststrand und nach Darßer Ort

Route: Prerow/Kulturkaten Kiek In – Mittelweg – Weststrand – k-Gestell – Leuchtturm – Darßer Ort – Prerow/Campingplatz
Länge: ca. 15 Kilometer

Ein – höchst angenehmes – Muss im Urlaubsprogramm auf dem Darß: die Radtour oder Wanderung durch den wildromantischen Darßwald zum Weststrand und zum Leuchtturm Darßer Ort. Der Märchenwald ist ein einzigartiges Kronjuwel des europäischen Naturerbes. Man fühlt sich unterwegs wie in eine riesige grüne Kathedrale versetzt, begleitet vom hohen Adlerfarn an den Wegesrändern, von dem Gezwitscher der Vögel aus den haushohen Bäumen und dem nahenden Rauschen des Meeres. Mehrere Waldwege führen von Prerow aus zum Weststrand. Proviant sollte unbedingt mitgeführt werden, Gastronomie gibt es in der grünen Naturidylle nicht.

Ein günstiger Ausgangspunkt der Radtour, die sich auch für größere Kinder eignet, ist der Kulturkaten ›Kiek In‹ in der Waldstraße. Die Hauptgeschäftsstraße des Ortes mündet in die Dammstraße und deren Verlängerung führt am Hotel ›Bernstein‹ (→ S. 131) mitten in das Waldgebiet. Die Wege sind gut ausgeschildert. Über den nahezu kerzengeraden **Mittelweg** erreicht man nach knapp fünf Kilometern den **Weststrand**. Hier gibt es für die Räder einen großen Abstellplatz, umsäumt von riesigen, elefantengrauen Buchenstämmen und Kiefern. Am wunderbar urwüchsigen, da vollständig naturbelassenen Strand sind Spaziergänge zu jeder Jahreszeit etwas Besonderes. In manchen Wintern hüllt sich der Ufersaum in Eis, und eisiges Schweigen herrscht im Darßer Urwald gleich dahinter. In den warmen Monaten lässt sich der Spaziergang mit einem Picknick und einem Bad – auch textilfrei – im Meer verbinden. An den ufernahen flachen Stellen hat das Wasser hier Südsee-Qualität, es leuchtet türkisblau oder smaragdgrün und ist glasklar. Der Strand ist etwa 13 Kilometer lang und gehört zu den schönsten Stränden Europas. Laut einer Doku-Serie des Kultursenders ›arte‹ darf der Prerower Weststrand gar zu den 20 markantesten und schönsten Stränden weltweit gezählt werden, in einem Atemzug genannt mit der Copacabana und Miami Beach. Aber der Strand ist vor allem ein urwüchsiges Biotop für Naturliebhaber: Mal ist es dort wild und rau, mal lieblich und paradiesisch ruhig – unberührte Natur, wo Wind und Wellen frei walten und gestalten. ›Natur Natur sein lassen‹ ist schließlich eines der Leitmotive des Nationalparks. Die Szenerie hier am Strand ähnelt fast einer Theaterkulisse: Bizarre Baumgestalten, Windflüchter genannt, wenden ihre Kronen vom Meer ab, als wollten sie fliehen. Entwurzelte und längst abgestorbene Bäume des Darßwaldes, vom Wasser geschält und vom Sand geschliffen, liegen kreuz und quer über dem Strand, werden von den Kräften der Natur unablässig bearbeitet, trotzen eine Zeitlang den Wellen und werden schließlich vom Meer geschluckt. Die Meeresströmung zerwühlt hier beständig den Strand und die Dünenwälle, unterspült die Wurzeln der vom Westwind bizarr geformten Küstenkiefern, Buchen und Birken und reißt tonnenweise Sand mit sich, um die Beute nordöstlich vom Darßer Ort wieder anzulanden. Dieser sandige Ort wächst immer weiter in Richtung Norden.

Vom Weststrand fährt man über den Mittelweg zunächst wieder rund zwei Kilometer zurück, bis der Waldweg namens k-Gestell kreuzt. Hier geht´s links ab in Richtung Leuchtturm. Am Ende des hier asphaltierten Weges befindet sich ein Parkplatz für die Pferdekutschen, die kleine Darßbahn und Abstellmöglichkeiten für die Räder. Hinter dem Leuchtturm geht es nur noch zu Fuß weiter. Tief ist der Sand. Als man 1848 den 35 Meter hohen **Leuchtturm** wegen der vielen sandigen Untiefen der Darßer Schwelle erbaute, stand er noch am äußersten Nordwest-Ende des Darß. Seither hat das Meer rund 2000 Meter Sand herbeigeschwemmt. Um die herrliche Aussicht von oben genießen zu können, muss man die 134 gusseisernen Stufen des Turmes überwinden. Dann überblickt man den Darßwald und schaut hinaus auf das unentwegt weiter wachsende neue Land - den wohl aktivsten Teil an der deutschen Ostseeküste. Das **Natureum** im ehemaligen Leuchtturmwärterhaus ist eine Außenstelle des Stralsunder Meeresmuseums. Es informiert über Fauna und Flora der Darßer Landschaft sowie über die Vielfalt und Dynamik des Darßer Orts, es besitzt ein Ostseeaquarium, zeigt Tierpräparate und verschiedene Strandfunde wie Bernstein, Hühnergötter, Donnerkeile und Muscheln. Hunger und Durst kann man in dem angegliederten kleinen **Café** stillen. Das ganze Areal am Darßer Ort und um den Leuchtturm herum war über Jahrzehnte bis zur politischen Wende in der DDR militärisches Sperrgebiet. Der vier Kilometer lange **Rundwanderweg Darßer Ort** in der Kernzone des Nationalparks führt zunächst am Strand entlang und dann auf Holzbohlenwegen durch die Dünen zu zwei Aussichtsplattformen. Sie bieten die Möglichkeit der Vogelbeobachtung und faszinierende Aussichten über die neuen Lagunen und ständig wachsenden Sandbänke. Eine Abzweigung passiert den **Nothafen** am Darßer Ort und den **Ottosee**. Der Nothafen ist mittlerweile fast vollständig versandet. Bald wird der notwendige Nachfolgehafen am Brückenkopf der neu zu errichtenden Seebrücke in Prerow gebaut. Der Ottosee und zwei weitere Seen sind Strandseen, die durch die Sandanlandungen von der Ostsee abgetrennt wurden und irgendwann verlanden. Vom Parkplatz am Leuchtturm ist der ausgeschilderte Weg zum Regenbogen-Camp der kürzeste zurück nach Prerow.

i Prerow

PLZ: 18375, **Vorwahl**: 038233

Kur- und Tourismusbetrieb, Gemeindeplatz 1, Tel. 038233/6100. www.ostseebad-prerow.de

Zimmerbörse Prerow, Strandstr. 16, Tel. 038233/69201. www.zimmerboerse-prerow.de

Verkehr: Prerow liegt an der L21, die von Ribnitz-Damgarten über die Halbinselkette bis Barth verläuft. Durch den Ort führt der Ostseeküsten-Radweg. Mit dem Rad erreicht man sämtliche Orte zwischen Fischland und Zingst, auch den Darßer Ort mit dem alten Leuchtturm und Pramort am östlichen Ende von Zingst. Die Regionalbuslinie 210 verbindet unter anderem mit den Städten Ribnitz-Damgarten, Barth und Stralsund.

Darßbahn, Ostern–Ende Okt., Linienverkehr vom Prerower Hafen über sieben weitere Haltestellen bis zum Nothafen Darßer Ort. Fahrplan an den Haltestellen. https://www.darssbahn.de

Best Western Plus Ostseehotel Waldschlösschen (€€€), Bernsteinweg 4, Tel.

▸ Karte S. 124

038233/6170. Familiär geführtes Vier-Sterne-Hotel, Ensemble aus Fachwerkvilla und zwei Gartenhäusern. Knapp 300 Meter zum Strand. Wellnessbereich mit Außenpool, Saunen. Garten mit Liegewiese in einer Parkanlage. Feinschmecker-Restaurant ›Titania‹.
www.waldschloesschen-prerow.de

Hotel Bernstein (€€), Buchenstr. 42, Tel. 038233/64000. Vier-Sterne-Haus in einer großen Garten- und Parklandschaft und direkt am Darßer Wald, top Wellness- und Saunabereich, Pool mit Kinderbecken, 1,5 km zum Nordstrand, ca. 5 km zum Weststrand. Restaurant und Bar.
www.bernstein-prerow.de

Hotel Residenz Rennhack (€€), Hagenstr. 1, Tel. 038233/7000. Wunderschönes, rohrgedecktes Haus in Strandnähe. Insgesamt 17 Zimmer und Suiten in verschiedenen Größen und Farbtönen, alle mit Stilmöbeln ausgestattet. Frühstücksveranda, Garten mit Grillplatz. Sauna, Bar, Kaminzimmer. www.residenz-rennhack.de

Hotel Haus Linden (€€), Gemeindeplatz 3, Tel. 038233/636. Allergikerfreundliches Hotel, rund zehn Gehminuten zum Strand. Es wurde komplett nach der Baubiologie gestaltet. Vegetarisch-veganes Restaurant, alle Produkte stammen aus regionalem und biologischem Anbau.
www.haus-linden.de

Quartier Carpe Diem (€€€), Grüne Str. 31 b, Tel. 038233/7080. Nomen est omen: Nutze den Tag – zum Entspannen, im Sportstudio, im Kunst-Garten, im Wellnessbereich. Hausinterne Praxis für Naturheilkunde und Osteopathie. Vegetarisch-veganes Frühstücksbuffet.
www.carpe-diem-prerow.de

Bio-Hotel Ginkgo Mare (€€), Buchenstr. 41a, Tel. 038233/7013. In ruhiger Seitenstraße, zehn Gehminuten zum Nordstrand. Ökologische allergikergerechte Zimmer. Alle Möbel aus Birkenvollholz, beheizte Eichenfußböden, Bio-Vital-Frühstück. GesundSein-Zentrum und Heilfastenkurse. www.ginkgomare.de

Haus hinter den Dünen (€-€€), Bernsteinweg 15, Buchungshotline 038233/7060. Moderne Ferienanlage mit 85 Appartements in 10 verschiedenen Kategorien. Direkt am Strand.
www.ferienanlage-prerow.de

Regenbogen-Camp, Bernsteinweg 4–8, Tel. 038233/331; ganzjährig. 800 Stellplätze für Wohnmobile und Zelte. Auf 2,5 km Länge direkt am Strand und in den Dünen. Mietzelte, Mietwohnwagen, Strandkörbe zum Schlafen. Lebensmittelgeschäfte, Kino, Surf- und Segelschule, Kinderanimation.
www.regenbogen.ag

Meißner´s Sonnencamp, Villenweg 3, Tel. 60198; April–Okt. Direkt am Strand, zwischen Bäumen und Düne. Ideal für Familien mit Kindern. Auch Vermietung von Zelten, Wohnwagen und Ferienhäusern. Kinderspielplatz, Waschmaschine, Tischtennisplatten.
www.meissners-sonnencamp.de

Binnen & Buten, Hauptübergang 2 a, Tel. 038233/60188. Im Dünenwald. Beliebtes Fischlokal in Rohrdachgebäude, großer Biergarten.
http://www.binnen-un-buten.de

Achtern Diek, Bernsteinweg 6, Tel. 038233/60665. Nahe Nordstrand. Fischspezialitäten, saisonal wechselnde Gerichte. www.achtern-diek.de

Fischrestaurant Seeblick, Hauptübergang zur Seebrücke, Tel. 348. Im alten Badehaus direkt an der Seebrücke. Frisch zubereiteter Fisch aus Ostsee und Bodden sowie Wildbret aus den heimischen Wäldern. Zweistöckiges Haus von 1895 mit drei Dachterrassen und herrlichem Dünen- und Seeblick. www.wolff-prerow.de

Fischgaststätte Rennhack, Waldstr. 1, Tel. 038233/60989. Im Zentrum. Täglich frischer Ostseefisch, weitläufiger Sommergarten. Fischräucherei am Hafen und in der Buchenstr. 6. www.prerow-rennhack.de und www.fischraeucherei-rennhack.de

Darßer Braugasthaus, Bergstr. 1, Tel. 038 233/717757. Im Ortszentrum, rustikales Ambiente. Hausgebraute süffige Biere, vom klassischen Pils oder Dunkelbier über Weizenbier bis zu einem India Pale Ale und weiteren Spezialbieren. Dazu gibt´s gehobene und deftige Hausmannskost. www.darsser-brauhaus.de

CP1 Probierladen, Bernsteinweg 9, Tel. 038233/6170. Probierladen, Bistro und Restaurant mit regionalen und hochwertigen Produkten. www.cp1-prerow.de

Teeschale, Waldstr. 50, Tel. 038233/ 60845; Di–So ab 12 Uhr. Gemütliche, kultige Teestube mit Laden in schönem rohrgedeckten Haus von 1850. Im angrenzenden Teeladen kann man aus über 150 Teesorten wählen. Hausgebackener glutenfreier Kuchen, herzhafte Salate und andere leckere Kleinigkeiten. Sommerterrasse. www.teeschale.de

Café nu, Hafenstr. 6, Tel. 038233/719258. Regional, saisonal, gesund. Und mit viel Leidenschaft zubereitet. Dafür stehen schon seit Jahren Nancy Fleischmann und Ute Marucha. Wunderbares Frühstück. Lecker: Kuchen, Torten, Waffeln, Stullen, Limonaden, Kaffees und Tees. Schöne Geschenkartikel: handgefertigte Seifen, Vasen, Wollkuscheltiere. http://www.imcafenu.de

Café & Kultur Kiek In, Waldstr. 42, Tel. 038233/679973; So–Fr 11–18 Uhr, Sa Ruhetag. Im alten Gebäudeteil des Prerower Kulturkaten ›Kiek in‹: Kuchen und Torten, alles hausgemacht. Außerdem Frühstück und kleine Speisen, auch für Veganer und Vegetarier. Liebevoll dekoriertes Ambiente, ruhiger Garten, Kinderspielplatz. Shopping-Möglichkeiten: Deko, Schals, Sanddornprodukte und anderes. www.cafeundkultur.de

Café Ulenhoef, Grüne Str. 53, Tel. 038233/ 418. Niedliches Café am Waldrand mit leckerem Kuchen und Abendküche. Schmackhaft zubereitete regionale Produkte. Außenterrasse. http://www.cafe-ulenhoef.de

Dünenbar im Dünenhaus, Hauptübergang 15, Tel. 038233/744404. Cocktailbar und Disco, generationsübergreifend.

Darß-Museum, Waldstr. 48, Tel. 038233/69750. Kultur- und naturgeschichtliche Sammlung zum Darß. Sie erzählt eindrucksvoll die Geschichte der Region – von Land, Leuten und Tieren, von der steinzeitlichen Besiedlung bis hin zur Entwicklung des Badewesens im 20. Jahrhundert. Museumsladen mit Regionalliteratur, Bernsteinschmuck, Postkarten. www.foerderverein-darss-museum.de

Leuchtturm und Natureum, Darßer Ort 1–3, Tel. 038233/304; Mai–Okt. tgl. 10–18 Uhr, Nov.–April Mi–So 11–16 Uhr. Zutritt zum Café nur für Museumsbesucher. www.natureum-darss.de

Kulturkaten Kiek In, Waldstr. 42, Tel. 038233/61025. Seit vielen Jahren die erste Adresse für Kleinkunst, Theaterveranstaltungen, Konzerte, Lesungen, Mal- und Kreativkurse. Ausgangspunkt für Radtouren und Wanderungen. Frischemarkt.

Seemannskirche, Kirchenort 1; in der Saison Mo–Sa 10–18, So 13–18 Uhr. Gottesdienst jeden So 10.30 Uhr.

Cinema Prerow, Waldstr. 5, Tel. 038233/ 60141. Das letzte ganzjährig geöffnete Kino zwischen Rostock und Stralsund. Für die Besucher stehen 152 weiche Kinosessel zur Verfügung, die Versorgung mit Popcorn, Gummibärchen und Nachos ist gesichert. Filme können auch in 3D gezeigt werden. www.cinema-prerow.de

Tonnenabschlagen, 4. So im Juli.

Hafenfest, Juli. Am Prerowstrom, abwechslungsreiches Kulturprogramm und Drachenbootrennen.

Museumsfest, letztes Wochenende im August. Im Garten des Darß-Museums, traditionelles heimisches Handwerk, Markttreiben, kulinarische Angebote.

▶ Karte S. 124

Seemannskirchenfest, August. Im Pfarrgarten, stimmungsvolles Fest mit Kulturprogramm.

Cartoonair am Meer, Ende Juni–Ende September. Karikaturen-Festival mit Freiluftausstellung im Garten des Kulturkaten Kiek In. Satirische Abendshows mit Autoren wie Horst Evers, FIL oder Wladimir Kaminer.

Töpfermarkt, Pfingstwochenende. Im Garten des Darß-Museums unter uralten Eichen. Zählt zu den schönsten Töpfermärkten Norddeutschlands, die Palette der Angebote reicht von Porzellan-Schmuck und salzglasierter Gebrauchsware über Fayence-Figuren bis hin zu Raku-Keramik und hauchzarten Porzellanen.

Kunstmarkt, Mitte September am Hafen. Zu sehen und kaufen: handwerklich hochwertige Gebrauchskeramik, Schmuck, Skulpturen, Kleidung.

Der sehr breite und kilometerlange Nordstrand ist ausgesprochen feinsandig und aufgrund seines flach abfallenden Ufers für Kinder bestens geeignet. Es gibt mehrere FKK-Bereiche. Die Strandzugänge 29 (Seebrücke) und 34 sind behindertengerecht. Zwei Hundestrände. Am Sportstrand (Strandzugang 22): Surfen, Kiten, Stand-Up-Paddeln (SUP), Beach-Volleyball, Beachsoccer, Slackline, Frisbee, Trampolin. Auch Yogakurse. In der Ferienzeit öffnet ein Beachkids-Camp. Der herrliche 20 bis 30 Meter breite und 13 Kilometer lange Weststrand ist naturbelassen (→ S. 129).

Seekajak-Tour, Buchenstr. 11 a, Tel. 0178/1886680. Mit ›darßtour‹ per Seekajak in geführten Tagestouren über Ostsee und Boddengewässer. Gestartet wird an verschiedenen Punkten der Halbinsel. Die Touren sind sowohl für erfahrene Paddler als auch für Anfänger und Familien mit Kindern ab acht Jahren geeignet. http://www.darsstour.de

Kutschunternehmen Bergmann, Bogislav-Rosen-Weg 3, Tel. 0171/6041651. Linien-Kutsche von Prerow/Bernsteinweg zum Leuchtturm Darßer Ort von Mai bis Ende Okt.(5 km, 1 h), in der Saison im Stundentakt zwischen 9.30 und 16 Uhr. www.kutschfahrten-bergmann.de

Mississippi-Dampfer Baltic Star, Hafen Prerow, Tel. 038233/239; März–Nov. tgl. Boddenrundfahrten: in der Hauptsaison 11, 14, 16 und 18 Uhr, sonst 11.30, 14.30 und 16.30 Uhr. Fahrtdauer ca. 2 Std. Im Sept. und Okt. tgl. 16.30 Uhr Kranichbeobachtungsfahrten. www.reederei-poschke.de

Reederei Rasche, Hafen Prerow, Tel. 038233/210. Schiffstouren durch den Nationalpark Vorpommersche Boddenlandschaft. Auch Fährverkehr mit Fahrradtransport auf dem MS ›Heidi‹ nach Born und Bodstedt. Das Schiff ist barrierefrei ausgestattet. www.reederei-rasche.de

Fahrradverleih Wiedner, Grüne Straße 20a, Tel. 038233/60187. Auch Vermietung von Go-Cards und Bollerwagen.

Fahrradverleih Shop 8, Strandstr. 24 (Darß-Passage), Tel. 038233/703932. Zwölf 12 Filialen auf Fischland-Darß-Zingst. www.fahrrad-shop-8.eu

Nordische Buch- und Kunsthandlung Wieland, Bernsteinweg 2, Tel. 038233/282.

Frischemarkt, am Kulturkaten Kiek In, Waldstr. 42; Mai–Okt. Mo 9–13 Uhr: ökologische Spezialitäten aus der Region wie Bio-Fleisch, Ziegenkäse, hausgemachte Nudeln, Honig. Auch Kunsthandwerk.

Heimatgalerie, Waldstr. 54, Tel. 462. In einem alten Schifferhaus Verkauf und Ausstellung von Kunstwerken wie Gemälden, Schmuckarbeiten, Fotografien. Angegliedert: das **Darßer Bernsteinmuseum** der Familie Moldenhauer. www.darsser-ort.de

EXTRA

Kraniche – die ›Vögel des Glücks‹

Wenn die Kraniche ziehen, dann ist es Frühling in Vorpommern, oder Herbst. Der Charaktervogel der Region ist eindeutig der Graue Kranich (Grus grus), ein Zugvogel, der zweimal im Jahr, auf seinem Weg zu seinen Winterquartieren in Südfrankreich, Südspanien, Portugal oder Nordafrika beziehungsweise zu seinen Brutstätten in Schweden, Finnland oder Nordwestrussland zu Zehntausenden an der vorpommerschen Boddenlandschaft Zwischenstation macht. Schon seit Jahrhunderten fliegen die Kraniche über die weite Boddenlandschaft, doch seit 1990 finden die Vögel hier im Schutze des Nationalparks beste Bedingungen für ihren vorübergehenden Aufenthalt vor. Mehr als 60 000 Kraniche – 2019 waren es sogar über 90 000 – bevölkern im Herbst die Küste zwischen Rügen und dem Ostzingst, wenn die Kälte und das sinkende Nahrungsangebot die Vögel zur Flucht gen Süden zwingen. Damit nimmt in manchen Jahren gut die Hälfte aller europäischen Kraniche im Nationalpark Quartier. Auf dem Kontinent gibt es keinen anderen Ort, wo sich so viele dieser Tiere vor ihrem Aufbruch in wärmere Gefilde sammeln. Von Ende August bis Ende Oktober/Anfang November bestimmen die Kraniche mit ihren lauten Fanfaren den Himmel über den Bodden. Je nach Großwetterlage kehren sie im Februar oder März zurück, bleiben dann aber nur bis zu zwei Wochen in Vorpommern. Vor allem im Herbst fressen sich die majestätischen Zugvögel auf den Boddenwiesen und auf den abgeernteten Feldern ihre Wegzehrung an. Am liebsten mögen sie Mais; Grünzeug, Beeren, Insekten oder Würmer verschmähen sie auch nicht. Zur Nachtruhe begeben sich die Winterflüchtlinge in das menschenleere seichte Wasser des Windwatt. Hier schlafen sie dicht gedrängt im Stehen und vor allem sicher vor ihrem natürlichen Hauptfeind, dem wasserscheuen Fuchs. Insbesondere von den Aussichtstürmen Pramort und Hohe Düne am Ostende der Halbinsel Zingst sind sie von Natur- und Vogelfreunden sowie Ornithologen gut zu beobachten, die – ausgerüstet mit Kameras, Ferngläsern und Spektiven –, in geziemendem Abstand von mindestens 300 Metern zu den überaus scheuen Vögeln bleiben müssen. Ab Wieck, Born und Prerow werden im Herbst auch Schiffstouren zu den Kranichen angeboten.

Kraniche haben lange Beine und Hälse wie Störche und Reiher, sind aber größer und mit beiden nicht verwandt. Männchen und Weibchen sind äußerlich kaum verschieden. Kopf und Hals sind schwarz-weiß gemustert. Der rote Fleck auf dem Kopf des Kranichs ist eine Glatze, an dieser Stelle haben die Tiere keine Federn. Der restliche Körper ist mit einem grauen Gefieder bedeckt. Der schönste Schmuck des Kranichs ist die sogenannte Schleppe, die kurzen, über den Schwanz herabhängenden Federn. Ab ihrem vierten Jahr sind die Vögel geschlechtsreif und suchen sich einen Partner. Dem weichen sie fortan nicht mehr von der Seite. Jährlich bebrüten sie gemeinsam im April und Mai in einem Bodennest aus Gras und Schilf und in wasserreicher Umgebung ein bis zwei Eier. Die Jungen sind nach spätestens zehn Wochen flugfähig. Der Klimawandel beeinflusst mittlerweile gravierend die Entwicklung der Kranichpopulation: Aufgrund der anhaltenden Trockenheit in den letzten Jahren blieben bis zu 80 Prozent der Kranichpaare ohne Nachwuchs. Im vergangenen Jahrzehnt hatte noch die Hälfte der Paare Junge. Die Tiere erreichen eine stattliche Höhe von 1,30 Meter und sind damit die größten transkontinentalen Zugvögel. Enorm sind auch ihre Flügelspanne von 2,20 Meter sowie ihre maximale

Fluggeschwindigkeit von 65 Kilometern in der Stunde. Bei ihren kräftezehrenden Langstreckenflügen nutzen die Weltreisenden mit ihrer typischen keilförmigen Formation den Windschatten und machen sich Rückenwind und Thermik zu Diensten, dabei stets unterwegs mit ihrem charakteristischen rauen Trompetengeschrei, den weithin hörbaren ›Kruu‹-Rufen. Der Spitzenvogel wird während des Fluges regelmäßig abgelöst. Die Länge der Tagesstrecken ist unter anderem vom Wetter und der Tageshelligkeit abhängig. Sie können bis zu 2000 Kilometer am Stück zurücklegen, die normale Zughöhe liegt zwischen 200 und 1000 Metern.

Wenn sich die Kraniche im Frühjahr an der Boddenküste versammeln, beeindrucken vor allem ihre faszinierenden Balztänze. Dabei trompeten sie aus voller Kehle, werfen den Kopf weit in den Nacken, schlagen mit den Flügeln und steigern sich zu Sprüngen und Knicksen. Ein atemberaubendes Ballett zwischen den Kranichpaaren, die Jahr für Jahr ums Neue umeinander werben und zusammenbleiben, bis dass der Tod sie nach durchschnittlich zwölf Jahren und gut zwei Erdumrundungen scheidet. Kein Wunder, dass die großen Überflieger von vielen Völkern verehrt werden. Zahllose Mythen ranken sich um den schönen Luftikus. In vielen Kulturen gilt der Kranich als Symboltier für Wachsamkeit, Klugheit und ein langes Leben. Daher wird er auch ›Vogel des Glücks‹ genannt. In der griechischen Mythologie besaß der Kranich die Rolle als Bote des Frühlings und des Lichts und war den Göttern Hermes und Apollon zugeordnet. Die Inder betrachten die himmlischen Geschöpfe gar als Götter. Afrikanische Stammestänze richten sich an den Balztänzen der langbeinigen Vögel aus und beschwören ihre Fruchtbarkeit. Ebenso auf der japanischen Insel Hokkaido, wo die Frauen bis heute den Kranichtanz aufführen. An der vorpommerschen Küste genießt der Schreitvogel bei vielen Naturliebhabern zumindest Kultstatus. Man erfreut sich am jährlichen Meeting mit den Großvögeln, auf das einzigartige Open-Air-Spektakel im Nationalpark. Und die touristischen Gastgeber der Region freuen sich auch, sie verdanken dem Vogel des Glücks eine lukrativ erweiterte Nachsaison.

Kranich-Infozentrum Groß Mohrdorf, Lindenstraße 27, 18445 Groß Mohrdorf, Tel. 38323/80540. www.kraniche.de. Informationen zum aktuellen Rast- und Zuggeschehen mit Hinweisen zu den besten Beobachtungsplätzen.

Kraniche beim Rasten

EXTRA

Der Zingst

Östlich des Prerowstroms erstreckt sich auf einer Länge von rund 20 Kilometern und einer Breite von 2 bis 4 Kilometern die Meeressandebene des Zingst. Auch der Zingst war einst eine Insel, ebenso wie das Fischland und der Darß. Bis 1874 trennte der Prerowstrom die Insel vom Darß. Dann, zwei Jahre nach dem verheerenden Ostseesturmhochwasser von 1872 (→ S. 20), wurde der Strom, der den Bodden mit dem Meer verband, kurz vor seiner Mündung künstlich geschlossen. Seitdem ist der Zingst sowohl auf der See- als auch auf der Boddenseite eingedeicht. Der Deich auf der Meeresseite reicht bis Prerow. Die Eindeichung ist von elementarer Bedeutung, denn viele Gebiete des Zingst liegen kaum über Normalnull. Seit 1308 hat man über 50 Sturmfluten auf Zingst registriert. Zum Schutzsystem gehören neben den Deichen über 400 Buhnen, Dünen und ein Schutzwaldstreifen. Die befestigten Deiche dienen den Urlaubern heute auch als höchst beliebte Rad- und Wanderwege.

Der sehr feinsandige Zingster Strand zieht sich an der Meeresküste entlang, schnurgerade von der Hohen Düne bei Prerow bis zur Hohen Düne nördlich vom Pramort. Neben viel Sand und von Wassergräben durchzogenen Salzwiesen gibt es auf Zingst auch zwei Waldgebiete, den moorigen Freesenbruch und den 800 Hektar großen Osterwald (→ S. 29). Zwischen beiden liegt der urbane Hotspot der Halbinsel: das Ostseeheilbad Zingst. Bis auf das Seebad selbst steht der gesamte Zingst unter dem Schutz des Nationalparks Vorpommersche Boddenküste. Östlich des Osterwaldes, hinter dem Hotel ›Schlösschen‹ und der Nationalpark-Informationsstelle, verläuft ein Rad- und Wanderweg (→ Tour S. 141) durch die Sundische Wiese. Er endet an der Ostspitze des Zingst, am Aussichtspunkt Pramort. Hier gibt es für Vogelfreunde und Ornithologen beste Voraussetzungen zu Vogelbeobachtungen, und hier befindet sich das wohl bedeutendste Rastgebiet der Kraniche in Zentraleuropa (→ Extra S. 134, → Tour S. 141).

Schier endlos erstreckt sich der Strand auch bei Zingst

▸ Karte: vordere Umschlagklappe

Wie die Küste des Darß befindet sich auch die Küste des Zingst in stetiger Veränderung, in einem Prozess der ›Landwerdung‹: Während sich der Darß am Darßer Ort nach Norden immer weiter in die Ostsee vorschiebt, dehnt sich der Zingst am Pramort weiter nach Osten aus. Sicherlich wäre der Zingst ohne menschliche Eingriffe längst mit den Werderinseln sowie den Inseln Bock und Hiddensee zusammengewachsen.

Ostseeheilbad Zingst

Mit 3200 Einwohnern und über 10 000 Gästebetten ist Zingst das größte Seebad der Halbinselkette Fischland-Darß-Zingst. Seit 2002 darf sich der Ort ›staatlich anerkanntes Seeheilbad‹ nennen. Bereits 1994 eröffnete die ›Mutter-Kind-Klinik‹, medizinisches Wellness, Prävention und ein vielfältiges Kurangebot sind mittlerweile neben dem Tourismus wichtige Wirtschaftsfaktoren. Fischerei und Landwirtschaft spielen dagegen heute nur noch eine unbedeutende Rolle. Die schöne Lage zwischen dem herrlichen, sage und schreibe 18 Kilometer langen Sandstrand, dem Zingster Strom mit seinem modernen Hafen und dem Barther Bodden mit seinen vorgelagerten Inseln Kirr und Oie machen das Städtchen zu einem beliebten Badeort. Viele touristische Angebote sind auf Familien mit Kindern ausgerichtet, und während der Saison finden in der Urlaubermetropole der Halbinsel zahlreiche sportliche und kulturelle Veranstaltungen statt. Die gut ausgebauten Radlerpisten führen am Meer und am Bodden entlang, zu den Ortschaften des Darß oder nach Pramort. Während um das Jahr 1700 die Haupterwerbsquellen der Zingster noch die Fischerei, der Holz- und Torfabbau sowie in geringerem Maße die Landwirtschaft waren, verschaffte die Segelschifffahrt der einstigen Insel im 18. und 19. Jahr-

Das Kurhaus in Zingst

hundert eine beachtliche wirtschaftliche Blütezeit. Zingst besaß drei Werften, auf denen man zwischen 1781 und 1823 ganze 76 große Schiffe baute. 1844 eröffnete eine Navigationsschule, in der Kapitäne und Steuerleute ausgebildet wurden. Um 1880 lebten im Ort über 80 Kapitäne, doch da war durch die aufkommende Dampfschifffahrt der Niedergang der Segelschifffahrt längst eingeläutet. Zur gleichen Zeit kamen die ersten Badegäste. Zingst wurde Seebad, die Darßbahn brachte ab 1910 Urlauber und Sommerfrischler von Barth an die Küste und an den schönen Zingster Sandstrand. 1937 machten die Nazis Zingst zum KdF-Bad, 1939 zählte man um die 4000 ›Kraft-durch-Freude-Urlauber‹. Kurz nach dem Krieg, 1949, übernachteten bereits 10 000 ›Werktätige‹ im nun sozialistischen Seebad. Der Aufwärtstrend hielt bis zur politischen Wende in der DDR an. Heute kommen schon jährlich annähernd eine Viertelmillion Gäste in die flächenmäßig sehr ausgedehnte Ortschaft, die 1823 durch den Zusammenschluss dreier Boddensiedlungen entstand.

Ostsee
Schlösschen Sundische Wiese
Straminke
Landstr.
Naturdüne
Alte Straminke
Wellness Camp Düne 6
Haus 54
Zur Heide
Inselweg
Boddenweg
Bomigo-Freizeitanlage
Hanshäger Str.
Hägerende
Seestr.
Müggenburger Weg
Birkenstr.
Jordanstr.
Weidenstr.
Marks
Rosenberg
Kurmittelcentrum
Rämel
Dünenstr.
Lindenstr.
Peter-Pauls-Kirche
Kirchweg
Störtebekerstr.
Pödderie
Rosengarten
Sorgenfrei
Hafenstr.
Kranichhaus
Zingst - Barth
Zingster Strom
Zingster Scheune
Strandkate
Seebrücke
Kurhausrestaurant
Seebrücke Zingst
Tauchgondel
Zuckerhut
Strandhotel Zingst
Klosterstr.
Strandstr.
Zingster Stuben
Max Hünten Haus
Werftstr.
Kochwerk
Heimatmuseum
Neue Reihe
Barther Str.
Hirtenweg
Darßer Weg
Läsen un Schriben
Lesezeit
Karina's Fischgarten
Friedenstr.
Bahnhofstr.
Schulstr.
Glebbe
Wiesenstr.
Waldstr.
Grüner Winkel
Am Bahndamm
Am Paalen
Meerlust
Experimentarium
Restaurant Zum Deichgrafen (400 m)
Freesenbruch
Barth, Groß Moordorf
Insel Kirr
Beek
0 250 500 m
Zingst

Sehenswürdigkeiten

Der Zingster **Strand** darf wie einige weitere der Halbinselkette zu den schönsten an der deutschen Ostseeküste gezählt werden. Der annähernd 18 Kilometer lange Sandstrand zieht sich von Prerows Nordstrand bis weit hinter das Ostseeheilbad in östliche Richtung. Da bleibt viel Platz für allerlei Aktivitäten im und am Wasser. Am Strandübergang 14 kann man die an sich schon höchst reizvolle Örtlichkeit noch zusätzlich durch die sprichwörtlich rosarote Brille betrachten. Denn da hat man eine riesige rosa Brille auf dem Strand platziert. Sie ist Bestandteil des **Olympus FotoKunstPfads**. Wenn im Herbst die ersten bunten Blätter fallen, wechselt die Brille ihren sandigen Ort und ›ankert‹ am Hafen von Zingst. Zum sommerlichen Strandvergnügen gehört auch das beschwingte Tanzbeinschwingen zu Rock´n Roll-, Discofox- oder Salsarhythmen – auf der Holzterrasse der Strandbar gleich neben der 270 Meter langen und 2,5 Meter breiten **Seebrücke**. Das lange Bauwerk ins Meer hinaus stammt von 1993, sein Vorgängerbau wurde durch Sturm und Eisgang 1947 zerstört. Seit 2013 kann man mit einer **Tauchgondel** am Brückenkopf bis zu vier Meter in die Ostsee eintauchen und dabei einiges über Fauna und Flora des Binnenmeeres erfahren. Fast schon von legendärer Schönheit sind die Sonnenuntergänge, wenn der feuerrote Zentralkörper unseres Sonnensystems – von der Zingster Seebrücke aus betrachtet – ganz besonders spektakulär in die Ostsee plumpst. Ein Zingster Original ist **Waffel-Maik** am Seebrückenvorplatz, seine lecker duftenden Waffeln sind bei Touristen und Einheimischen gleichermaßen beliebt. Gleich neben der Seebrücke steht das im Jahr 2000 eröffnete neue **Kurhaus**. Das alte befand sich an gleicher Stelle. Das schöne Fachwerkgebäude beherbergt neben der **Touristeninformation** auch ein Restaurant, Kulturveranstaltungen finden auf der Bühne an der Ostseite des Hauses statt.

Am Kurhaus zweigt die Bummelmeile von Zingst ab: die **Strandstraße**, eine Fußgängerzone mit Restaurants, Souvenirläden und Galerien. Hier stehen außerdem zwei historische Gebäude: Der **Seenotrettungsschuppen**, ein Backsteinbau von 1875 mit einer liebevoll gestalteten kleinen Ausstellung, und das **Heimatmuseum**, ehemals ›Haus Morgensonne‹. Das prächtige denkmalgeschützte Kapitänshaus von 1867 wird seit 1991 als Heimatmuseum genutzt. Mittlerweile wird hier nicht nur die Geschichte der Zingster Schifffahrt mit maßstabgetreuen Schiffsmodellen und maritimen Instrumenten sowie die Entwicklung zum Seebad dokumentiert, das stattliche Haus mit seinem modernen Anbau beherbergt auch die beliebte Museumsbäckerei mit dem netten Café ›Alt-Zingst‹. In der angegliederten Kreativwerkstatt **Pommernstube** können die Besucher alte Handwerktechniken selbst ausprobieren: Spinnen, Weben, Bernsteinschleifen, Kerzengießen, Porzellanbemalen. Es gibt einen Kräuter- und Bauerngarten, Veranstaltungen finden im **Museumshof** statt: Feste, Jazz- und Blueskonzerte, auch der **Bio- und Erlebnismarkt** hat im Hof seinen Standort. Hier und da an der Strandstraße stehen noch weitere alte Kapitäns- und Steuermannhäuser, ebenso an der Hafenstraße. Die verbindet die Hauptverkehrsstraße des Seeheilbads – die Jordanstraße – mit dem kleinen **Hafen** am Zingster Strom. Hier legen Fähren und Ausflugsdampfer regelmäßig nach Vitte auf Hiddensee, nach Stralsund, nach Barth und Ribnitz, nach Ahrenshoop und zu Boddenrundfahrten ab. Am Hafen befinden sich gastronomische Einrichtungen und ein Wasserwanderrastplatz.

Die Seebrücke mit der Tauchergondel

Im **Experimentarium** an der Seestraße und nahe am Deich lernen kleine und große Tüftler spielerisch allerhand über Wissenschaft und Technik. Hier warten über 70 interaktive Versuchsstationen auf ihre Erprobung. Eigene Kunstwerke erschaffen können die Jungforscher und -handwerker in der bestens dafür ausgestatteten Pfiffikuswerkstatt.

Was Ahrenshoop für Maler und andere Künstler war und ist, das ist seit einigen Jahren Zingst für Fotografen. Das ›Foto-Seebad‹ Mecklenburg-Vorpommerns ist ein aktives und angesehenes Zentrum für Fotografie, mit den Themenschwerpunkten Landschafts- und Tierfotografie. Jährlich findet das viel beachtete Umweltfotofestival ›horizonte zingst‹ statt, und die renommierte Zingster Fotoschule hat sich weit über die Grenzen Norddeutschlands hinaus einen Namen gemacht. Mittelpunkt der **Erlebniswelt Fotografie** mit kreativen Workshops, Themenausstellungen, Bibliothek und Galerien ist das 2011 erbaute **Max Hünten Haus** an der Schulstraße. Das ›Max‹, wie es liebevoll genannt wird, organisiert mittlerweile jährlich zahlreiche Fotoausstellungen und Fotoevents. Einzigartig ist der **Olympus FotoKunstPfad** mit Outdoor-Installationen im öffentlichen Raum des Seebads. Die Kunstobjekte internationaler Künstler integrieren sich in die Landschaft oder stechen gleichzeitig hervor. Sie sollen dazu animieren, selbst zur Kamera zu greifen. Der Pfad beginnt am Vorplatz des Max Hünten Hauses. Im ›Max‹ kann man sich Fotokameras, Objektive und Ferngläser ausleihen.

Die **Peter-Pauls-Kirche** an der Kirchstraße wurde 1862 im neugotischen Stil erbaut, Architekt war der berühmte Schinkel-Schüler und Berliner Hofbaumeister Friedrich August Stüler. 1986 wurde eine Orgel der renommierten Frankfurter Orgelbaufirma Sauer eingebaut, sie erklingt bei den Konzerten in den Sommermonaten. Der bekannte evangelische Theologe Dietrich Bonhoeffer hielt 1935 in der Zingster Kirche eine eindringliche Predigt gegen die Nationalsozialisten. Er wurde im April 1943 verhaftet und im April 1945 auf persönlichen Befehl Adolf Hitlers im KZ Flossenburg ermordet. Die **Kapelle** des kirchlichen Zingsthofes ist nach Bonhoeffer benannt. Älter als die Kirche ist der dahinter liegende Friedhof, auf dem auch die Barther Heimatdichterin Martha Müller-Grählert (1876–1939) ihre letzte Ruhestätte fand. Der **Martha-Müller-Grählert-Park** mit Open-Air-Fitnessstudio erinnert seit 2006 im Zentrum an sie. Die Schriftstellerin wurde für ihr in vorpommerschem Platt geschriebenen Gedicht ›Mine Heimat‹ berühmt, das man um 1910 als ›Ostseewellenlied‹ vertonte (→ S. 79). Von den Verkaufserlösen bekam sie fast nichts, Müller-Grählert starb verarmt und nahezu erblindet in einem Altenheim bei Stralsund. Auf ihrem weißen Grabkreuz steht die Inschrift: ›Hier is mine Heimat, hier bün ick to Hus.‹

Radtour von Zingst nach Pramort

Route: Seebrücke/Kurhaus Zingst – Dreiländereck – Osterwald – Schlösschen Sundische Wiese – Informationszentrum Sundische Wiese – Hohe Düne – Pramort – Deich am Bodden – Müggenburg – Hafen Zingst

Länge: ca. 30 Kilometer

Beschaffenheit: Durchweg flach auf befestigten Wegen, leichte Radtour

Tipps: Am Schlösschen Sundische Wiese gibt es einen großen Parkplatz und eine Radausleihstation. Von dort lässt sich die Tour nach Pramort mit kleineren Kindern abkürzen. Fernglas nicht vergessen! Ausleihmöglichkeit bei der Kurverwaltung im Kurhaus.

Hinweis: Während der Kranichrast von

Anfang September bis Anfang November ist der Zugang nach Pramort ab 15 Uhr nur für maximal 80 Besucher gleichzeitig und nur mit Nationalpark-Card erlaubt (Ausgabe im Kurhaus Zingst, 7,50 Euro/ Person, Familien 15 Euro).

Die Tour startet an der Zingster Seebrücke/Kurhaus. Auf dem Deich-Radweg fährt man in Richtung Osten, bis zur Ausschilderung **Dreiländereck** (ca. 7 km). Der hier recht ungewöhnliche Name bezieht sich auf das Jahr 1578, als es zum Grenzstreit zwischen Zingst, Stralsund und Barth kam. Damals wurden drei Grenzsteine gesetzt. Vom Dreiländereck geht es durch den **Osterwald** (→ S. 29) zum **Schlösschen Sundische Wiese** (1,5 km). Im Hotel-Restaurant mit Biergarten lässt sich bestens eine Rast einlegen. Wenige Schritte entfernt liegt das **Informationszentrum Sundische Wiese** (→ S. 143). Auf großen Tafeln erfährt man hier Wissenswertes über die Geschichte und den Lebensraum der Sundischen Wiese, über die Schutzzonen des Parks, über den Einfluss der Küstendynamik auf die Vogelwelt, über Dünenschutz, auch über die imposanten Kraniche, über Brutplätze und Vogelzug, über Graugänse und Singschwäne. Direkt hinter dem Informationszentrum beginnt die acht Kilometer lange und für den motorisierten Verkehr gesperrte Asphaltpiste, die kerzengerade mitten durch die Sundische Wiese bis nach Pramort führt, dem östlichen einsamen Zipfel der Halbinsel.

Die **Sundische Wiese** befindet sich direkt am Eingang zur Schutzzone 1 des Nationalparks Vorpommersche Boddenlandschaft. Das renaturierte Heide- und Feuchtwiesengebiet ist von vielen kleinen Kanälen durchzogen und ein wahres Vogelparadies. Während des Nationalsozialismus wurde die Sundische Wiese militärisch als Bombenabwurfzielgebiet, nach dem Krieg als Schießplatz der Nationalen Volksarmee der DDR missbraucht. Nach der Räumung der beträchtlichen militärischen Altlasten konnte das weite Gelände 1992 in den Nationalpark integriert werden.

Bei Pramort lohnt sich der Abstecher zur Aussichtsplattform auf dem bis zu zwölf Meter hohen und zwei Kilometer langen Weißdünenfeld der **Hohen Düne** (2 km). Die Räder bleiben am Hauptweg stehen, die Hohe Düne ist nur zu Fuß über einen Holzbohlensteg in etwa 30 Minuten zu erreichen. Die Plattform bietet eine atemberaubende Aussicht über den hier unberührten Nordstrand und die Dünenlandschaft der Kernzone des Nationalparks, auf das Windwatt, die Werderinseln, den Bock und bei guter Fernsicht bis nach Hiddensee. Hier brüten See- und Watvögel. Die Hohe Düne gilt als das größte unbewaldete Dünenfeld der deutschen Ostseeküste. Von den Plattformen am **Pramort** ist im Herbst der spektakuläre abendliche Einflug Tausender Kraniche zu ihren Schlafplätzen im Windwatt zu beobachten. Die Aussichtspunkte wurden von der Nationalparkverwaltung eingerichtet, um die nötige Distanz zu den scheuen Vögeln zu garantieren. Durchschnittlich mehr als 60 000 dieser Tiere rasten im Herbst und im Frühjahr in den vorpommerschen Boddengewässern (→ Extra S. 134). Der Name Pramort bedeutet ›Fährort‹, denn die Hansestadt Stralsund nutzte im 17. Jahrhundert die Sundische Wiese als Weideland für die stadteigenen Rinder, die im Frühjahr und Herbst vom beziehungsweise aufs Festland transportiert werden mussten. Dazu diente eine kleine Fähre, die sogenannte Pram. Das Dorf existiert seit 1937 nicht mehr.

Der Rückweg nach Zingst erfolgt vom Informationszentrum Sundische Wiese aus in südwestlicher Richtung: zunächst am Rande des Osterwaldes entlang, dann auf dem Boddendeichweg an Müggenburg vorbei. Schöne Aussichtspunkte eröffnen Blicke auf die nahe **Vogelschutzinsel Kirr** (→ S. 29) und über den Bodden bis nach Barth. Der Boddenradweg führt zum **Hafen** am Zingster Strom. Hier gibt es mehrere Einkehrmöglichkeiten.

▶ Karte: vordere Umschlagklappe

Ostseeheilbad Zingst

PLZ: 18374, **Vorwahl**: 038232
Tourismusinformation, Kurhaus Zingst, Seestr. 56/57, Tel. 038232/81580; tgl. 8–19, im Winter 9–17 Uhr. http://www.zingst.de.
Informationszentrum Sundische Wiese, Sundische Wiese; tgl. Ostern–Ende Okt. 9–15.30 Uhr; Eintritt frei. www.fischland-darss-zingst.net
Zimmervermittlung der Kur- und Tourismus GmbH, Am Bahnhof 1, Tel. 038232/81521. www.zingst.de

Zingst ist mit der Buslinie 210 der Verkehrsgesellschaft Vorpommern-Rügen (VVR) täglich im Linienverkehr erreichbar: Barth–Zingst–Prerow–Ahrenshoop–Ribnitz-Damgarten. Der nächstliegende Bahnhof ist Barth. Hier verkehrt die Regionalbahnlinie RB25 nach Velgast mit Anschluss nach Stralsund. Die Landesstraße 21 verläuft von Ribnitz-Damgarten über Prerow entlang der Halbinselkette Fischland-Darß-Zingst bis nach Barth.
Darßbahn, Ostern bis Ende Okt. Linienverkehr durch Zingst mit neun Haltestellen. Fahrplan an den Haltestellen. https://www.darssbahn.de

Strandhotel Zingst (€€€), Seestr. 60, Tel. 038232/842100. An der Seebrücke, von außen im Stil der Bäderarchitektur erbaut, innen moderne Designer-Zimmer, üppiger Wellnessbereich. Restaurant, Bar. http://www.strandhotel-zingst.de
Hotel Seebrücke (€€), Seestr. 52, Tel. 038232/840. Am Seedeich, strandnah. Helle, großzügige Zimmer, die meisten mit Balkon, einige mit Meerblick. Relaxbereich, Fahrradverleih. Restaurant mit regionaler Küchen. www.hotel-seebruecke.de
Schlösschen Sundische Wiese (€€), Landstr. 32, Tel. 038232/8180. Familiengeführtes Hotel 8 km östlich von Zingst. Die 15 komfortablen Zimmer in drei Gebäuden eines ehemaligen Jagdschlosses sind im traditionellen Landhausstil eingerichtet. Sehr ruhige Lage, ein toller Ort zum Entspannen. Restaurant, Cafégarten, Hofladen. Idealer Ausgangspunkt für Kranichbeobachtungen. Fahrradverleih am Hotelzugang. www.hotelschloesschen.de
Hotel Marks (€€), Weidenstr. 17, Tel. 038232/16140. Familienhotel am Boddendeich, 9000 qm Waldgrundstück mit Blick auf die Insel Kirr. Saunagarten. Ausgezeichnet mit dem 1. Preis als ›Nationalparkfreundliches Hotel Vorpommerscher Boddenlandschaft‹. www.hotel-marks.de
Wellnesshotel Meerlust (€€€), Seestr. 72, Tel. 038232/8850. Familiengeführtes Vier-Sterne-Hotel plus direkt am Deich. Saunalandschaft, Pool, Restaurant. www.hotelmeerlust.de
Kurmittelcentrum Zingst, Rämel 5, Tel. 038232/83101. Moderne Gesundheitseinrichtung mit Medical Wellness, Therapie- und Heilbehandlungen in komfortablen Appartements. Wenige Gehminuten vom Strand entfernt. www.kmcz.de
Hostel Haus 54 (€), Hanshägerstr. 3 a, Tel. 038232/848484. Insgesamt 25 DZ und 21 Mehrbettzimmer. Optimal für Individualtouristen, Familien und Gruppen. Gemeinschaftsküche, Waschraum, Grillplatz. www.haus54.de

Kurhaus Restaurant, Seestr. 57, Tel. 038232/172266. Auf dem Deich neben der Seebrücke. Sehr gute regionale und saisonale Küche mit Schwerpunkt Fisch. Besonders beliebt: Dorsch- und Zanderfilet. Sonnenterrasse mit Meerblick. http://www.kurhausrestaurant-zingst.de.
Zingster Stuben, Strandstr. 34, Tel. 038232/80202. Wohlfühlort mit pommerschen Spezialitäten. www.zingster-stuben.de
Zum Deichgrafen, Am Bahndamm 1, Tel. 038232/80186; in der Saison tgl. ab 17 Uhr. Top-Restaurant auf dem Campingplatz ›Am Freesenbruch‹; gehobene Küche, schöne Sommerterrasse mit Abendsonne. Reservierung ratsam. www.camping-zingst.de

Kochwerk, Wiesenstr. 1, Tel. 038232/209 994. Modernes Ambiente, regionale Frische-Küche. Kleine Speisekarte ohne Convenience Food. www.kochwerk-zingst.de

Strandkate, Klosterstr. 8, Tel. 038232/15259. Kleines, rohrgedecktes Haus im Ortskern. Urig-gemütliches Lokal mit guter Hausmannskost, viel Fisch, auch Schnitzel. Schöne Terrasse. Reservierung ratsam. http://www.strandkate-zingst.de

Restaurant Sorgenfrei, Hafenstr. 14, Tel. 843311. Speise- und Weinlokal mit Kaminlounge und Showküche, ambitionierte regionale Gerichte, entspannte Atmosphäre. www.sorgenfrei-zingst.de

Kranichhaus, Hafenstr. 2, Tel. 038232/848948; in der Saison tgl. 9–22 Uhr. Gutes Fischlokal am Hafen, große Außenterrasse. Obligatorisch: 10 Prozent Trinkgeld.

FutterKutter, Boddenhafen, direkt vom Kutter runter: Fischbrötchen, Back- und Räucherfisch, Fischsülze und Fischwraps. Wurde vom ›Feinschmecker‹ als eines der besten Fast-Food-Lokale Deutschlands ausgezeichnet.

Karina´s Fischgarten, Prerower Str. 1. Liebevoll dekorierter Fischimbiss, vielleicht der kreativste der Halbinsel. Motto: Matjes trifft Sanddorn.

Zuckerhut. Kleine Bar an der Seebrücke. Drinks und Eis. Cocktails, Live-Musik. http://www.zuckerhutzingst.de.

Wellness-Camp Düne 6, Inselweg 9 (an der Zingster Heide), Tel. 038232/17617; ganzjährig. Fünf-Sterne-Campingplatz mit Appartements und Mietwohnwagen, 200 m zum Strand, kinderfreundlich. Wellnessbereich, Kinderanimation, Restaurant ›Steakhaus Düne 6‹. www.wellness-camp.de

Café Rosengarten, Strandstr. 12, Tel. 038 232/84704. Gemütliches Ambiente in rohrgedecktem Katen. Kaffee- und Teespezialitäten, Kuchen aus der hauseigenen Konditorei. Prächtiger Rosengarten. www.caferosengarten.net

Experimentarium, Seestr. 76 (Deichnähe), Tel. 038232/172123, Juni–Aug. tgl. 10–16, Sept.–Mai Di–So 10–16 Uhr. Spannende Erlebniswelt, Physik zum Anfassen. Ein Haus zum Spielen, Basteln, Knobeln und Experimentieren mit Sand, Wasser, Energie und Licht. Unterhaltungsveranstaltungen, Spielplatz, Familienrestaurant. www.experimentarium-zingst.de

Heimatmuseum, Museumshof und Pommernstube, Strandstr. 1–3, Tel. 038232/15561. Kunst und Geschichte in einem alten Kapitänshaus sowie im modernen Anbau. Führungen, Vortragsabende, Museumsquiz für Kinder. www.zingst.de

Max Hünten Haus, Schulstr. 3, Tel. 038232/165110; tgl. 10–18 Uhr. Ort der Begegnung und das Zentrum der Fotografie auf der Halbinsel. Es zeigt eine Fotoausstellung zum Thema Natur und Umwelt. Ausstellungen, Veranstaltungen, Bibliothek. Fotoschule: Anfängerkurse bis zu Master-Workshops. Auch Kurse zur Kranichbalz, www.erlebniswelt-fotografie-zingst.de und www.zingst.de

Tauchgondel, am Kopf der Seebrücke, Tel. 038232/389077; Juni–Aug. tgl. 10–21 Uhr, April/Mai und Sept./Okt. tgl. 10–19 Uhr, Nov.–März Mi–So 11–16 Uhr. www.tauchgondel.de

Bomigo-Freizeitanlage, Boddenweg 13–15, Tel. 038232/12200. Kletterwand, Tennis, Bowling, Adventure-Minigolf-Anlage mit zwölf Bahnen. www.bomigo.de

Peter-Pauls-Kirche, Kirchweg 9, Tel. 038232/15226; Mai–Okt regelmäßige Orgelkonzerte.

Hafenfest, 3. Wochenende im Juni. Volksfest am Hafen, Beginn der Schifffahrtssaison.

Zeesenbootregatta, Mitte Juni. Saisonstart für die Zeesenbootregatten in der Region.

▶ Karte S. 124

Wissenswertes zur Zeesenbootfischerei, Shantys, Hafenparty.
Umweltfotofestival horizonte zingst, Ende Mai/Anfang Juni. Ausstellungen, Workshops, Filme, Vorträge, vielfältiges Bildungsprogramm. www.horizonte-zingst.de
Zingster Kunstmagistrale, Mitte Aug. Kunsthandwerker und Künstler präsentieren an drei Tagen ihre Produkte.

Rund 18 km langer und bis zu 50 m breiter feinsandiger Strand, davon 4,4 km bewacht. Flachwasserbereich, sauberes Wasser, FKK-Abschnitte.

Wassersportzentrum Zingst, Straminke, Strandübergang 6, Tel. 038232/20869; Mai–Sept. tgl. 8–20 Uhr. Kurse im Windsurfen, Kiten, Stand-up-Paddeln und Katamaran-Segeln. Kite- und Windsurfcamps für Einsteiger in kleinen Gruppen. www.die-surfschule.de

Fahrradverleih Shop 8, Service-Hotline: 01525/3309243, tgl. 9–18 Uhr. Zwölf Stationen auf Fischland-Darß-Zingst. Man kann die Leihräder an allen diesen Stellen abgeben. www.fahrrad-shop-8.eu

Kranich-Infozentrum Groß Mohrdorf, Lindenstr. 27, 18445 Groß Mohrdorf, Tel. 038323/80540, März–Mai tgl. 10–16 Uhr, Juni/Juli Mo–Fr 10–16 Uhr, Aug. tgl. 10–16.30 Uhr, Sept./Okt. tgl. 9.30–17.30 Uhr, Nov. Mo–Fr 10–16 Uhr. www.nationalpark-vorpommersche-boddenlandschaft.de
Kranichflug, Zugang zum Kranichbeobachtungsplatz am Pramort nur mit der Nationalpark Card möglich (Anfang Sept.–Anfang Nov. 15–19 Uhr). Die bekommt man am Kontrollpunkt Sundische Wiese.
Insel Kirr, Infos zu Inselführungen im Rahmen von Radtouren: Tourismusverband Zingst, www.zingst.de. Infos zu Übernachtungen in Ferienwohnungen auf der Insel: Baltic Reisebüro, Lange Straße 1 a, 18055 Rostock, Tel. 0381/4582015. www.insel-kirr.de

Reederei Poschke, Tel. 038234/239. Linienverkehr nach Barth April–Okt., in der Hauptsaison stündlich 10.30–17.30 Uhr. Fahrradmitnahme. In der Saison auch zweimal pro Woche zur Insel Hiddensee. www.reederei-poschke.de
Reederei Zingst, Tel. 038232/26810; April–Ende Okt. Ausflugsfahrten nach Hiddensee und Stralsund, Naturfahrten und Abendfahrten in den Nationalpark, moderierte Kranichfahrten. Hund- und Fahrradmitnahme. www.reederei-zingst.de
Darß-Boddentour, Reederei Oswald, Mühlenstr. 13, Tel. 0170/5841644. Mit dem MS ›Swantevit‹ Rundfahrt Zingst–Bodstedt–Born–Ahrenshoop/Althagen–Ribnitz, Juni–Sept. Mo–Sa Abfahrt 9.30 Uhr, Vor- und Nachsaison nur an 3–4 Tagen. Fahrradtransport. www.zingst.de/reederei-oswald

Buchhandlung Läsen un Schreiben, Klosterstr. 4, Tel. 038232/80867; in der Saison tgl. geöffnet. Gut sortierter Buchladen in kleiner Rohrdach-Kate.
Buchhandlung Lesezeit, Strandstr. 43 a, Tel. 038232/16690; in der Saison tgl. bis 18 Uhr geöffnet. www.lesezeit.de
Bio- und Regionalmarkt, im Museumshof Zingst; Mai–Sept. Do 10–14 Uhr, April u. Okt. Do 10–13 Uhr, Mai–Okt Mo 11–13 Uhr Räuchertag. Regionale Produkte, Handwerksvorführungen, Live-Musik.
Zingster Scheune, Fischmarkt 1 a, Tel. 038232/17930. Feinkostladen mit zahlreichen Bioprodukten sowie Café. www.thiemegmbh-zingst.de
Pödderie Zingst, Hafenstr. 43, Tel. 038232/209278. Dekorative Gebrauchskeramik von der Ostseeküste: Vasen, Töpfe, Flaschen, Teller, Tassen. www.zingster-keramik.de

Meerstadt ist Stralsund, vom Meer erzeugt,
dem Meere ähnlich, auf das Meer ist sie bezogen
in ihrer Erscheinung und in ihrer Geschichte.

Ricarda Huch (1864–1947), deutsche Dichterin

Die würdevolle Stralsunder Stadtsilhouette

HANSESTADT STRALSUND

Annäherung

Die imposante spätmittelalterliche Silhouette Stralsunds mit ihren drei hohen Kirchtürmen von St. Nikolai, St. Marien und St. Jakobi ist schon von Weitem zu sehen, am eindrucksvollsten vom Hafen des gegenüberliegenden Altefähr aus. Die einst mächtige Hansestadt ist vom Turm der Marienkirche aus am besten zu überblicken, schier greifbar nah erscheinen da die Schwesterinseln Rügen und Hiddensee. Von hier oben, auf der von Säulen umgebenen Aussichtsplattform und fast 100 Meter über dem unten liegenden quadratischen Neuen Markt, offenbart sich die einzigartige architektonische Geschlossenheit von Stralsunds Altstadt. Annähernd 500 Einzeldenkmale bilden das eindrucksvolle Stadtensemble aus dem späten Mittelalter. Fahlrote Ziegeldächer ziehen sich von den stattlichen Resten der mittelalterlichen Stadtmauer im Westen bis zu den Hafenanlagen am Strelasund, dem Ostseemeeresarm, der die Insel Rügen vom Festland trennt. Dazwischen reiht sich feinste Backsteingotik, die nach der politischen Wende 1989 unter Berücksichtigung von Denkmalschutzauflagen und der Verwendung historischer Baustoffe aufwendig renoviert worden ist. Die historische Altstadt Stralsunds wurde 2002 in die Welterbeliste der UNESCO aufgenommen. Sie ist gewiss eine der prächtigsten im Norden Europas. Die Museen gehören zu den Höhepunkten eines Stralsund-Besuchs. Der spektakuläre Neubau des Ozeaneum auf der Hafeninsel hat 2008 einen sehenswerten, modernen Akzent im sonst gotisch geprägten Umfeld gesetzt.

Stadtgeschichte

Fürst Wizlaw I., christlich-slawischer Landesherr von der Insel Rügen, verlieh 1234 der Siedlung Stralow lübisches Stadtrecht und gewährte ihr Privilegien wie Fischereirechte und Zollfreiheit. Stralsund blühte rasch auf, nicht zuletzt auch aufgrund seiner bevorzugten Lage am Strelasund. Stralsund besaß zudem hohe Stadtmauern und war von Sümpfen und Teichen eingerahmt, die sein Zentrum über die

Am Alten Markt

▲ Karte: hintere Umschlagklappe

Das Stralsunder Wappen

Jahrhunderte vortrefflich gegen feindliche Angriffe schützten. So belagerten 1316 Truppen aus Dänemark, Schweden und Rügen die Stadt, um ihre verlorene Einflussnahme gegenüber den reichen Hansestädten wieder zu erlangen. Auch sie scheiterten.

Schrittweise schüttelte das selbstbewusste Patriziat Stralsunds die Fürstenhoheit ab. Auch der Übergang der Oberhoheit von den Fürsten zu Rügen auf die pommerschen Herzöge im Jahr 1325 beeinträchtigte keineswegs die nach Lübeck führende Rolle Stralsunds als See- und Handelsmacht im gesamten Ostseeraum. Dass die Stadt erst kurz zuvor, im Jahr 1293, der Hanse beigetreten war, zeigt, wie rasant schnell ihr wirtschaftlicher Erfolg voranschritt. Man handelte mit Fisch, Wein, Tuchen, Pelzen und braute Bier. Die Stadt war Umschlagplatz für Getreide, Vieh, Erze, Pfeffer, Zucker und Reis. Die breitbauchigen Koggen der Stralsunder Kaufherren – es waren über 300 Schiffe unter sundischer Flagge – fuhren bis nach Spanien und Russland. Besonders der Russlandhandel trug über Jahrhunderte zu einem großen Teil zum immensen Reichtum der Hansestadt bei.

Wer Stralsund und Rügen besitzt, beherrscht die Ostsee, dachten sich im Dreißigjährigen Krieg auch die Mächtigen und kämpften verbittert um die Stadt. Doch auch der kaiserliche Feldherr Albrecht von Wallenstein biss sich 1628, also während des Dreißigjährigen Krieges, vergeblich die Zähne an der Stadt aus. Die Stadt zahlte dabei einen hohen Preis, sie verlor ihre Souveränität und musste sich den Schweden anschließen.

Mit dem Ende der Hanse Mitte des 17. Jahrhunderts erlosch die Blütezeit der Ostseemetropole. Sie wurde 1648 schwedisch und blieb es, wie ganz Vorpommern, bis 1815. In der Tat waren die beiden Hansestädte Lübeck und Stralsund über gut 300 Jahre die mächtigsten Ostseestädte. Doch sie unterschieden sich grundlegend voneinander, wie die Schriftstellerin und Philosophin Ricarda Huch so betonte: »Alle Begebenheiten nahmen in Stralsund etwas heidnisch Wildes, Übermäßiges an. Ihre Geschichte war für Sänger, deren Balladen das Grollen der Brandung begleitet. Sie hatte weit weniger Klugheit und Besonnenheit als Lübeck und mehr ungebändigte Leidenschaft, dementsprechend hatte sie wohl einzelne Erfolge, aber nicht die regelmä-

Das Stralsunder Siegel von 1329

Giebelhäuser und die Nikolaikirche prägen den Alten Markt

ßige Ernte einer folgerichtig zusammenhängenden Politik.«
Nach dem Wiener Kongress 1815 kam Schwedisch-Vorpommern mit Stralsund, Rügen und Hiddensee zu Preußen, die schwedische Vorherrschaft im Ostseeraum war zu Ende. Die Stralsund vorgelagerte Insel Dänholm wurde zur Geburtsstätte der preußischen Marine; das Marinemuseum auf dem Dänholm informiert darüber. Die hanseatische Kaufmannstradition lebte in Stralsund aber auch im ›preußischen‹ 19. Jahrhundert fort.
Die Hansestadt gilt als die Wiege der deutschen Warenhauskultur: Die Gebrüder Abraham und Theodor Wertheim eröffneten 1852 an der Wasserstraße ihr ›Manufactur-Modewarengeschäft‹ und Leonhard Tietz 1879 nur wenige Schritte entfernt sein erstes Textilwaren-Geschäft – aus ihnen entwickelten sich die Kaufhausketten Wertheim und Hertie/Kaufhof. Im Zweiten Weltkrieg zerstörten Bombenangriffe gut ein Drittel aller Wohnungen sowie wichtige Industrieanlagen, wertvolle Baudenkmale gingen verloren. Nach dem Krieg war die Volkswerft Stralsund mit über 7000 Beschäftigten der größte Arbeitgeber der Hafenstadt. Sie baute vorwiegend hochseetüchtige Fischfangschiffe für die Sowjetunion. Mit der politischen Wende 1990 brach der Absatzmarkt komplett ein. Nach mehreren Umstrukturierungen und einer neuerlichen Pleite 2022 entwickelt sich das Werftgelände zu einem maritimem Industrie- und Gewerbepark.

Altstadt

Die zahlreichen Sehenswürdigkeiten der Stralsunder Altstadt liegen eng beieinander. Die Altstadtinsel ist gut überschaubar, in zwei bis drei Stunden hat man sie großteils erwandert. Für einen Rundgang sollte man aber einen ganzen Tag einplanen, schließlich sind viele der altstädtischen Pretiosen auch in ihrem Inneren interessant. Dazu zählen in erster Linie die eindrucksvollen Got-

▲ Karte: hintere Umschlagklappe

teshäuser und die großartigen Museen. Das erfordert die eine oder andere Pause – kein Problem: unterwegs trifft man auf zahlreiche Lokale.

Alter Markt und Umgebung

Ein günstiger Ausgangspunkt für den Altstadt-Rundgang ist der Alte Markt. Hier begann die Besiedlung Stralsunds im 13. Jahrhundert, hier schlägt auch heute das Herz der Stadt. Die ›gute Stube‹ der Hansestadt ist ein weiträumiger, streng rechtwinklig gestalteter Platz, den rundum herrliche Giebelfronten flankieren. Der Alte Markt Stralsunds gehört ohne Zweifel zu den schönsten spätmittelalterlichen Marktplätzen im gesamten Ostseeraum. Hier steht mit Rathaus, Kirche und dem Wulflamhaus die hanseatische Dreieinigkeit von weltlicher, kirchlicher und wirtschaftlicher Macht eng beieinander. Das zentrale Gebäude am Platz ist das historische **Rathaus** mit seiner filigranen Schaufassade, ein einzigartiges backsteinernes Dokument des hansischen Patriziererstolzes. Die repräsentative spätgotische Prunkfassade des Bürgerpalastes besticht durch ihre harmonische Gliederung mit zierlichen Spitzbogenportalen, feinem Maßwerk, zarten Rosetten, Pfeilern und spitzen Giebeln. Sie entstand um 1340 und zeigt über den sechs Fenstern des Löwenschen Saals im ersten Stock die Stadtwappen der großen deutschen Hansestädte: Hamburg, Lübeck, Bremen, Lüneburg, Wismar, Rostock, Greifswald und Stralsund. Die hochgestreckte Fassade überragt den dahinter liegenden Hauptbau, der vom Platz aus nicht zu sehen ist. Die Anfänge des Rathauses reichen bis in die Mitte des 13. Jahrhunderts zurück. Es zählt nicht nur zu den schönsten, sondern auch zu den ältesten gotischen Profanbauten Deutschlands. Die Vierflügelanlage wurde ursprünglich überwiegend als Kaufhaus mit über 40 Läden genutzt, die gewölbte Kelleranlage diente als Tuchhalle. Ein öffentlich zugänglicher Durchgang verläuft vom spitzbogigen Arkadengeschoss in Nord-Süd-Richtung, ein weiterer in Ost-West-Richtung. Dieser endet am dekorativen barocken Westportal der Nikolaikirche. Im Laufe der Jahrhunderte erfuhr das Rathaus zahlreiche Veränderungen und Erweiterungen, um 1720 erhielt der langgestreckte Innenhof die von Holzsäulen gestützten Barockgalerien.

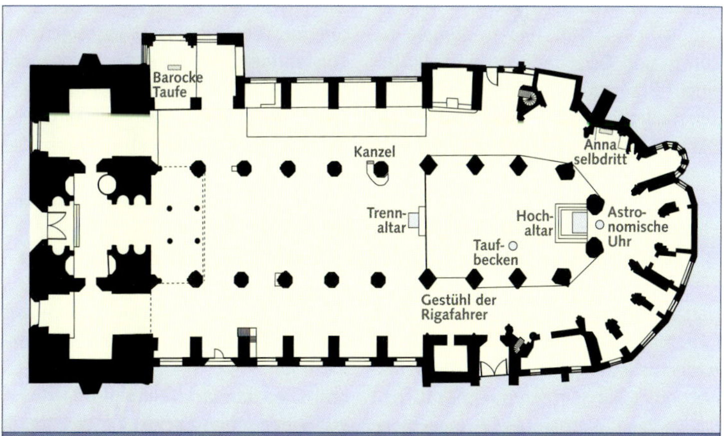

Nikolaikirche, Grundriss

Wie in trauter Eintracht von Bürgerschaft und Geistlichkeit stehen das Rathaus und die **Nikolaikirche** ganz nah beieinander, fast berühren sich ihre Mauern. Allein schon die plastisch-räumliche Gestaltung der Beziehung zwischen dem Profan- und dem Sakralbau ist baukünstlerisch äußerst bemerkenswert: Seit an Seit die Symbole politischer Macht und des christlichen Glaubens.

St. Nikolai ist ebenso alt wie das Rathaus, das trutzige Gotteshaus wurde 1276 erstmals im Stadtbuch erwähnt. Die älteste Pfarrkirche der Stadt überragt den Alten Markt und ist dem heiligen Nikolaus von Myra gewidmet, dem Schutzpatron der Kinder, der Seefahrer und Händler sowie der Diebe. Im 14. Jahrhundert hat man sie – nach dem Vorbild der Lübecker Marienkirche – zur dreischiffigen, fast 90 Meter langen und querschifflosen Basilika mit einer monumentalen Doppelturmanlage umgebaut. Viele ihrer 29 Meter hohen Säulen sind mit Fresken geschmückt, hoch oben beeindruckt ein Kreuzgewölbe mit verzierten Schlusssteinen. Auftraggeber des Gotteshauses war der städtische Rat. St. Nikolai war die Kirche der reichen Patrizier und der Ratsherren. In der Kirche fanden wichtige Ratssitzungen statt, hier empfingen die Zünfte und Gilden wichtige Gäste. Bei einem Brand im 17. Jahrhundert wurden die gotischen Turmspitzen zerstört. Daraufhin bekam der Südturm 1667 seine heutige barocke Turmhaube, mit der das sakrale Gebäude eine Höhe von 104 Metern erreicht. Der Nordturm dagegen erhielt nur ein Notdach.

Reichtum, Macht und Weltläufigkeit der Hansestadt spiegeln sich in der Üppigkeit ihres Interieurs wider. St. Nikolai gehört zu den bedeutendsten Kirchen Nordeuropas und zu den schönsten hochgotischen Bauwerken des gesamten Ostseegebiets. Bis zur Reformation 1525 soll sie 56 Altäre besessen haben. Es waren entweder Stiftungen der Stralsunder ›Pfeffersäcke‹, wie die Hansekaufleute spöttisch genannt wurden, der Adelsfamilien oder der einzelnen Zünfte, etwa der Goldschmieder, der Krämer, der Schneider oder der Böttcher. Der hölzerne Hochaltar wurde um 1480 von einer Stralsunder Bildhauerwerkstatt geschaffen, das Mittelbild zeigt die Kreuzigung Jesu. Die Entwürfe für den barocken Hauptaltar von 1708 lieferte der königlich-preußische Oberbaudirektor Andreas Schlüter. Zu sehen ist das von Engeln und einem Wolkenkranz umgebene Auge Gottes. Das erhaltene Gestühl stammt aus der Renaissance, besonders bemerkenswert ist das Rigafahrergestühl mit Szenen des Honigsammelns und der Pelztierjagd. Die Monumentalskulptur der ›Anna selbdritt‹ (die heilige Anna, ihre Tochter Maria und das Jesuskind) ist eine der ältesten und bedeutendsten Ausstattungsstücke. Sie wurde wohl vor 1270 geschaffen. Die Heilige ist die Schutzpatronin der Schiffer und der Krämer. Die astronomische Uhr von 1394 ist ein Kleinod europäischer Uhrmacherkunst, sie stammt von Nikolaus Lilienfeld und ist die älteste im Originalzustand erhaltene mechanische Uhr der Welt. Seit einer Beschädigung im 16. Jahrhundert ist sie allerdings nicht mehr gangbar. Die Orgel von 1841 ist ein Werk des berühmten Berliner Orgelbaumeisters Carl August Buchholz. Sie ist eine der wenigen Orgeln, die in Nordeuropa noch aus der Zeit der Frühromantik erhalten sind.

In architektonischem Kontrast zueinander stehen zwei weitere Gebäude am Alten Markt: das spätgotische Wulflamhaus und das klassizistische **Kommandantenhaus** von 1746 mit hohem Walmdach und Giebeldreieck. Hier residierte bis 1815 der schwedische Stadtkommandant. Der Schaugiebel des **Wulflamhau-**

▲ Karte: hintere Umschlagklappe

Der Scheelehof im charakteristischen Schwedenrot

ses ist kaum weniger filigran gestaltet als die Schaufassade des Rathauses gegenüber. Bertram Wulflam, langjähriger Bürgermeister Stralsunds und schwerreicher Tuchhändler, ließ sich das schmucke Giebelhaus 1358 erbauen. Die aufwendigen Schmuckformen des Staffelgiebels sind ein deutliches Zeichen für den Reichtum und das Machtbewusstsein des Hausbesitzers sowie überhaupt der aufstrebenden städtischen Kaufmannszünfte. Es ist ein typisches hansisches Dielenhaus, das sowohl als Wohnung als auch als Handels- und Speichergebäude diente. Die geräumige Diele war der Präsentations- und Geschäftsraum, Lagerräume befanden sich in den oberen Stockwerken. Die Wohn- und Schlafräume der Kaufmannsfamilie lagen in einem hofseitig angebauten Seitenflügel. Heute beherbergt das Gebäude ein Restaurant.

Nur einen Steinwurf entfernt, in der Mühlenstraße 3, kann man ein weiteres charakteristisches **Dielenhaus** besuchen. Das spätgotische Giebelgebäude von 1400 ist im Innern im Stil des 15. Jahrhunderts sorgfältig restauriert – mit großer Diele, Kontor und Speicherböden. Regelmäßig werden hier außerdem Kunstausstellungen gezeigt.

Ebenfalls nur wenige Schritte vom Alten Markt entfernt, an der Schillstraße, liegt das gotische **Johanniskloster**, das der Bettelorden der Franziskaner 1254 gründete und kurz darauf an der gerade errichteten Stadtmauer aufbaute. Die Klosterkirche ist nach einem Großbrand im Jahr 1624 und nach Zerstörungen bei einem Bombenangriff im Zweiten Weltkrieg nur noch als Ruine erhalten. Dafür besitzt sie aber viel romantisches Flair. In der Mitte der Ruine hat man eine Nachbildung von Ernst Barlachs ›Pietà‹ aufgestellt, als Mahnmal gegen die Unmenschlichkeit und die Toten des Krieges. Eine bezaubernde Fachwerkidylle mit liebevoll sanierten zweistöckigen Häusern liegt in den malerischen Vorhöfen des Klosters. Hier steht auch eine Stele zur Erinnerung an die Vertreibung und Vernichtung der Stralsunder Juden während der Nazizeit. In der weitläufigen Klosteranlage befinden sich zudem das Stadtarchiv mit wertvollen historischen Dokumenten, frühen Drucken und einer Barockbibliothek sowie eindrucksvolle gotische Gewölbe- und Wandmalereien.

Weiter Blick von der Aussichtsplattform der Marienkirche

Karte: hintere Umschlagklappe

Der ›Räucherboden‹ des Klosters ist ein interessantes Denkmal aus dem 17. Jahrhundert: Zu beiden Seiten des Mittelgangs im Obergeschoss sind kleine Wohnungen ausgebaut, deren Rauchabzüge im offenen Dachstuhl enden.

An der Ecke Schillstraße/Fährstraße steht neben herrschaftlichen Bürgerresidenzen das auffällige rote Doppelhaus Nr. 23/24, in dem der Entdecker des Sauerstoffs, der Apotheker und Chemiker Carl Wilhelm Scheele, 1742 geboren wurde. Die beiden miteinander verbundenen Kaufmannshäuser - der **Scheelehof** - besitzen in ihrer heutigen Form die Architektur der Schwedenzeit - typischer Zeitgeschmack des 17. Jahrhunderts. Der Häuserkomplex im charakteristischen Schwedenrot beherbergt seit der Restaurierung 2011 ein Hotel und mehrere gastronomische Einrichtungen.

Vom Alten Markt zum Neuen Markt

Die Hauptader der Stralsunder Fußgängerzone ist die **Ossenreyerstraße**, die Nord-Süd-Achse der Altstadt. Die quirlige Geschäftsstraße geht vom Alten Markt ab. Dort stehen auf beiden Straßenseiten zahlreiche elegante Giebelhäuser sowie das **Stammhaus der Firma Wertheim** von 1903. Viele dieser Gebäude stehen unter Denkmalschutz. Die kerzengerade Straße, deren Name auf die Kaufmannsfamilie Ossenrey zurückgeht, mündet in die Judenstraße.

Die Frankenstraße führt zum **Neuen Markt**, der von der mächtigen Marienkirche beherrscht wird. Der rechteckig angelegte Platz wurde erstmals 1285 urkundlich erwähnt. Er war das Zentrum der neuen Stadtbebauung Stralsunds, die einige Jahrzehnte nach der Bebauung am Alten Markt einsetzte. Heute wird er vorwiegend als Parkplatz sowie

Beeindruckend: die Barockorgel in der Marienkirche

dienstags und freitags für die Stände des Wochenmarkts genutzt (7–15 Uhr).

Marienkirche

Die Marienkirche ist die größte der drei Pfarrkirchen Stralsunds. Ihre Bauzeit dauerte fast ein Jahrhundert, von 1382 bis 1478. St. Marien gilt als eines der Meisterwerke der norddeutschen Backsteingotik. Gewaltig sind ihre Ausmaße: Das Hauptschiff hat eine Länge von annähernd 100 Metern, es ist knapp 33 Meter hoch, der Raum ist 41 Meter breit. Die charakteristische Barockhaube wurde der Kirche 1708 aufgesetzt, nachdem ihr spitzer gotischer Helm 1647 durch Blitzschlag vernichtet worden war. In 90 Metern Höhe hat man von der **Aussichtsplattform** einen atemberaubenden Ausblick über die Stadt und bis nach Rügen und Hiddensee - exakt 366 - zum Teil sehr steile - Stufen sind dafür in schmalen gewundenen Aufgängen zu erklimmen.

Von der ursprünglichen Innenausstattung ist nur noch wenig erhalten geblieben, die Bilderstürmer der Reformation von 1525 zerstörten viele wertvolle Kunstgegenstände. Kostbarster Besitz der Kirche ist die höchst imposante **Barockorgel** des Lübecker Orgelbaumeisters Friedrich Stellwagen. Die berühmte Orgel entstand zwischen 1653 und 1659 und besitzt 51 Register, das Prospekt mit zahlreichen Schnitzfiguren ist über 20 Meter hoch. Jährlich im September finden die Friedrich-Stellwagen-Orgeltage statt, seit es 2008 gelang, das grandiose Instrument wieder zum Klingen zu bringen. Zu diesen, aber auch zu anderen Anlässen wie traditionell am Heiligabend begeistern Orgelkonzerte wie einst zu ihrer Hochzeit im Barock.

Der beeindruckende **Marienkrönungsaltar** in der Mitte des hohen Chores stammt aus dem späten 15. Jahrhundert und zeigt Heiligen- und Apostelfiguren. Das **Grabmal** des schwedischen Grafen Johan Paulinus Lillienstedt von 1732 am südlichen Chorumgang zählt zu den bedeutendsten barocken Marmorbildwerken Pommerns. Eine Augenweide ist gleich davor die achteckige barocke **Taufkapelle** von 1738, ihr Taufstein stammt aus dem 16. Jahrhundert. Die herrlichen Reste von **Malereien** hoch oben an den Arkadenbögen und den Gewölben der Seitenschiffe sind aus dem 15. Jahrhundert erhalten, wurden 1940 wieder freigelegt und restauriert. Als separates, denkmalgeschütztes Gebäude seitlich des Hauptportals der Kirche steht die kleine, achtseitige **Apollonienkapelle** mit Pyramidendach. Sie wurde 1416 den Stralsunder Bürgern zur Sühne für drei öffentlich auf dem Neuen Markt verbrannte Stralsunder Priester errichtet. Der ›Pfaffenbrand am Sund‹ ging in die Stadtgeschichte ein: Ein hoher Geistlicher war plündernd und mordend durch die Stadt gezogen, weil man sein Salär drastisch gekürzt hatte.

Vom Neuen Markt zum Hafen

Vom Neuen Markt aus gelangt man westwärts zum ehemaligen, 1250 gegründeten **Katharinenkloster**. Mit der Reformation ging das Kloster in städ-

Ein Besuch im Meeresmuseum lohnt unbedingt

▲ Karte: hintere Umschlagklappe

Geheimnisvolle Welten eröffnen sich im Ozeaneum

tischen Besitz über, ab 1559 diente es als Waisenhaus und Schule. Hier ist der Museumskomplex des Deutsches Meeresmuseums und des Kulturhistorischen Museums untergebracht.

Das **Meeresmuseum** ist das größte Naturkundemuseum Norddeutschlands, es befindet sich seit 1951 in der 73 Meter langen Halle der ehemaligen Klosterkirche (Hinweis: Wegen umfangreicher Modernisierungsarbeiten und archäologischer Funde bleibt das Meeresmuseum bis 2024 geschlossen).

Das **Kulturhistorische Museum** hat seine Ausstellungsräume im Ostteil des einstigen Klosters, bereits seit 1924. Hier und an zwei weiteren Standorten werden sehr umfangreiche Sammlungen zur Stadtgeschichte, zur Kunst- und Kulturgeschichte der Region, zur Volkskunde und zur Archäologie gezeigt. Zu den Glanzstücken der Ausstellungen gehören der aus 16 Teilen bestehende Hiddenseer Goldschatz aus der Wikingerzeit im 10. Jahrhundert und die Armringe von Peenemünde aus dem 11. Jahrhundert. Der legendäre Hiddenseer Goldschatz soll von Goldschmieden der Wikinger für ihren König Harald Blauzahn hergestellt worden sein. Sehenswert sind außerdem historisches Kinderspielzeug, Spielkarten und Fayencen aus dem 18. Jahrhundert, zahlreiche Handwaffen, Schwerter und Schilde sowie Gemälde der Romantiker Caspar David Friedrich und Philipp Otto Runge. Interessant sind auch einige historische Räume, etwa aus der Biedermeierzeit oder ein Wohnzimmer von 1970 aus der DDR-Zeit sowie die Architektur der klösterlichen Räumlichkeiten selbst. Hier ist besonders der Remter mit seinem faszinierenden Kreuzrippengewölbe und Malereien aus dem 15. Jahrhundert eine Augenweide. In diesem Speisesaal der Mönche finden aufgrund seiner hervorragenden Akustik regelmäßig Konzerte statt.

Bestandteil des Kulturhistorischen Museums ist das **Museumshaus** in der Mönchstraße 38. Das gotische Gebäude wurde bereits 1320 als Dielenhaus gebaut. Es gehörte damals einem reichen Stralsunder Krämer. Es ist nahezu komplett originalgetreu erhalten. Die Geschäfts-, Wohn- und Lagerräume sind mit ihren Einrichtungsgegenständen und Wand-

Eine Augenweide: der weiße Dreimaster ›Gorch Fock I.‹

verkleidungen sehr informativ gestaltet und lassen die Nutzung des Hauses über die Jahrhunderte bestens nachvollziehen. Die beiden auffälligen Vorbauten, die Utluchten, stammen aus dem 18. Jahrhundert.

Das **Haus der Schiffer-Compagnie** an der Frankenstraße 9 liegt bereits auf dem Weg zum Hafenbezirk. Hier wird die enge Verbundenheit der Stralsunder mit der Seefahrt dokumentiert. Die Schiffercompagnie ist eine Gründung von 50 Stralsunder Schiffseignern und Kapitänen aus dem Jahr 1488, seit 1635 hat sie hier ihren Sitz. Zur Sammlung der Compagnie zählen Schiffsmodelle, Seemansandenken, Ölgemälde, Schiffsglocken, Sextanten und das zwei Meter lange prächtig vergoldete Schnitzwerk des schwedischen Dreimasters Prinz Carl mit 96 Kanonen.

Am Hafen

Wo im Mittelalter die Koggen mit Getreide, Salz, Hering, Gewürzen, Tuchen, Bier, Butter, Pelzen und Erzen be- und entladen wurden und Russland, Spanien, die Niederlande, England, Frankreich oder Skandinavien ansteuerten, bestimmen heute vorwiegend Segelboote, kleine und große Jachten, Ausflugsdampfer, Fähren und Fischkutter das maritime Flair des Stralsunder Hafens. Während der Schwedenzeit baute man mehrere Bastionen, die Seebrücken wurden erweitert und das Hafenbecken für größere Schiffe ausgebaggert. Die heutigen beiden Hafeninseln entstanden erst zu preußischer Zeit zwischen 1862 und 1868, als man den ehemaligen Festungsgraben verbreiterte. In den DDR-Jahrzehnten war das Hafenareal für die Bevölkerung gesperrt, zur ›Grenzsicherung‹ und um Fluchten zu verhindern. Nach 1990 begann mit der umfangreichen Restaurierung der historischen Hafengebäude die touristische Nutzung des weiten Hafengeländes.

Der Stralsunder Hafen besteht aus dem Stadthafen mit den Fähr- und Fahrgastschiffen sowie dem Nord- und Südhafen, wo Stück- und Schüttgut umgeschlagen wird. Von der 450 Meter langen **Nordmole** hat man einen grandiosen Blick

▲ Karte: hintere Umschlagklappe

auf die Rügenbrücke, die Hafenanlagen und auf die imposante Silhouette der Hafen- und Hansestadt. Hunderte von Segel- und Motorjachten schaukeln im Sommer an den Stegen. An der Spitze der Mole steht das **Molenfeuer**, ein weißer Turm mit grünem Band und Solaraufsatz.

Am Hansakai/Fährbrücke liegt das 1933 vom Stapel gelaufene **Segelschiff Gorch Fock I**. Der fast 82 Meter lange Dreimaster kann ganzjährig mit und ohne Führung besichtigt werden, unter anderem der Kapitänssalon und das Bordmuseum. Der Traditionssegler hat eine wahre Odyssee hinter sich: Er diente ursprünglich als Segelschulschiff zur Ausbildung des Offiziersnachwuchses. Die deutsche Wehrmacht versenkte es 1945 vor Rügen, 1947 wurde es von den Sowjets wieder gehoben. Ab 1950 war der Großsegler unter dem Namen ›Towarischtsch‹ (Genosse) zunächst Schulschiff der sowjetischen Marine, später segelte die Bark unter ukrainischer Flagge. Der Traditionssegler kam 2003 schließlich nach Stralsund und wurde wieder auf den alten Namen getauft. Das Schiff kann täglich besichtigt werden.

Seit 2008 ist das Deutsche Meeresmuseum um eine Attraktion reicher: Das **Ozeaneum** lockt seitdem mit fünf Ausstellungen und zwei umfangreichen Aquarienrundgängen jedes Jahr zahlreiche Stralsund-Besucher an. Das weiße Gebäude mit seinen vielen Rundungen, die wohl an im Wind geblähte Segel erinnern sollen, präsentiert sich in einem hochmodernen, spektakulären Outfit zwischen altehrwürdigen Backsteinspeichern und der Lotsenstation aus preußischer Zeit. Drinnen faszinieren Schaubecken der Superklasse. Das Becken ›Offener Atlantik‹ mit großer Panoramascheibe fasst 2,6 Millionen Liter Meerwasser und zieht sich über zwei Etagen. Hier tummeln sich Schwarmfische wie Heringe und Makrelen, aber auch Adlerrochen und Haie wie etwa die 200 Kilogramm schwere Sandtigerhaidame Niki. In der 18 Meter hohen Ausstellungshalle mit der Schau ›1:1 – Riesen der Meere‹ sind Nachbildungen von Walen in Originalgröße zu sehen, darunter das 26 Meter lange Modell eines Blauwals. Auf der Dachterrasse erfreuen sich die Besucher an dem Treiben der Humboldtpinguine. Großen Andrang finden auch die öffentlichen Fütterungen – etwa der Haie – und die Ausstellung ›Meer für Kinder‹ auf dem Dach des Nordsee-Aquariums.

Vom Hafen zur Kulturkirche St. Jakobi

Gleich um die Ecke vom Hafen, zwischen dem Frankendamm und der Straße Am Langenwall, liegt das **Heilgeisthospital**, das die Stadt Mitte des 13. Jahrhunderts gründete. Das Hospital war eine Art mittelalterliches Armen- und Krankenhaus. Es wurde nach der politischen Wende 1990 denkmalgerecht restauriert und zählt zu den besterhaltenen Spitalkomplexen an der südlichen Ostseeküste. Ältester Teil des Gebäudeensembles ist die spätgotische, weinberankte Heilgeistkirche aus dem frühen 15. Jahrhundert. Zweigeschossige Wohngebäude befinden sich im sogenannten Kirchgang aus dem 17. Jahrhundert. Klosterbuden heißen die netten, kleinen Fachwerkhäuser aus dem 18. und 19. Jahrhundert.

In dieser romantischen Ecke der Stadt lagen im Mittelalter die Badestuben. Sie gaben der **Badstüberstraße** ihren Namen. Über das idyllische Gässchen mit ihren handtuchschmalen Bürgersteigen, den hübsch renovierten Häuserfassaden, an die sich in vielen Farben blühende Stockrosen schmiegen, und die anschließende Papenstraße gelangt man zur

Jakobikirche. Die jüngste der drei Stralsunder Pfarrkirchen wurde Anfang des 14. Jahrhunderts erbaut, genau auf der ehemaligen Trennlinie zwischen der Alt- und der Neustadt. Von ihrer ursprünglichen Ausstattung ist wenig erhalten, durch die Belagerungen und Kriege in den vergangenen Jahrhunderten litt sie von allen Stralsunder Kirchen am meisten. Im Zweiten Weltkrieg wurde das gotische Gotteshaus durch Bombardierung schwer beschädigt, in den DDR-Dekaden diente es gar als schnödes Warenlager. Nach langjährigen Restaurierungsarbeiten hat St. Jakobi heute die Funktion einer **Kulturkirche** und wird für Konzerte, Theater- und viele andere Kulturveranstaltungen genutzt.

Hansestadt Stralsund

Postleitzahl: 18439.
Vorwahl: 03831.
Tourismuszentrale Hansestadt Stralsund, Alter Markt 9, Tel. 03831/252-358. Auch Infos zu Stadtführungen, Stadtrundfahrten und zum Kulinarischen Stadtrundgang. www.stralsundtourismus.de

Stralsund ist von allen großen deutschen Städten über ICEs und ICs erreichbar. Die Usedomer Bäderbahn (UBB) verbindet die Hansestadt mit Greifswald und der Insel Usedom. Endpunkt ist das polnische Swinemünde (Świnoujście). Züge verkehren außerdem auf der Bahnstrecke Stralsund–Sassnitz auf Rügen.

Zentraler Busbahnhof, zwischen Frankenwall und Weidendamm (Altstadtrand). Tagestickets für Stralsund. Sieben Buslinien führen durch die Stadt und ins Umland, die Buslinie 30 fährt auf die Insel Dänholm und nach Altefähr auf Rügen. www.nahverkehr-stralsund.de

Weiße Flotte, Fährstr. 16, Tel 03831/26810. Fährverkehr zwischen Stralsund und Altefähr, Hafenrundfahrten April–Okt. mehrmals tgl. www.weisse-flotte.com

Reederei Hiddensee, Fährstr. 16, Tel. 03831/26810. Fährverkehr von Stralsund zu den drei Inselhäfen auf Hiddensee (April–Okt.). http://www.reederei-hiddensee.de

Im Zentrum sind die meisten Parkplätze den Einwohnern vorbehalten, ansonsten ist das Parken nur mit Parkschein möglich. Beste Parkmöglichkeiten bieten die gut ausgeschilderten **Parkhäuser**.

Romantik Hotel Scheelehof (€€€), Fährstr. 23–25, Tel. 03831/283300. Zentral in der Altstadt. Die Geschichte der denkmalgeschützten und liebevoll restaurierten Giebelhäuser reicht bis ins Jahr 1383 zurück. Das schwedenrote Gebäudeensemble besitzt 93 Zimmer, einen Wellnessbereich mit Saunen, Massage und Kosmetik. Restaurant, Kellerkneipe und das ›Kontor Scheele‹ mit Kaffeerösterei. www.scheelehof.de

Hotel am Jungfernstieg (€€), Jungfernstieg 1 b, Tel. 03831/443819. Drei-Sterne-Hotel wenige Gehminuten von der Altstadt entfernt. Geräumige und helle Zimmer, empfehlenswert für Fahrradtouristen. Marzipanspezialitäten aus hauseigener Produktion. www.hotel-am-jungfernstieg.de

Hotel Hiddenseer (€€), Hafenstr. 12, Tel. 03831/2892390. In unmittelbarer Nachbarschaft zum Ozeaneum. Maritim eingerichtete Zimmer mit Hafen- oder Altststadtblick; bei schönem Wetter – nomen est omen – kann man sogar Hiddensee erblicken. www.hotel-hiddenseer.de

Hafenspeicher (€€–€€€), Am Querkanal 3 a, Tel. 03831/703674. Im ältesten Speicher der Stadt, 1a-Lage am Hafen. Großzügige und barrierefreie Zimmer, Dachsuiten. Restaurant ›Christas‹ mit norddeutscher

▶ Karte: hintere Umschlagklappe

Küche und Hafenblick: Fisch, Fleisch und vegan. www.hafenspeicher.com

Altstadt Hotel Peiß (€–€€), Tribseer Straße 15, Tel. 03831/30358-0. Im Herzen der Altstadt, Bett & Bike-Hotel mit zwölf großen hellen Zimmern, Weinstube. Vom ›Varta‹-Hotelführer empfohlen. www.altstadt-hotel-peiss.de

Pension zum Brauhaus (€€), Greifswalder Chaussee 45, Tel. 03831/4593451. Wenige Gehminuten zur Altstadt, Zimmer im Landhausstil, Parkplatz, Fahrradverleih. www.pension-zum-brauhaus.de

Zum Scheele, Fährstr. 25, Tel. 03831/2833112; Mi–So ab 18 Uhr. Abwechslungsreiche Gourmetküche in historischem Ambiente. www.scheelehof.de

Wulflamstuben, Alter Markt 5, Tel. 03831/291533. Im historischen Wulflamhaus von 1370, gute regionale Küche, Terrasse auf dem Alten Markt. www.wulflamstuben.de

Hansekeller, Mönchstr. 48, Tel. 03831/703840. Im Haus des Handwerks, gegenüber dem Meeresmuseum. Uriges Backsteingewölbe aus dem 16. Jahrhundert. Ausgezeichnete Fisch- und Fleischgerichte, offene Küche. www.hansekeller-stralsund.de

Fischermänns, An der Fährbrücke 3, Tel. 03831/292322. Fischrestaurant in stilvoll umgebautem Lagerhaus an der Hafenkante. Sommerterrasse, Wintergarten mit Hafenblick. http://www.fischermaenns-stralsund.de

Speicher 8, Hafenstr. 8, Tel. 03831/2882898. In historischem Speicher neben dem Ozeaneum. Feine regionale Küche mit mediterraner Note. Außenterrasse. http://www.speicher8.de

Hiddenseer Hafenrestaurant, Hafenstr. 12, Tel. 03831/299526. Maritimes Ambiente, regionale Küche. Sundterrasse mit herrlichem Blick auf die Rügenbrücke und zur Insel. www.hotel-hiddenseer.de

Braugasthof Zum alten Fritz, Greifswalder Chaussee 84–85, Tel. 03831/255500. Braugasthaus. Urgemütliches Restaurant in der ehemaligen Stralsunder Vereinsbrauerei und direkt neben der Störtebeker Braumanufaktur, deftige regionale Gerichte, frisch gebrautes Bier, große Terrasse und Biergarten. www.alter-fritz.de

Brasserie Stralsund, Neuer Markt 2, Tel. 03831/703514. Direkt am Neuen Markt. Suppen, Pasta, Fischgerichte. Nostalgisches Interieur, Bier- und Wintergarten. www.brasserie-stralsund.com

Fürst Wizlaw I., Seestr. 10, Tel. 03831/282120. Restaurant im Hotel ›Hafenresidenz‹. Direkt an der Sundpromenade mit Blick auf Rügen und Hiddensee. Regionale Speisen, historisches Backsteinambiente, Orangerie, Außenterrasse. www.hotel-hafenresidenz.de

Fischhalle Stralsund, Neue Badenstr. 2, Tel. 03831/278366. Am Hafen. Räucherfisch, Frischfisch, Marinaden, regionale Gerichte. Selbstbedienung. www.stralsunder-fisch.de

Café am Markt, Alter Markt 14, Tel. 03831/306697. In historischem Gebäude mit Außenterrasse, täglich wechselnde hausgebackene Kuchen und Torten. Große Auswahl an Kaffee- und Schokoladenspezialitäten.

Kaffeehaus Fröhlich, Apollonienmarkt 10, Tel. 03831/291662. Nettes, familiengeführtes Café in der Fußgängerzone nahe Neuer Markt. Beliebtes Frühstücksbuffet. www.cafe-stralsund.de

Zur Fähre, Fährstr. 17, Tel. 03831/297196; tgl. ab 18 Uhr. Nahe Hafeninsel. Eine der ältesten Hafenkneipen Europas, 1332 erstmals urkundlich erwähnt. Urig-rustikales Ambiente mit einzigartigem Flair. Hoch im Kurs bei den vielen einheimischen Gästen steht der hausspezielle Küm, der exzellente Kümmelschnaps. Franzi und Hanni Höpners Kneipe ist eine Stralsunder Institution! www.zurfaehre-kneipe.de

Scheels – die urige Kellerkneipe, Fährstr. 24, Tel. 03831/2833114; tgl. ab 18 Uhr. Sehr behagliche Kneipe im 1383 errichteten Kellergewölbe. Im Sommer Di Live-Musik, sonst Sa. Gute Weine und Whiskys, Longdrinks, prämierte Biere aus der Störtebeker Braumanufaktur. www.scheelehof.de

Zum goldenen Anker, An der Fährbrücke 8, Tel. 03831/280545. Kneipe mit 1a-Lage an der Gorch Fock I. Maritime Einrichtung, wunderbare Terrasse mit bevorzugtem Rügen- und Sonnenuntergangsblick.

Deutsches Meeresmuseum, Katharinenberg 14–20, Besuchereingang Mönchstr./ Bielkenhagen, Tel. 03831/2650210. Das Museum bleibt bis voraussichtlich Frühjahr 2024 wegen umfangreicher Modernisierungen geschlossen. www.meeresmuseum.de

Ozeaneum, Hafenstr. 11, Tel. 03831/ 2650610; Sept.–Juni tgl. 9.30–18 Uhr, Juli/Aug. tgl. 9.30–20 Uhr. **Fütterungen**: Pinguine auf der Dachterrasse tgl. 12 Uhr; Adlerrochen Mo, Mi und Fr 11 Uhr. Tipp: Online-Ticket buchen und Wartezeiten an der Kasse vermeiden! Erw. 17 Euro, Kinder 4–16 Jahre 8 Euro, Schüler, Studenten, Arbeitslose 12 Euro. Foto- und Filmerlaubnis 1 Euro. www.ozeaneum.de

Nautineum Dänholm, Tel. 03831/ 2650610; Juni–Sept. tgl. 10–18 Uhr, Mai u. Okt. tgl. 10–17 Uhr. www.meeresmuseum.de

Marinemuseum Dänholm, Zur Sternschanze 7, Tel. 03831/297327; Mai–Okt. Di–So 10–17 Uhr. www.marinemuseum-daenholm.de

Kulturhistorisches Museum, Mönchstr. 25–28, Tel. 03831/253600; Di–So 10–17 Uhr. www.stralsund.de

Skurrileum, Hafenstr. 7; Ende April–Anfang Nov. Museum für komische Kunst, Karikaturenausstellung. www.skurrileum.de

Gorch Fock I, Stadthafen Stralsund; April–Okt. tgl. 10–18 Uhr, Nov.–März tgl. 10–16 Uhr. www.gorchfock1.de

Schiffer-Compagnie, Frankenstr. 9, Tel. 03831/298510; Mo–Fr 10–17.30 Uhr. http://www.schiffer-compagnie.de

Nikolaikirche, Alter Markt; April/Mai u. Sept./Okt. Mo–Sa 10–18, So 12–16 Uhr, Juni–Aug. Mo–Sa 10–19, So 12–16 Uhr, Nov.–März Mo–Sa 10–16, So 12–15 Uhr. www.hst-nikolai.de

Marienkirche, Neuer Markt; April–Okt. tgl. 10–17.30 Uhr, Nov.–März Mo–Fr 10–12 u. 14–16, Sa/So 10–12 Uhr. Turmbesteigung zur Aussichtsplattform. www.st-mariengemeinde-stralsund.de

Kulturkirche St. Jakobi, Jacobiturmstr. 28a. http://www.kdw-hst.de/kulturkirche

Heilgeistkirche; April–Okt. Mo–Sa 11–16, So 14–16 Uhr.

Zoo Stralsund, Grünhufer Bogen; tgl. 9–18.30 Uhr, im Winter 9–16 Uhr. Hier leben auf 16 ha Fläche rund 1000 Tiere in 150 Arten. Highlights sind die Löwen- und Polarwolfrudel. www.stralsund.de

Alte Brauerei, Greifswalder Chaussee 84–85, Tel. 03831/2550. In der 1880 erbauten Störtebeker-Brauerei am Stadtrand. Angesagte Eventlocation für Konzerte und Tanzpartys. www.störtebeker-brauquartier.com

Theater Vorpommern, Olof-Palme-Platz 6, Tickets unter Tel. 2646150. Mehrspartentheater für Vorpommern: Oper, Musical, Ballett, Schauspiel, Konzert. Das Haus ist auch Veranstalter der jährlichen Ostseefestspiele. www.theater-vorpommern.de

Wallensteintage, Ende Juli, größtes historisches Volksfest in Mecklenburg-Vorpommern, Rahmenprogramm versetzt in die Zeit des Dreißigjährigen Krieges.

Ostseefestspiele, Juni–Aug. Auf der Seebühne im Hafen. www.ostseefestspiele.de

Stralsunder Orgeltage, September. Eine Woche lang eintauchen in die Klangwelten der monumentalen Orgeln der drei Backsteinbasiliken Stralsunds, http://www.stralsunder-orgeltage.de

▸ Karte: hintere Umschlagklappe

Fahrradhandel Heiden, Handwerkerring 16, Stralsund-Altstadt, Tel. 03831/4828999.
www.fahrradhandel-heiden.de

Bürgergarten Stralsund, Knieperdamm 80b; April–Okt. ab 10 Uhr. Ruder- und Tretbootverleih, Biergarten am Knieper Teich, Kinderspielplatz, öffentl. Grillplatz.
www.buergergarten-stralsund.de

Strandbad Stralsund, an der Sundpromenade, 10 Gehminuten von der Altstadt; Mitte Mai–Mitte Sept. tgl. 9–18 Uhr. Feinster Sandstrand, Strandkörbe, Abenteuerspielplatz, Radverleih, Gastronomie.

HanseDom, Grünhufer Bogen 18–20, Tel. 03831/3733430. Freizeit- und Erholungspark mit Wellenbecken, Außenthermalbecken, Abenteuerrutschen, Thermen- und Saunabereich.
www.hansedom.de

Fischhandel und Räucherei Rasmus, Heilgeiststr. 10, Tel. 03831/281538. Von hier stammt der originale Bismarckhering, noch heute wird er nach dem Rezept von 1871 hergestellt.
www.bismarckhering.com

Marzipanhaus, Jungfernstieg 1 b, Tel. 03831/44380. Stralsunder Manufaktur, regelmäßig Verkostungen.
www.stralsunder-marzipan.de

SteinARTig, Mönchstr. 16, Stralsund-Altstadt, Tel. 03831/282326. Atelier, in dem man den Künstlern bei ihrer Arbeit über die Schulter schauen kann. Erwerben kann man Naturschmuck, Naturmaterialien und verarbeitete Natursteine, besonders Feuersteine von Rügen. www.steinartig.de

Tea Boutique & Tearoom, Heilgeiststr. 89, Tel. 03831/9466322. It´s teatime mitten in der Altstadt. Dirk Möllers schmales Lädchen ist klein, aber fein. Der Renner ist sein selbst gemischter Blatttee ›Pfund vom Sund‹. Porzellan und Zubehör.
www.teaboutique.de

Der Weihnachtsmarkt findet vor stimmungsvoller Kulisse statt

Reisetipps von A bis Z

Angeln

Die Angelrute schwingen darf auf der Halbinsel jeder, der einen Fischereischein und einen Angelschein besitzt. Die sind unter anderem bei den Kurverwaltungen und Touristenbüros erhältlich. Man kann statt des Fischereischeins aber auch einen Touristenfischereischein für 28 Tage und 24 Euro erwerben. Infos bekommt man beim Landesanglerverband Mecklenburg-Vorpommern: www.lav-mv.de

Die häufigsten Fischarten in den hiesigen Gewässern sind Hering, Dorsch, Flunder, Barsch, Hecht, Aal, Brasse, Meerforelle, Zander, Scholle und Karpfen. Auf Dorsch trifft man oft in den küstennahen Bereichen, aber nie in den Bodden. Die besten Fangzeiten sind April/Mai und September/Oktober. Kapitale Hechte finden sich in der vorpommerschen Boddenlandschaft vor allem im Herbst und Winter. Zander und Barsche sind in den inneren Boddengewässern heimisch. Der Strelasund ist ein Dorado für Heringsangler, natürlicherweise Ende April bis Mitte Mai. Dann ziehen die Silberlinge zu Abertausenden durch die Engstelle zwischen dem Festland und Rügen.

Anreise

Auto: Aus Richtung Berlin fährt man über die A24 und A19 bis zum Kreuz Rostock. Von Hamburg aus erreicht man das Kreuz Rostock über die A1 und die A20. Vom Autobahnkreuz Rostock aus führt die Route weiter auf der A19 bis zur Abfahrt Rostock-Ost und über die B105 in die Ferienregion.

Bahn: Züge verkehren von Rostock und Stralsund nach Ribnitz-Damgarten und Barth, www.bahn.de. Die Buslinie 210 pendelt von dort im Linienverkehr über die gesamte Halbinsel, alle Ortschaften werden angefahren (→ S. 167).

Bus: Von März bis Oktober gibt es direkte Busverbindungen aus ganz Deutschland auf die Halbinsel. Informationen findet man auf den Webseiten der bekannten Fernbuslinien. Beispiel: Mit Flixbus gibt es von Berlin eine direkte Verbindung auf die Halbinsel, fast alle Orte werden angefahren. www.flixbus.de

Flugzeug: Der Flughafen Rostock-Laage verfügt über Linienverbindungen zu mehreren europäischen Flughäfen, etwa zu München, Stuttgart, Wien und Zürich. Danach per Shuttle zum Urlaubsziel. Weitere Informationen: www.rostock-airport.de

Privatflieger nehmen den Ostseeflughafen Stralsund-Barth, Flughafenallee, 18356 Barth, Tel. 038231/89551. www.ostseeflughafen-stralsund-barth.de

Baden und Strände

Das Aushängeschild der Urlaubsregion Fischland-Darß-Zingst sind die Strände an der Ostsee. Auf nahezu 60 Kilometern Länge findet man von Dierhagen und Wustrow bis Zingst höchst feinsandige, breite und steinfreie Strände vor. Nur der schmale Strandabschnitt am Hohen Ufer zwischen Wustrow und Ahrenshoop ist grobsteinig. An allen Sandstränden sind die Zugänge ins Wasser meist sehr flach und daher äußerst kinderfreundlich. Zu den schönsten Stränden gehören der bis zu 80 Meter breite Nordstrand von Prerow (→ S. 127) und der naturbelassene Weststrand am Darßer Wald (→ S. 128).

In allen Seebädern gibt es **FKK-Bereiche**, sie sind entsprechend gekennzeichnet. Vor allem am Darßer Weststrand sind die Grenzen zwischen Textil- und FKK-Bereichen jedoch fließend, auf eine besondere Abgrenzung wird verzichtet.

Strandkörbe werden von Mai bis Oktober an allen bewachten Stränden vermietet. Die Strände der Halbinsel sind größtenteils mit dem internationalen Umweltsymbol ›Blaue Flagge‹ zertifiziert. Wo sie weht, kann man guten Gewissens baden gehen. Das betrifft auch die Wasserqualität der Ostsee und der Boddengewässer. Sie unterliegt wie in ganz Mecklenburg-Vorpommern auch auf der Halbinsel regelmäßig einer strengen Kontrolle und wird vom Landeshygieneinstitut des Landes seit Jahren als gut bis ausgezeichnet beurteilt. Das Baden im Meer und im Bodden ist an allen Stränden unbedenklich. Die ortsnahen Badestrände werden in der Badesaison während festgelegter Tageszeiten durch die DLRG bewacht. Beachten sollte man unbedingt die internationalen Warnzeichen: Die gelbe Flagge warnt vor Gefahr beim Baden, die rote Flagge verbietet das Baden völlig. Das Ostseewasser erwärmt sich angesichts des nördlichen Breitengrades nur recht langsam. Das Baltische Meer erreicht meist erst im August Temperaturen von annähernd 20 Grad, im Juli liegen sie oft erst zwischen 17 und maximal 19 Grad. In den geschützten Boddenbereichen sind die Wassertemperaturen zwei bis drei Grad höher. Das Baden in der Ostsee bleibt meist ein recht kühles und erfrischendes Vergnügen.

Hallenbäder: im Sport-, Gesundheits- und Erholungszentum Aqua-drom in Graal-Müritz (→ S. 73) und in der Bodden-Therme in Ribnitz-Damgarten (→ S. 67).

Barrierefrei

Alle Urlaubsorte an der deutschen Ostseeküste haben sich in den letzten Jahren immer mehr auf die Bedürfnisse von Menschen mit Handicap und Mobilitätseinschränkungen eingestellt. Doch vieles liegt noch im Argen. Vom Landestourismusverband in Mecklenburg-Vorpommern wird inzwischen das Qualitätssiegel ›Barrierefreier Tourismus‹ an Unternehmen verliehen, die sich um die Belange von Menschen mit Behinderungen verdient gemacht haben. Es geht da zum Beispiel um die Erfüllung elementarer technischer Standards wie Türbreiten, audiovisuelle Signale oder ertastbare Zimmernummern. Viele Hotels und Pensionen sowie auch Campingplätze und Jugendherbergen auf der Halbinsel bieten rollstuhlgerechte Übernachtungsmöglichkeiten an. Es gibt in allen Seebädern abgesenkte Bordsteine, behindertengerechte Strandzugänge, Toilettenanlagen und Parkplätze. Besonders Ahrenshoop wurde vom Behindertenverband als ›behindertenfreundlich‹ eingestuft. Detaillierte Informationen zum Thema ›Barrierefreiheit‹ erteilen die Kurverwaltungen und Touristenbüros. Im Internet: www.auf-nach-mv.de/barrierefrei www.fischland-darss-zingst.de/barrierefreier-urlaub sowie für die ›Karte Barrierefreiheit‹: http://www.fischland-darss-zingst.net/fdz/karten/barrierefrei-fdz-karte.php

Brückenöffnungszeiten

Meiningenbrücke: Während der Saison täglich 7.45, 9.45, 17.45 und 20 Uhr, Mitte Sept.–Ende Okt. täglich 9.45 und 17.45 Uhr, Nov.–März nur Di 10.30 Uhr. Dann sind Schiffspassagen bei Bedarf möglich und der Autoverkehr ist zwischen Bresewitz und Zingst/Prerow für jeweils 15 Minuten gesperrt.

Fähren

Schiffstagesausflüge mit Landgang führen von Zingst zur Insel Hiddensee/Vitte und nach Stralsund – mit der Reederei Zingst regelmäßig von Ende Mai bis Mitte Oktober. Je nach Saison drei bis sechs Mal pro Woche, die Fahrtzeit beträgt einfach drei Stunden nach Vitte und zweieinhalb Stunden nach Stralsund. Eine weitere Fähre pendelt in der Saison zwischen Zingst und Barth. Der Fährbetrieb wird von der Reederei Poschke organisiert. Eine Fahrradmitnahme ist möglich (→ S. 145).

Hunde

In der Hauptsaison (Anfang Mai–Ende September) sind für Hunde 15 spezielle Strandabschnitte sowie zwei Freilaufflächen ausgewiesen. Sie sind in den Ortsplänen der Touristenbüros verzeichnet. Ganzjährige Leinenpflicht gilt unter anderem auf Seebrücken, Promenaden, in den Ortschaften und natürlich im Nationalpark. Hundeanhänger haben die meisten Fahrradverleihe im Angebot. An den Strandzugängen und in den Orten verteilt stehen Beutelspender für die ›Geschäfte‹ der Hunde bereit. Hundefreundliche Unterkünfte erkennt man am Hundesymbol im Gastgeberverzeichnis

Auf dem Deichradweg nach Zingst

Informationen

Die Informationsstellen für Touristen sind jeweils bei den Adressen im Reiseteil dieses Buches nachgewiesen. Zusätzliche Informationen auch unter ›Fischland-Darß-Zingst im Internet‹ (→ S. 170).

Klima und Reisezeit

Auf der Halbinselkette Fischland-Darß-Zingst herrscht Inselwetter. Umschlossen von der Ostsee und von mehreren Bodden weht hier fast immer zumindest eine leichte Brise, entweder von der Ostsee oder vom Bodden her. Die Ostsee sorgt für gemäßigte Temperaturen. Im Sommer ist es nicht übermäßig warm und fast selten heiß, im Winter nicht klirrend kalt. Es ist eine ideale Kombination aus Sonne, Wind und salzhaltiger Meeresluft: Das milde Reizklima mit seiner feucht-jodhaltigen Luft ist ausgesprochen gesundheitsfördernd und eignet sich hervorragend für Allergiker, Senioren und Familien mit Kindern. Erholsame Tage sind daher auch außerhalb der Sommermonate garantiert. Die Winter auf dem Darß sind mild, oft ist es bedeckt. Niederschläge fallen vor allem im Januar und Februar. Harter Frost und ergiebige Schneefälle sind seit Jahren nur noch an relativ wenigen Wintertagen zu erwarten. Die Monate Mai und Juni verzeichnen nicht selten schon bis zu neun Sonnenstunden pro Tag. Nirgends in ganz Deutschland ist es regelmäßig so sonnig wie in Vorpommern. Besonders sonnenreich sind die Inseln Rügen, Hiddensee und Usedom sowie der Darß. Die Seebäder an der vorpommerschen Küste führen stets die Top 10 der sonnenreichsten Orte Deutschlands an. Einen Spitzenplatz nimmt stets Darßer Ort mit nahezu 2000 Sonnenstunden pro Jahr ein. Der Jahresdurchschnitt auf der Halbinsel liegt bei 1850 Stunden. Im Durchschnitt lacht die Sonne zwischen München und Flensburg, Köln und Dresden gerade mal rund 1585 Stunden pro Jahr, die Nordseeinsel Sylt bringt es auf durchschnittlich 1750 Sonnenstunden jährlich. Die vorpommersche Ostseeküste – Deutschlands Antwort auf die spanische Costa del Sol! Mehrere Regentage hintereinander sind im Sommer äußerst selten. Allerdings kann es trotz der ständigen Luftbewegungen auch mal zu längeren

Phasen mit feucht-kalter Witterung kommen, aber ebenso auch zu stabilen Hochdruckphasen. Regenfeste Kleidung sollte im Urlaubsgepäck jedenfalls nicht fehlen. Ein reiner Badeurlaub empfiehlt sich auf der Halbinsel eigentlich nur im Hochsommer. Dann herrscht fast allerorten Hochbetrieb, zumal wenn die einwohnerstärksten Bundesländer Schulferien haben. Für diese touristische Hochzeit muss man frühzeitig disponieren. In der Hauptferienzeit sind nahezu sämtliche Hotels, Pensionen und Ferienwohnungen sowie die Campingplätze ausgebucht. Berücksichtigen sollte man, dass die Ostsee als Kälte- und Wärmespeicher die Jahreszeiten verzögert; der Frühling ist deshalb eine relativ kurze Übergangszeit zwischen Winter und Sommer. Wanderer, Radfahrer und Naturliebhaber schätzen besonders die Zeit von April bis Juni. Sehr angenehme ruhige Monate mit oft längeren sonnigen Abschnitten sind auch der September und der Oktober. Wer also nicht zu den eingefleischten Sonnenanbetern gehört, besucht den Darß besser im Frühling oder Herbst. Vogelfreunde schätzen vor allem die Monate März/April und den Spätherbst bis Anfang November, wenn die Kraniche zu Abertausenden hier rasten. Gut gebucht sind die allermeisten Hotels inzwischen auch zwischen den Weihnachtsfeiertagen, Silvester und Dreikönig. Dann muss man mit Übernachtungspreisen fast wie in der Hochsaison rechnen. Ansonsten gibt es im Winter viele günstige Wellness- und Freizeitangebote. Und Strandspaziergänge haben dann auch ihren ganz besonderen Reiz.

Medien

Die **Ostsee-Zeitung** ist mit rund 150 000 Exemplaren die auflagenstärkste Tageszeitung an der deutschen Ostseeküste. Sie besitzt Lokalteile zu den jeweiligen Regionen. Aktuelle **Verkehrsnachrichten** sendet regelmäßig NDR 2, der Regionalsender des NDR (93,5 Mhz). Das **Lokalradio 103.3** informiert über Veranstaltungen, das Wetter und wichtige Neuigkeiten für Fischland Darß-Zingst sowie die südliche Boddenküste.

Nordic Walking

Ein sehr übersichtliches Leit- und Beschilderungssystem führt die Läufer auf insgesamt 9 Routen mit mehr als 75 Kilometern Länge. Die Strecken sind sowohl für Anfänger als auch für erfahrene Nordic Walker bestens geeignet. Alle Wege sind abwechslungsreich und landschaftlich reizvoll. Sie führen zum Beispiel am Ufer der Bodden oder der Ostsee entlang, durch das Bliesenrader Gehölz oder zu den Vogelkieker-Plattformen. Die Aktivurlauber finden in Born und Wieck einen Nordic-Walking-Park und im Ostseebad Prerow Terrainkurwege vor. Nordic-Walking-Infotafeln befinden sich in Prerow an der Freilichtbühne, in Born am Regenbogen-Camp und gegenüber der Kurverwaltung sowie in Wieck am Parkplatz Borner Weg und am Hafen.

Öffentliche Verkehrsmittel

Die **Buslinie 210** der Verkehrsgesellschaft Vorpommern-Rügen (VVR) fährt täglich etwa stündlich im Linienverkehr über die gesamte Halbinselkette: Barth–Zingst–Prerow–Wieck–Born–Ahrenshoop–Wustrow–Dierhagen–Ribnitz-Damgarten (www.vvr-bus.de). In den Sommermonaten, von Mai bis Ende Oktober, ist bei Bussen der Linie 210 eine Fahrradmitnahme möglich.

Die **RADzfatz Busse** der VVR können auf ihren speziellen Anhängern bis zu zwölf Räder mitnehmen.

Die **Darßbahn**, eine Art Bimmelbahn, verkeht von Ostern bis Ende Oktober im Linienverkehr in Zingst (neun Haltestellen) und in Prerow (acht Haltestellen).

Mit der Tuki-Bahn lässt sich das Seebad Graal-Müritz erkunden.

Radfahren

Die Halbinsel mit ihren faszinierenden und sehr vielfältigen Landschaften besitzt ein umfangreiches, bestens ausgebautes Radwegenetz. Zu einem Urlaub auf dem Darß gehören Radtouren einfach dazu. Etwa entlang der atemberaubenden Steilküste zwischen Wustrow und Ahrenshoop, durch den Darßer Urwald, auf grünen Nationalparksandwegen, auf den asphaltierten Deichradwegen, durch pittoreske Boddendörfer mit rohrgedeckten Dächern, über flaches Bauernland mit weiten Feldern, durch eine ursprüngliche Natur, zu den quirligen Seebädern, von Bodden zu Bodden. Der weiße Ostseestrand ist nie weit entfernt. Die meisten Radtouren sind auch für ungeübte Radler geeignet, die Gegend ist fast durchweg flach. Zur besseren Orientierung zeigen an jeder wichtigen Kreuzung weißgrüne Wegweiser die Entfernungen zu den näheren und auch weiter weg gelegenen Orten an. Große Regionalkarten verweisen an touristischen Hotspots zudem auf das gesamte Radwegenetz der Urlaubsregion. In der Saison verkehren Busse der Linie 210 mit Fahrradanhängern, die sogenannten RADzfatz-Busse, www.vvr-bus.de (s.o.). Auf vielen Ausflugsschiffen und auf den Boddenfähren ist die Mitnahme von Rädern möglich. Sehr beliebt bei Radlern ist die Fährverbindung Bodstedt–Born–Prerow mit Radtransport. Wer sein eigenes Rad nicht dabei hat, kann in allen Seebädern und Ferienorten, in vielen Hotels, Campingplätzen und Pensionen Tourenräder und E-Bikes mieten. Über Tages- und Rundtouren sowie über die Radfernwege informiert der Tourismusverband: www.auf-nach-mv.de/radwandern

Souvenirs

Zu den typischen Mitbringseln von der Ostseeküste gehört natürlich Bernsteinschmuck. Vor allem in Ribnitz-Damgarten, in den Seebädern auf der Halbinselkette und in Stralsund stößt man auf Schritt und Tritt auf Bernsteinerzeugnisse. Das Angebot reicht von billigen und kitschigen Produkten bis hin zu kunstvoll verarbeiteten Schmuckstücken, oft in Silber eingefasst. Auch Maritimes wie Buddel- und Modellschiffe können nette Mitbringsel sein. Keramik mit regionalen Motiven und andere kunsthandwerkliche Exponate, in liebevoller Handarbeit hergestellt, findet man besonders in zahlreichen Ateliers, Werkstätten und Läden auf dem Fischland und auf dem

Die Darßbahn: bunter Linienverkehr

Darß. Auch kulinarische Mitbringsel sind gefragt, etwa die mannigfachen Sanddornprodukte oder auch Räucherfisch frisch aus dem Räucherofen; es gibt ihn zum Beispiel am Althäger Hafen (→ S. 106). Viele Adressen zu regionalen Produkten liefern die Info-Kästen in diesem Buch.

Tankstellen

Auf der Halbinsel gibt es nur zwei Tankstellen: in Born und in Zingst, jeweils an der Bäderstraße. In unmittelbarer Umgebung der Halbinsel kann man in Barth, Ribnitz-Damgarten und in Graal-Müritz tanken.

Wassersport

Auf der Ostsee und auf den Boddengewässern der Halbinsel wird gesurft und gekitet, gesegelt und getaucht, gerudert und gepaddelt. Es gibt an der Küste und an den Bodden vielfältige Marinas, Wassersport-Reviere, Wasserwanderplätze und Spots, weiße Segel schaukeln in den Sommermonaten an den Molen, Kaikanten und Stegen. Ruder-, Paddel- und Segelboote stehen in den Seebädern und Ferienorten zum Mieten bereit. Mit den seichten Boddengewässern und den guten Windverhältnissen verfügt die Halbinsel über ideale Surf- und Kitebedingungen. Surf- und Kitespots gibt es in Wustrow, Born und in Zingst. Sowohl Anfänger als auch Fortgeschrittene finden hier beste Voraussetzungen.

Literaturhinweise

Albert Burkhardt, Vineta. Sagen und Märchen vom Ostseestrand, Hinstorff, Rostock 2012. Umfangreiche Sagensammlung, nach Orten gegliedert. Sehr kurzweilige und anregende Lektüre.

Katrin und Peter Hoffmann, ›Das Kochbuch für Fischland-Darß-Zingst‹, Strandläufer Verlag, Stralsund 2013. Geschichten und Rezepte von Deutschlands schönster Halbinsel. So abwechslungsreich wie die Natur dieses Landstrichs erweist sich auch seine Küche.

Corinna Kastner, ›Fischland-Mord‹, ›Fischland-Feuer‹, ›Fischland-Rache‹, ›Fischland-Verrat‹, ›Bodden-Tod‹ (alle im Emons Verlag) sind Küstenkrimis von der Halbinsel Fischland, Darß, Zingst. Meist steht dabei das Seebad Wustrow im Mittelpunkt. Unterhaltsam geschrieben.

Käthe Miethe, ›Das Fischland‹, ›Die Flut‹, ›...und keine Möwe fliegt allein‹, ›Bark Magdalena‹ und viele mehr. Außer ›Die Flut‹ (Hinstorff, 6. Aufl. Rostock 2016) sind ihre Werke zurzeit leider nur antiquarisch zu bekommen. Die Autorin erzählt von Menschen und ihren Bräuchen, vom außergewöhnlichen und ausgelassenen Leben der Künstler auf der Halbinsel, von der charakteristischen Architektur der Fischland-Häuser, von Sturmfluten, von Schiffen und Feuersbrünsten. Die Bücher wirken bis heute überraschend aktuell. Sie sind ideale Reisebegleiter für die Halbinsel Fischland-Darß-Zingst.

Reno Stutz, Heiko Wartenberg, ›Gestern auf Fischland, Darß und Zingst‹, Hinstorff, Rostock 2013. Fotoband mit stimmungsvollen, historischen Aufnahmen: Menschen vor beeindruckender landschaftlicher Kulisse, in Arbeits-, Alltags- und Urlaubssituationen des 20. Jahrhunderts.

Tilman Thiemig, ›Ahrenshooper Todholz‹ und ›Ahrenshooper Narrenspiel‹, Hinstorff, Rostock 2019/2020. Anspruchsvolle Ostseekrimis mit viel Lokalkolorit und historischem Hintergrundwissen.

Kristine von Soden, ›Ahrenshoop. Balancieren auf der Meerschaumlinie‹, transit, Berlin 2015. Alles Wissenswerte über die Künstlerkolonie und eine Liebeserklärung an den Ort. Das gilt von derselben Autorin ebenso für das lesenswerte Buch ›Stille Winkel auf Fischland, Darß, Zingst‹ (Ellert & Richter, Hamburg 2019).

Audio Hörbuch, Henk auf Reisen, interaktive Entdeckungstour mit Audio CD und Entdeckerheft zum Ausmalen, Anschauen, Entdecken. Die Langeweile im Auto ist endgültig vorbei: Henk die Seemöwe und seine Freundin Rosalie, das Fischottermädchen aus dem Recknitztal, nehmen euch mit auf eine tolle Reise durch die Region Fischland-Darß-Zingst und zeigen alle ihre Lieblingsplätze. Kurzweilig und spannend! http://www.frischfang.de

Landkarten

Rad- und Wanderkarte Fischland, Darß, Zingst, Verlag Grünes Herz, Maßstab 1:30 000. Mit Ostseeküsten-Radweg.

Rad- und Wanderkarte Fischland-Darß-Zingst, Klemmer Verlag, Maßstab 1:40 000. Georeferenziert, zur Verwendung in GPS geeignet, UTM-Gitter vorhanden.

Touristische Informationen

Bei den Kurverwaltungen und Tourismusbüros gibt es regionale Karten und Ortspläne, außerdem das jährliche **Urlaubsmagazin** für die Halbinsel, Veranstaltungsbroschüren, Gästelotsen mit zahlreichen wichtigen Adressen und Telefonnummern. Der **Urlaubslotse** ist eine Gratiszeitung mit aktuellen Informationen für Sommerurlauber. Das Heft **Fischland-Darß-Zingst und das Küstenvorland genussvoll entdecken** gibt Informationen über Hofläden, Manufakturen und Märkte.

Fischland-Darß-Zingst und Mecklenburg-Vorpommern im Internet

www.fischland-darss-zingst.de Die Website des Tourismusverbandes Fischland-Darß-Zingst mit vielfältigen aktuellen Informationen, Zimmervermittlungen und vielen Links zur Urlaubsregion.

www.auf-nach-mv.de Informiert umfassend über die Urlaubsregionen an der Ostseeküste. Viele weiterführende Links.

www.mvp.de Touristische Informationen über Mecklenburg-Vorpommern.

www.kulturportal-mv.de Aktuelle Termine zu den Bereichen Musik, Literatur, Theater und Film.

www.meck-pomm-hits.de Informationen, Nachrichten und Wissenswertes zu Mecklenburg-Vorpommern mit Schwerpunkt Urlaub & Erholung, Kunst und Kultur, Essen und Trinken.

www.badewasser-mv.de Die aktuellen Messwerte der Badestellen.

www.mvwetter.de Das Wetter in Mecklenburg-Vorpommern.

www.camping-caravan-mv.de Infos für Campingfreunde.

www.laendlichfein.de Bio-Zertifizierung für Gastronomie, die hochwertige regionale Produkte aus ökologischer Erzeugung anbietet.

www.123ostsee.de Infos zu Ostseebädern, Veranstaltungen, Ausflugszielen entlang der Ostseeküste, Unterkünfte, Natur.

Autorin und Autor

Der in Mannheim geborene Reisejournalist und Dozent Wolfgang Kling ist seit 1988 Verfasser zahlreicher Reiseführer zu Brandenburg, Berlin, Mecklenburg-Vorpommern sowie zur Ostseeküste. Sein Reiseführer ›11 Tagestouren in die DDR/Rund um Berlin‹ war 1989/90 der erste, mehrfach aufgelegte Nachwendeführer in das Berliner Umland. Zusammen mit seiner aus Gdańsk (Danzig) stammenden Ehefrau Grażyna schrieb er mehrere Bücher über die polnischen Seebäder, über Regionen und Städte im Norden Polens und Mecklenburg-Vorpommern. Beide leben und arbeiten in Swinoujście (Swinemünde). Im Trescher Verlag erschienen bisher von ihnen: ›Fischland – Darß – Zingst‹ (2. Aufl. 2023), ›Rügen – Hiddensee – Stralsund‹ (2. Aufl. 2022), ›Usedom – Wollin‹ (2. Auflage 2017) sowie ›Neumark‹ von Wolfgang Kling/Jörg Lüderitz (3. Auflage 2022).

Das Autorenpaar Grażyna und Wolfgang Kling

Register

Bildnachweis

Alle Fotos von Grażyna und Wolfgang Kling, außer:
Bernd Meissner/shutterstock (Titel);
Ulla Nickl (vordere Umschlagklappe);
Sina Ettmer Photography/shutterstuck (hintere Umschlagklappe);
Botaurus/wikimedia (S. 11);
bluecrayola/shutterstock (S. 28);
Zyankarlo/shutterstock (S. 30);
Kristian Kaehler/shutterstock (S. 31);
Lupi82/wikipedia (S. 34);
RobKohl/wikipedia (S. 35);
Ji-Elle/wikimedia (S. 50);
Erlebnis Vogelpark Marlow gGmbH (S. 65);
Thomas Grundner/Tourismusverband Mecklenburg-Vorpommern e.V. (S. 71);
Jagdschloss Gelbensande Residenz GmbH (S. 73);
Vorpommersche Landesbühnen (S. 74);
Sebastian Junge/shutterstock (S. 84);
ricok/shutterstock (S. 112);
Jürgen Reich/Tourismusverband Mecklenburg-Vorpommern (S. 135);
Kühnle Tours/Tourismusverband Mecklenburg-Vorpommern (S. 146/47);
Ryszard Filipowicz/shutterstock (S. 157).

MEHR WISSEN. BESSER REISEN.
REISEFÜHRER AUS DEM TRESCHER VERLAG
TRESCHER VERLAG
RÜGEN
HIDDENSEE
STRALSUND
Mit zahlreichen Hinweisen für Aktivurlauber
Grażyna und Wolfgang Kling
TRESCHER VERLAG
USEDOM
WOLLIN
Mit Wolgast, Anklam und Ueckermünde
Grażyna und Wolfgang Kling

TRESCHER VERLAG
TRESCHER VERLAG
André Micklitza
POLNISCHE OSTSEEKÜSTE
Mit Stettin, Kaschubien und Frischer Nehrung
TRESCHER VERLAG
OSTHOLSTEIN
Mit Lübecker Bucht, Fehmarn und Herzogtum Lauenburg
TRESCHER VERLAG
OSTSEEKÜSTE
MECKLENBURG-VORPOMMERN
Mit Rostock und Stralsund, Rügen und Usedom
Kerstin Sucher, Bernd Wurlitzer
TRESCHER VERLAG
SCHLEI
Mit Schleswig, Eckernförde, Angeln und Schwansen
Franz-Josef Krucker, Jutta Lietsch, Andreas Lorenz
trescher-verlag.de

MEHR WISSEN. BESSER REISEN.
REISEFÜHRER AUS DEM TRESCHER VERLAG
TRESCHER VERLAG
RADTOUREN IN BRANDENBURG
Die 30 schönsten Routen
Mit Stadtspaziergängen zu allen größeren Orten
Mit GPS Routenführung zum DOWNLOAD
Enno Wiese
TRESCHER VERLAG
Mit GPS Routenführung zum DOWNLOAD
TAGESTOUREN BRANDENBURG
33 Wanderungen zwischen Oder, Spree und Elbe
Manfred Reschke, Andreas Sternfeldt

TRESCHER VERLAG
FELDBERGER SEENLANDSCHAFT
MECKLENBURGISCHE SEENPLATTE
BARNIM UCKERMARK
SCHORFHEIDE
BRANDENBURG
GRÜNES BAND DER NORDEN
GRÜNES BAND DER SÜDEN
trescher-verlag.de

MEHR WISSEN. BESSER REISEN.
REISEFÜHRER AUS DEM TRESCHER VERLAG
TRESCHER VERLAG
WESER
Von Hann. Münden bis nach Bremerhaven
Mit Bad Pyrmont und Steinhuder Meer, Wurster Nordseeküste und Cuxhaven
Hinnerk Dreppenstedt
TRESCHER VERLAG
ODER
Von der Neißemündung bis zur Ostsee
Mit Neuzelle, Frankfurt (Oder), Kostrzyn, Szczecin, Wolin und Usedom
Kristine Jaath